缠中说禅技术理论图解

技术理论图解

（第2版）

鲍迪克◎编著

人民邮电出版社

北京

图书在版编目（ＣＩＰ）数据

缠中说禅技术理论图解 / 鲍迪克编著. -- 2版. --
北京 ： 人民邮电出版社，2020.11
ISBN 978-7-115-54901-3

Ⅰ．①缠… Ⅱ．①鲍… Ⅲ．①股票交易－图解 Ⅳ.
①F830.91-64

中国版本图书馆CIP数据核字(2020)第179318号

内 容 提 要

　　本书共6章，全面解析缠中说禅技术理论的精华，对缠论技术一一进行剖析，包括具体的操作步骤及难点解析，同时辅以实战图，帮助读者由浅入深地掌握缠论。

　　本书最大的特色在于图解，要点在于详细地阐述缠论技术。本书配有大量股票图和示意图，采用图文并茂的形式解读深奥的内容，增加了趣味性和可读性。本书向读者介绍的缠论精髓，可以帮助读者掌握缠论技术，完成从新手到高手的跨越。本书适合新老股民、对投资理财感兴趣的人士阅读。

◆ 编　　著　鲍迪克
　　责任编辑　李士振
　　责任印制　周昇亮

◆ 人民邮电出版社出版发行　北京市丰台区成寿寺路 11 号
　　邮编　100164　电子邮件　315@ptpress.com.cn
　　网址　https://www.ptpress.com.cn
　　涿州市京南印刷厂印刷

◆ 开本：700×1000　1/16
　　印张：13.5　　　　　　　　2020 年 11 月第 2 版
　　字数：191 千字　　　　　　2025 年 10 月河北第 26 次印刷

定价：59.80 元

读者服务热线：(010)81055296　印装质量热线：(010)81055316
反盗版热线：(010)81055315

前　言

　　缠中说禅发布在新浪博客上的"教你炒股票108课"，看似随意，实则自有其严谨的体系，有一套整体运行规则。只有在系统地学习缠论后，才能了解缠论的本质。从整体上掌握缠论的精华，同时将看似杂乱的108课统一起来，才能灵活地运用缠论，在股市中精准地发现买卖点，从而提高盈利能力和扩大盈利空间。

　　技术分析系统是缠论中3个独立的系统之一。在缠师看来，技术分析系统非常重要，因为对于普通的投资者而言，技术走势是较公平、较容易得到的信息。技术走势是完全公开的，投资者利用这些直接、公开的资料，就可以得到较为可靠的操作依据。

　　投资者单凭对技术分析的精通与资金管理的合理应用，就可以长期、有效地战胜市场。对于一般的投资者来说，如果希望切实参与市场，需要依靠这个稳固的基础。

　　如果投资者只是希望从股市中赚些收益，那么就没必要学技术分析。在牛市行情中，投资者可通过购买指数类的基金实现盈利。

　　但市场不仅是为挣钱而存在的，它也是一个很好的锻炼自己的地方，在市场中得到锻炼，这才是投资者参与市场最大的益处。

　　战胜市场，其实就是战胜自己的弱点。不真正参与市场，就不可能战胜市场。技术分析的最终意义不是预测市场走势，而是参透市场当下的形态和走势。

在市场上，大多数错误都源于离开了当下的走势，用想象、情绪来代替理性分析。

市场是有规律的，但市场的规律并不是显而易见的，需要经过严密的分析才能看到。市场的规律是一种动态的、在不同级别的合力的作用下显示出来的规律，如果企图只用一些指标、波段等来预测、把握，只可能错漏百出。只要在当下的走势中把握好动态的规律，应用纯熟，就完全有可能踏准市场的节奏。

所谓缠中说禅的技术分析，其实有两个方面的内涵。

一是以形态学和动力学为核心内容，分析市场的运行节奏和走势。缠，指价格重叠区间，是多空双方争据的区域。缠既是破解股市之道，也是一种哲学之道。学习缠论是修行，习得禅才是学缠的最终目标。只有习得禅才能让看似紊乱的缠论活络起来，从而画龙点睛；有了禅，枯燥的走势形态才会焕发活力。缠论中的各种理念看似简单，但其背后都隐藏着哲学层面的深意。

二是以人性为基点，讲解以缠论为基础的交易实战手法和心态。缠论是关乎人性的理论，只有在交易中不断实践、磨炼，才能战胜人性的弱点。在交易中，最终比的还是对自身弱点的克服程度。投资者的心境会反映在股市中，只有理性对待股市，才能从容不迫地应对市场。投资者只有了解市场的运行，不和走势对抗，才能渐渐克服自身的弱点，而缠论就是将交易行为建立在现实基础而非主观猜测上。

鲍迪克

2020 年 9 月

目录

第 1 章　缠论形态学

第 2 章　缠论动力学技术

第 3 章　同级别分解理论解读

第 4 章　缠论买卖点理论解读

第 5 章　缠论常见买卖方式精解

第6章　实战交易理念与策略

附录　缠论原文

第1章
缠论形态学

　　缠论有两个重要的组成部分，即形态学和动力学，其中形态学是缠论的根基。

　　形态学中最基础的单位为K线，由K线组成分型，由分型构成笔，由笔构成线段，由线段构成中枢。中枢形态是缠论中的重要内容，也是我们将缠论理论运用于实践的关键。价格走势可由中枢表现，无论上涨、下跌还是盘整，都必然会涉及中枢。掌握了中枢也就掌握了形态学的关键，因此学习缠论就要从最基础的K线开始。

1.1 / K线技术解析

K线作为学习缠论的基础，其包含关系及处理方式等内容是我们应掌握并要熟练用于实践中的。在一段走势中，既可能只出现一次K线包含形态，又可能出现多次K线包含形态，遇到这种情况，我们首先要考虑是否存在级别更大的K线包含形态，先按顺序处理包含关系，然后再考虑后续的操作。

K线系统是缠论中的重要组成部分，根据它，我们可以掌握个股的转折点及走向趋势，但要掌握K线系统，就要先掌握K线的包含关系、对包含关系的处理、K线组合、K线形态分析等，这是掌握分型、线段、笔等内容的基础。

同时我们也可根据K线形态判断当下价格走势，当大K线的实体包含小K线的实体时，就是种典型的突破形态，如大阳线表示市场中买方活跃，涨势未尽；大阴线表示空方占据优势，多方毫无招架之力。因此，很多高手只依靠K线形态就能在股市中盈利就不足为奇了。

掌握K线形态学能够帮助我们精准地了解股市的走向，预测股市未来的走势、趋势的量度，还能从中了解主力资金的操作思维、方法、目的等。

1.1.1 K线包含关系

K线是一条柱状的线条，由影线和实体两部分组成，如图1-1所示。影线表明当天交易的最高价和最低价，分为上影线与下影线，出现在实体上方的影线称为上影线，出现在实体下方则称为下影线。实体表明当天的开盘价和收盘价，分阳线和阴线，阳线指收盘价高于开盘价的K线，阴线指开盘价高于收盘价的K线。

K线可以说是简单、基本的技术分析方法，掌握其形态，对我们学习缠论很有帮助。在缠论中，K线是构成分型的基础，而分型是构成笔的基础，笔是构成线段的基础，线段是构成中枢的基础，因此对分型、笔、线段、中枢等形态的掌握都是从 K 线开始的。而学习 K 线，掌握其包含关系又是重中之重。

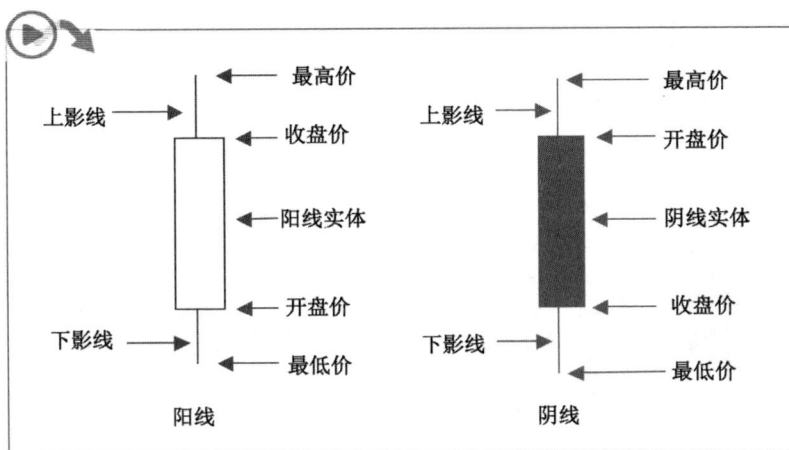

图1-1 阳线与阴线

如果两根 K 线中，线体较小的 K 线的交易区间完全被线体较大的那根 K 线覆盖，则两根 K 线为包含关系。在确认包含关系时，无须考虑阳线和阴线，只需考虑 K 线的最高点和最低点。相邻的两根 K 线无论是前者包含后者，还是后者包含前者，皆为包含关系，如图 1-2 所示。

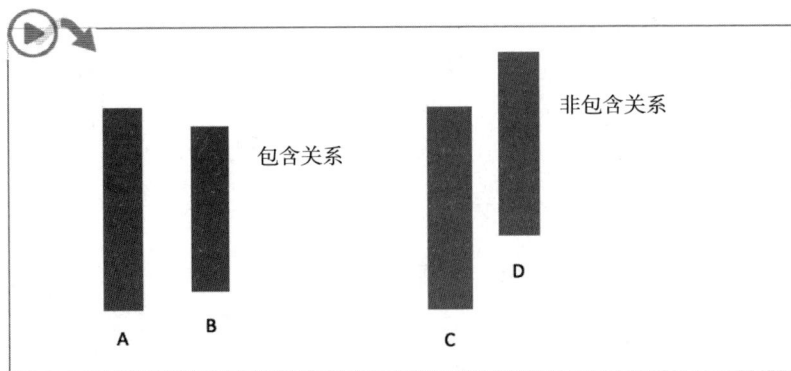

图1-2 K线的包含关系与非包含关系

在图 1-2 中，K 线 B 的高低点完全在 K 线 A 的高低点范围内，则 K 线

B和K线A为包含关系；而K线D的高低点并不完全在K线C的高低点范围内，则K线D和K线C不属于包含关系。

在判断行情时，有时会将这些有包含关系的K线进行合并，形成没有包含关系的K线图，以帮助我们更好地判断趋势。

在K线形态中，有7种包含关系，如图1-3所示。

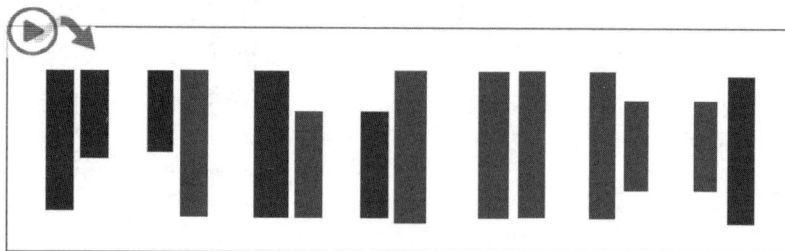

图1-3　7种K线包含关系

在图1-4所示的美丽生态日K线图中，实线框内的相邻的两根K线为包含关系，虚线框内的相邻的两根K线为非包含关系。投资者应仔细观察K线的包含关系和非包含关系的差别，并将其用于实战中。

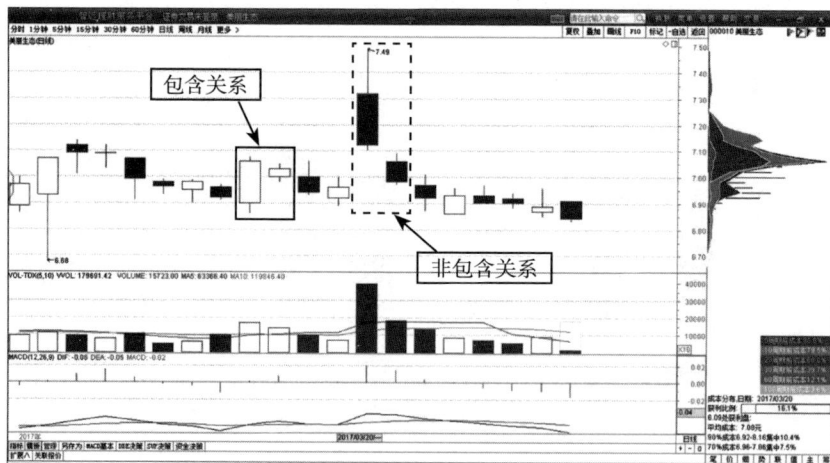

图1-4　美丽生态日K线图

1.1.2　K线包含关系处理

包含关系处理指的是将具有包含关系的相邻的两根K线按照某种规则合并为一根K线,将K线图中具有包含关系的K线处理后,会明显降低分析的难度与任务量。

K线是构成分型的基础,如果3根K线中有两根存在包含关系,则应先进行处理,然后再判断其是否构成分型,进而进行下一步分析。K线存在包含关系很常见,为了方便处理,我们将其分为两类,即上升K线包含关系处理与下降K线包含关系处理。

1. 上升K线包含关系处理

上升K线组合形态,指前后两根或者多根K线中,相邻的两根K线中,后面一根K线的最高点高于前面一根K线的最高点,且后面一根的最低点也高于前面一根的最低点的形态。

假设K线1和K线2无包含关系,K线2和K线3存在包含关系,如果K线2的最高点和最低点都比K线1高,则为向上包含,如图1-5所示。

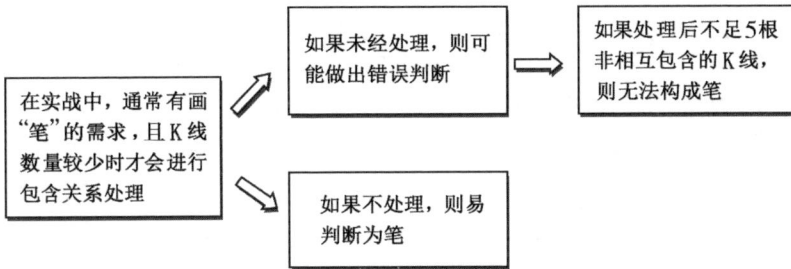

图1-5　对K线进行包含关系处理的原因

处理规则　将两根K线的最高点视为新K线的高点,将两根K线的低点中的较高者视为新K线的低点,这样就可以将两根K线合并为一根新的K线。

实际图形里，有些复杂的关系会出现，就是相邻两根K线可以出现包含关系，也就是一根K线的高低点全在另一根K线的范围里。这种情况可以这样处理，在向上时，把两根K线的最高点当高点，而把两根K线低点中的较高者当成低点，这样就可以将两根K线合并成一根新的K线；反之，当向下时，把两根K线的最低点当低点，而把两根K线高点中的较低者当成高点，这样就可以将两根K线合并成一根新的K线。经过这样的处理，所有K线图都可以处理成没有包含关系的图形。

——缠中说禅教你炒股票62课

形态解析

在上升K线中，如果出现包含关系，在处理前应先从具有包含关系的K线向前看，如果前面两根K线为上升K线，则进行向上处理，即取两根K线高点的最高点为高点，低点中的较高点为低点，合并成新的K线。

在图1-6的左侧图形中，A1和A2不存在包含关系，A2和A3存在包含关系，K线A2比K线A1高，为向上包含。在处理中，取A2和A3的最高点为高点，取低点中的较高点为低点，然后将两根K线合并为新的K线A4。

在图1-6的右侧图形中，K线B2比K线B1高，为向上包含，即将K线B2和K线B3进行向上处理，两者合并为新的K线B4。

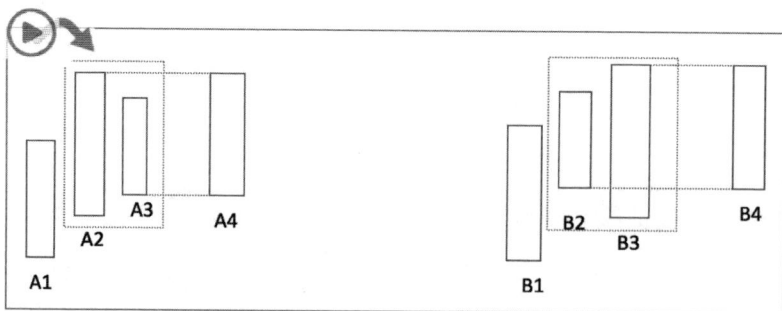

图1-6 上升K线组合形态向上处理

在图1-7中，K线B的高点比K线A的高点要高，且K线B与K线C为包含关系，应进行向上处理。取K线B与K线C的最高点为高点，取两根K线低点中的较高者为低点，合并成新的K线D。

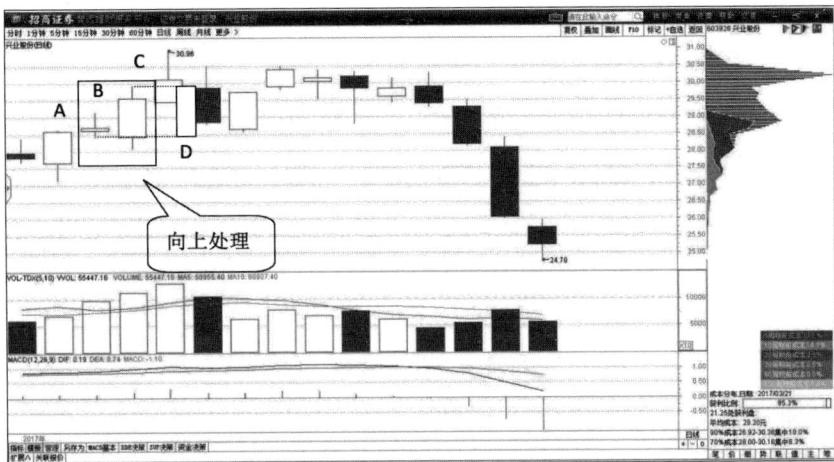

图1-7 兴业股份日K线图

2. 下降K线包含关系处理

下降K线组合形态，指前后两根或者多根K线中，后一根K线的最高点低于前面一根K线的最高点，且后一根K线的最低点也低于前一根K线的最低点的形态。

假设K线1和K线2无包含关系，K线2和K线3存在包含关系，K线2的最高点和最低点都比K线1低，则为向下包含。

处理规则 将两根K线的最低点视为新K线的低点，将两根K线高点中的较低点视为新K线的高点，合并为一根新的K线。

形态解析

在下降K线中，如果出现包含关系，在处理前应先从具有包含关系的K线向前看，如果前面两根K线呈下降形态，则进行向下处理，即取两根K线高点中的较低点为高点,低点中的较低点为低点,合并成新的 K 线。

在图 1-8 的左侧图形中,A1 和 A2 不存在包含关系,A2 和 A3 存在包含关系,K 线 A2 比 K 线 A1 低,为向下包含。在处理中,取 A2 和 A3 的低点中的较低者为低点,A2 和 A3 的高点中的较低者为高点,然后将两根 K 线合并为新的 K 线 A4。

在图 1-8 的右侧图形中,K 线 B2 比 K 线 B1 低,为向下包含,即将 K 线 B2 和 K 线 B3 进行向下处理,两者合并为新的 K 线 B4。

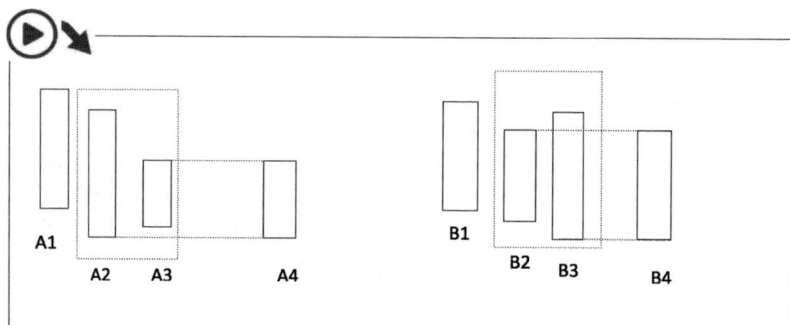

图1-8 下降K线组合形态向下处理

在图 1-9 中,元祖股份股价震荡下跌,构成下降 K 线组合形态。K 线 B 的高点比 K 线 A 的高点低,且 K 线 B 与 K 线 C 为包含关系,应进行向下处理。取两根 K 线高点中的较低点为高点,低点中的较低点为低点,形成新的 K 线 M。

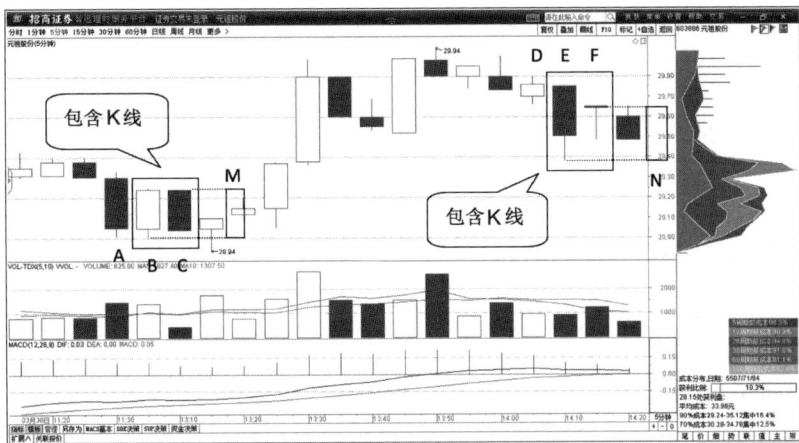

图1-9　元祖股份5分钟K线图

随后股价震荡上行，但很快空方力量再次占据优势，股价下跌，构成下降K线组合形态。K线E的高点比K线D的高点低，且K线E与K线F为包含关系，应进行向下处理。取两根K线高点中的较低点为高点，低点中的较低点为低点，形成新的K线N。

由此可得出图1-10所示的处理原则。

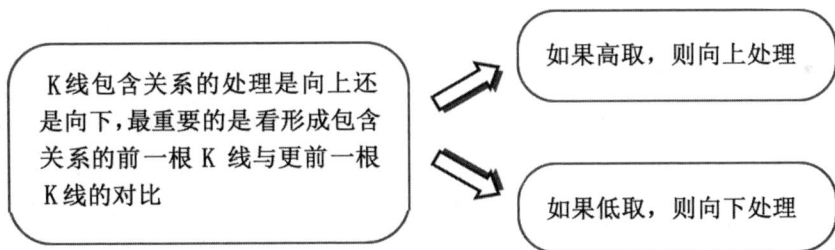

图1-10　K线包含关系的处理原则

在缠论中，关于K线合并方向是这么描述的。

假设，第n根K线满足第n根与第n+1根的包含关系，而第n根与第n-1根不是包含关系。那么，如果第n根K线的高点高于第n-1根K线的高点，则称第

n-1根、第*n*根、第*n*+1根K线是向上的;如果第*n*根K线的低点低于第*n*-1根K线的低点,则称第*n*-1根、第*n*根、第*n*+1根K线是向下的。

——缠中说禅教你炒股票65课

1.1.3 K线包含关系实战

1.上升K线组合形态

形态解析

(1)上升趋势。如果股价呈单边上升走势,在经过长时间的调整后,其上升走势仍未逆转,股价不断创新高,则上升趋势得到确认。但图1-11的多空之争中空方逐渐占据优势,上涨力度逐渐减弱,股价见顶回落。

(2)量能分析。在上涨趋势中,阳线量能会逐渐放大,且均线呈陡峭向上形态,量能柱也突破均线压力线,表明上涨量能充足,多方占据优势。图1-11中3次大的阳线量能放大,将股价推到高位,随后量能快速萎缩,均线也呈陡峭向下形态,股价急速下跌。因此量能集中放大时是高位卖出的交易机会,当3根大阳线量能出现时,则提示我们卖出的时机到了。

(3)平顶线特征。一是股价处于明确的上升趋势中,形成平顶线形态,为强烈的见顶信号;二是平顶线组合是不论阴阳的,也就是阳阴、阴阳、阳阳、阴阴等组合都可构成平顶线,但标准平顶线形态为前阳后阴;三是标准平顶线形态由两根K线组成,且两根K线的最高价相同或者接近。

操作提示1 如图1-11所示,安记食品股价在2017年2月3日创新低,价格为34.80元。随后股价走强,到2017年3月15日,为一波明显的上升趋势,价格一度涨至51.00元,而后一天的最高价为50.88元。很明显,两根K线构成平顶线形态,是强烈的股价见顶信号。随后股价难逃下跌的趋势,短期跌幅接近26%。

操作提示2 从成交量来看，股价上升过程中，量能也呈放大状态，尤其是在A处有3个大的阳线量能，推动股价涨至高位，此时多方力量表现抢眼。而平顶线形态出现为见顶信号，表明高位获利的交易机会出现，随后股价果然大跌。因此抓住平顶线形态所带来的交易机会，在高位就可以将盈利落袋为安。

操作提示3 从均线系统来看，上升趋势中量能明显放大后，如图1-11中的A处，MA5、MA10均线才逐渐向上。MA5呈陡峭向上的攻击形态，短线行情启动，可做多；MA10呈向上突破之势，表明波段性中线行情启动，但突破之势并未持久，反而有所回落，表明当下虽然是上升趋势，但上升动力已不足，能持续的时间较短，应密切关注走势，积极做空。

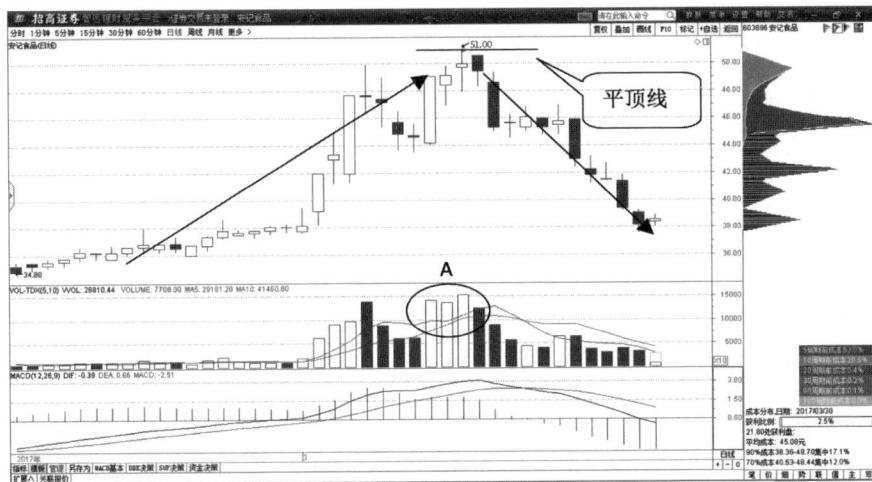

图1-11 安记食品日K线图

操作总结 在实战中，K线是最基础的技术分析单位。平顶线在K线图中出现的频率很高，可在任何部位出现，如在上升趋势中途出现。但唯有出现在天顶或者波段峰顶的平顶线，才是较为可信的见顶信号，通常表明下跌空间很大；在其他部位出现的平顶线可信度不高，意义不大。

2. 下降 K 线组合形态

形态解析

（1）下降趋势。股价震荡下跌，在经过长时间的调整后，其下跌走势仍未能逆转，反而进一步加速，则下降趋势得到确认。图 1-12 中股价一路下跌，形成底部约会线，是强烈的买入信号。随后股价企稳，快速上涨。

（2）量能分析。在股价持续下跌的过程中，阴线量能会持续放大，而随后形成底部约会线形态时，阳线量能明显放大，表明多方占据优势，上涨动力充足。如果在出现此组合时伴随着堆量的现象，则信号更为强烈，出现转折的可能性更大。

（3）底部约会线特征。一是股价处于确认的下降趋势中，此时出现约会线形态，是明显的见底信号；二是当约会线形态出现后，股价若跌破该形态的最低价，应及时止损；三是标准的约会线中，阳线收盘价为当日最高价，且与前一交易日的阴线收盘价相同。

操作提示 1 如图 1-12 所示，博迈科股价在创 42.80 元新高后，出现技术性回调走势，价格持续下降，下降趋势确认，这是底部约会线出现的前提条件之一。随后价格跌至 41.88 元。从前面几根 K 线可看出，开盘价均与前面一根 K 线的收盘价相同，且收盘价或者最高价不进入前一根阴线的实体范围，构成约会线形态，是理想的买入点，投资者可低位建仓。

操作提示 2 从成交量来看，股价加速下降时，阴线量能逐渐放大。但随着约会线形态的出现，阳线量能明显放大，表示多方力量表现抢眼，再结合此前的堆量现象，更表明股价已跌至尽头，转折时机与低价建仓的交易机会出现了。随后股价一路上涨，涨幅可观，投资者若能抓住建仓机会便可获利丰厚。

操作提示 3 从均线系统来看，在股价最低处 41.88 元的正下方，下降趋势中 MA5 由低于 MA10 逐渐向上突破，且突破 MA10 的上限后继续向上突破。MA5 为攻击线，呈陡峭向上的攻击状态，表明短线行情已经启动，此时可短线积极做多。MA10为"操盘线"，上涨力度较弱，表明波段性中线行情虽然启动，但上涨行情动力较弱，持续时间较短，投资者应密切关注，及时做空。

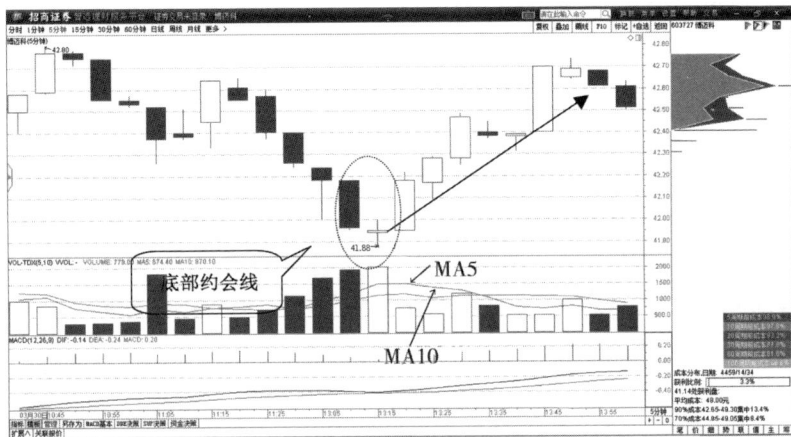

图1-12 博迈科5分钟K线图

操作总结 在实战中，K线是最基础的技术分析单位。当底部约会线形态形成时，如果伴随着阳线量能放大和堆量现象，是强烈的反转信号，可低位建仓。如果是周线、月线级别出现该形态，则见底信号更明确，可操作性更强。另外，投资者也要注意跳空低开的幅度，幅度越大，则见底成功率越高。

1.2 / 分型的解析

分型是缠论K线系统的一个基本的定位工具，分为顶分型和底分型两种。在缠论中，笔是由分型发展而来的概念，而线段又是在笔的基础上形成的，线段则是构成中枢的重要部分，而中枢又与走势类型密切相关，由此可看出分型的重要性。

虽然在缠论中,分型、笔、线段都是较基础的概念,但只有掌握这些基础,我们才能进一步学习走势中枢、背驰等概念。唯有掌握分型,我们才能明确当下的局势、个股走势,知道我们下一步该做什么操作。

1.2.1 解析顶分型

顶分型一般被当作股价见顶的信号,即出现顶分型形态后,股价通常会见顶回落,是重要的反转信号。

> **顶分型的定义** 经过彻底的包含关系处理后的3根K线,如果中间K线的高点为三者中最高的,且中间K线的低点也是三者中的最高的,即为顶分型形态。

作为典型的见顶信号,顶分型多出现在价格高位,只有处于高位,价格才有下跌的空间。

在图1-13的左侧图形A中,有不存在包含关系的3根K线,其第二根K线的高点为3根K线高点中的最高点,低点为3根K线低点中的最高点,构成了典型的顶分型形态。

在图1-13的右侧图形B中,其第二根K线的高点也为3根K线高点中的最高点,低点也为3根K线低点中的最高点,因此为典型的顶分型形态。

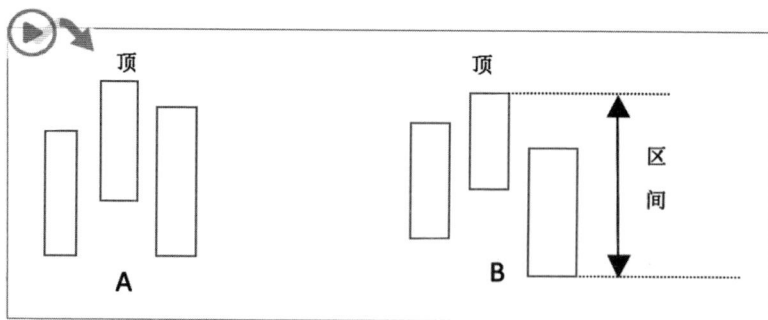

图1-13 顶分型形态

形态解析

一个顶分型之所以成立，是卖的分力最终战胜了买的分力，而其中，买的分力有 3 次努力，而卖的分力有 3 次阻击。

图 1-14 所示为标准的、已经过包含关系处理的三 K 线模型的形成过程。

由上可见，一个分型结构的出现，如同中枢，都经过一个 3 次反复心理较量的过程，只是中枢用的是 3 个次级别，所以一个分型结构就这样出现了。

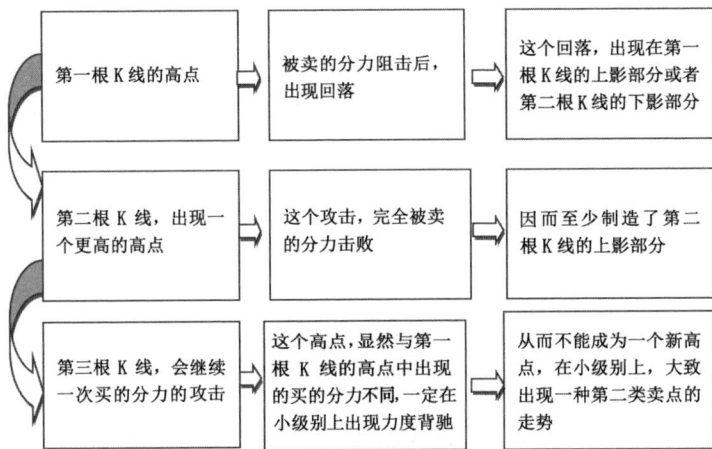

图1-14 经过包含关系处理的三K线模型形成过程

像图1这种形态，第二根K线的高点是相邻3根K线高点中最高的，而低点也是相邻3根K线低点中最高的，缠中说禅给一个定义叫顶分型；图2这种叫底分型，第二根K线的低点是相邻3根K线的低点中最低的，而高点也是相邻3根K线高点中最低的。

图1　　图2

——缠中说禅教你炒股票62课

操作提示 1 如图 1-15 所示，股价在经过长时期的盘整后，出现上涨走势，涨至 25.30 元，是较为理想的减仓点，高位卖出可落袋为安。我们可以看到，在这段走势中，长阳线、长阴线与倒 T 字线构成了典型的顶分型形态，是较为常见的见顶信号，股价涨至高位时的最佳卖点出现。

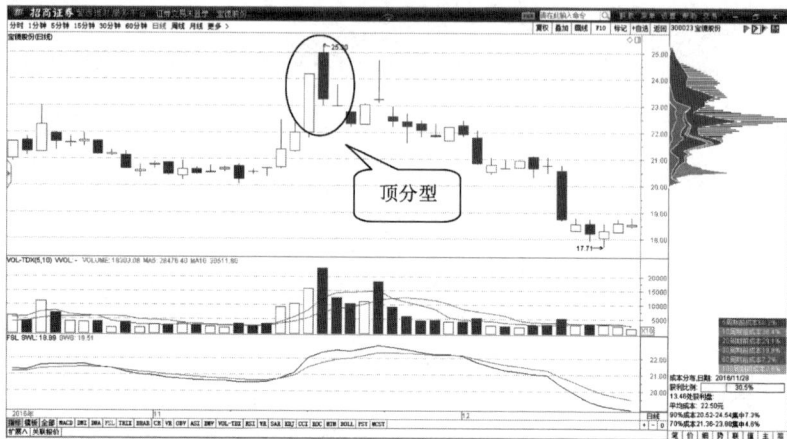

图1-15 宝德股份日K线图顶分型形态

操作提示2 从成交量来看，在盘整状态中，成交量很低且数值相差不大。随着多根阳线出现，股价上升，也出现3次阳线量能放大，表示多方力量表现抢眼。随后出现阴线量能放大，表明上涨动力不足，股价转折机会将出现，此时应密切关注。投资者如能抓住机会，则能最大程度保护已有收益。

操作提示3 FSL（分水岭）指标为强弱势的分界线，如果分水岭指标SWL 高于 SWS，表明当下多方为强势；如果 SWS 高于 SWL，则表明当下多方为弱势。从宝德股份的日 K 线图来看，在盘整期间，SWL 线和 SWS 线纠缠在一块，表明多空方力量相等，因而股价起伏不大。随后股价步入上涨走势，SWL 线开始出现在 SWS 线上方，表明当下多方为强势。但该走势并未延续多久，SWL 线就呈向下走势，表明多方势衰，投资者应密切关注，及时做空。

操作总结 顶分型虽然是较为典型的反转形态，但并非顶分型形态出现，股价就会出现转折，有时即使出现顶分型，股价也不会出现转折点。顶分型的出现只是加大了见顶的概率，在分析时还应结合各项技术指标，如成交量、FSL 指标、MACD 指标等。如果其他指标也出现了明确的反转信号，则反转的可信度更高。

1.2.2 解析底分型

底分型为股价跌至低位即将反弹的形态，是重要的抄底机会，即出现底分型形态后，股价通常会见底反弹。从形态上来看，组成底分型的 3 根 K 线中，中间 K 线的高低点相对于其他两根 K 线的高低点要低，这也使股价反弹有了低位基础。

底分型的定义 经过彻底的包含关系处理后的 3 根 K 线，如果中间 K 线的高点为三者中最低的，且低点也是三者中的最低的，该形态即为底分型形态。

底分型多出现在价格低位，即股价持续下跌接近尾声时，为价格低位反弹提供了基础。底分型是股价由空头行情转为多头行情的起点。

如图 1-16 所示，左侧图形 A 中有 3 根不存在包含关系的 K 线，第二根 K 线的高点为 3 根 K 线高点中最低的，第二根 K 线的低点为 3 根 K 线低点中最低的，因而该 3 根 K 线构成底分型形态。

右侧图形 B 也是如此，为典型的底分型形态。

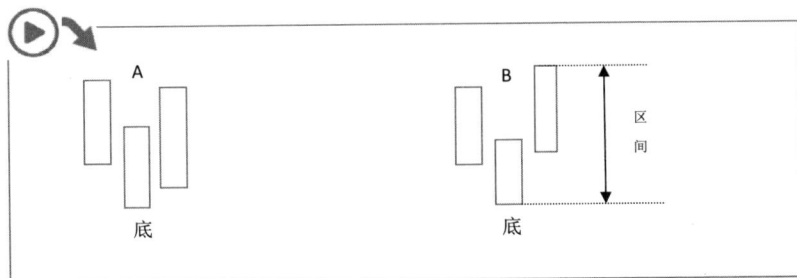

图1-16 底分型形态

作为典型的见底信号，底分型的出现通常意味着股价跌至尽头，反转上涨的可能性很大。此时投资者应持股，即以建仓为主。

操作提示1 图1-17显示，股价在经历长时间盘整后出现了下跌行情。在下跌行情中，股价一路下跌，最低价格为15.49元，随后股价反弹上涨。在该行情中，不难发现长阴线与后面的两根阳线构成了底分型形态——中间阳线的高点是3根K线高点中最低的，中间阳线的低点为3根K线低点中最低的。因此，我们可以确认图中出现了底分型形态，而底分型是较为常见的见底信号，表明股价将触底反弹，为低位建仓的时机。

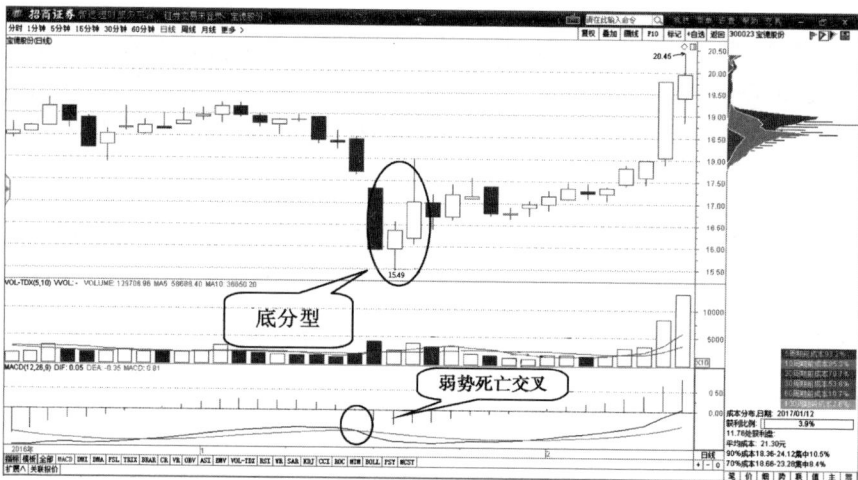

图1-17 宝德股份日K线图底分型形态

操作提示2 从MACD指标来看，DEA与DIF曲线出现在0轴下方，属于空头市场；从对应的股价走势来看，为盘整状态。随后DIF曲线向下跌破DEA曲线，形成弱势死亡交叉，为卖出信号，推测后期市场行情仍将持续下跌。随后股价果然跌至底点，建仓信号明确。

操作总结 我们可以从走势的形态特征来确认图中是否出现底分型，如果中间K线的低点明显不是3根K线中最低的，则不属于底分型形态，表明股价尚未进入企稳阶段，此时"介入"风险较高。另外，我们还可以借助成交量状态、MACD指标等进行判断。如果在下跌行情中出现了多次底分型形态，但底分型力度较弱，则投资者应警惕，等行情明确后再建仓也不迟。

操作提示 1 如图 1-18 所示，九洲电气股价在创新低后止跌企稳，随后呈上涨趋势，一路上涨至 13.10 元。在该段趋势中，我们不难发现股价创 10.46 元的新低，后出现了底分型形态，是较为明显的见底信号，投资者可低位建仓，用较少的资金获得更多的筹码。随着股价创新高，顶分型形态形成，这是典型的反转形态，投资者应高位卖出。这是底、顶分型形态在实战中运用的一种方式。

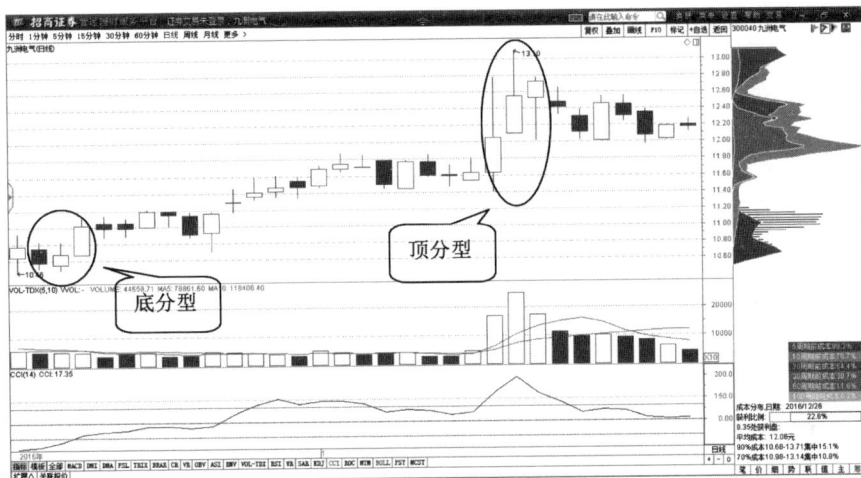

图1-18 九洲电气日K线图

操作提示 2 从成交量来看，在股价波动上涨期间，量能较为稳定，成交量很低且数值相差不大。随着股价不断创新高并出现3次阳线量能放大，表明多方力量表现抢眼，股价也涨至高位。但阳线量能放大无法持续，空方力量逐渐占据优势，股价见顶后回落。因此，投资者应密切关注，抓住股价上涨至高位的机会并卖出，最大程度保护已有收益。

操作提示 3 CCI（顺势）指标是一种较为独特的技术指标，专门测量股价是否超出常态分布范围，在交易中作用极大。从图 1-18 来看，CCI 指标曲

线呈小幅度上涨，但在阳线放量时，CCI 指标曲线也快速从下向上突破100+
线进入非常态区间，也就是超买区。但持续时间短暂，CCI 指标曲线随后在
远离 100+ 线的地方掉头滑落，表明市场价格的强势状态难以维持，空方占据
优势，投资者应考虑卖出。再结合前面该曲线短时间内涨幅过高且价格回落时
交投也较为活跃的情况，更加确认此时空方占据优势，投资者应抓住机会逢高
卖出。

操作总结 顶、底分型作为较为常见的反转形态，其准确度要稍差些。顶、
底分型只是加大了反转出现的概率，但并不绝对。有些分型可能是中继型
的，如中继型底分型，如果盲目相信反转而建仓，那么在后续行情中可能
会蒙受损失。因此在运用分型时，还应结合其他技术指标以确认反转形态。

1.3 / 笔的解析

缠论中的笔是由分型发展而来的，是构成线段的基本构件。该形态由顶、
底分型及两者间的 K 线组成，而且根据其方向，可分为向上笔（结构为底分型 +
过渡 K 线 + 顶分型）和向下笔（结构为顶分型 + 过渡 K 线 + 底分型）。这两
者是我们进行深度分析应掌握的基础。缠论中有个核心概念为"走势终完美"，
即各种概念、理论等都是围绕走势终完美产生的，而走势最小的基础计量单位
就是笔。

笔有简单的形态，也有复杂的形态，要看连接顶、底分型间的 K 线数量
有多少，如果是一根 K 线，则属于简单笔形态；如果是两根及以上 K 线，则
属于复杂笔形态。在缠论高手眼中，无论是 1 分钟图还是年线图，都是由笔构
成的,而不是由许多根 K 线构成的。用笔和线段来代替 K 线是缠师的一大发现。

1.3.1 解析向上笔

如图 1-19 所示，向上笔结构为底分型 +K 线 + 顶分型，由底分型开始，到顶分型结束。其中的 K 线可以是一根也可以是多根，只有一根 K 线的为简单的向上笔形态，有多根 K 线的为复杂的向上笔形态。

缠论中向上笔的概念为：底分型 + 上升 K 线 + 顶分型。注意，这里的上升 K 线不一定都是 3 根，也可以是无数根，只要吻合笔的定义就可以。

向上笔必须由相邻的底分型和顶分型组成，顶顶连接或者底底连接都无法构成向上笔。

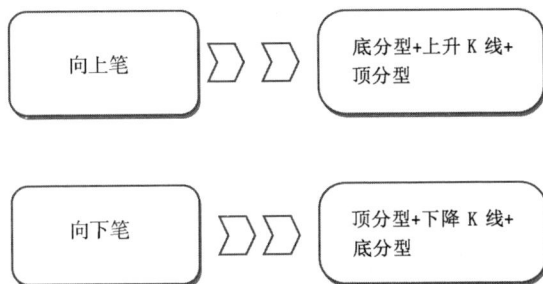

"顶、底分型间必须存在一根 K 线"，即底分型与顶分型间至少存在一根独立的 K 线，才能形成笔。顶分型和底分型是由经过包含关系处理的 3 根 K 线组成的，由此可推断，最简单的笔形态至少有 7 根 K 线。事实上，K 线可以有无数根，数量是不设限的，这也是笔结构简单，但形态却复杂的原因。

如图 1-20 所示，A 为底分型，B 为顶分型，两个分型间存在一根 K 线，AB 是将底分型的底和顶分型的顶连接起来的一条线，该形态为向上笔。

图1-19 缠论中笔的释义

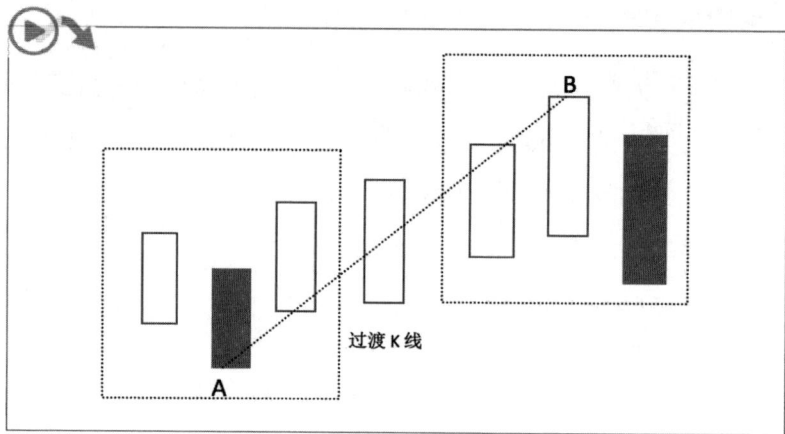

图1-20 向上笔

形态解析

（1）当股价持续下跌，出现底分型形态时，意味着股价触底，即将出现反弹。此时股价已下跌至低位，为明显的建仓信号，投资者可用较少的资金获得较多的筹码，待股价反弹后卖出则能实现盈利。

（2）底分型形态出现后，股价将出现上涨，出现一根或者多根上涨K线。从K线形态中我们可以得知，多方力量逐渐占据优势，股价从下跌走势演变为上涨走势，确认了低点的有效，股价将迎来大幅上涨。

（3）股价进入上涨行情后，如果出现顶分型形态且形态较为明确，则表明股价即将见顶回落。此时卖点出现，投资者可高位卖出，实现盈利。

操作提示1 在图1-21深深宝A日K线图中，在经过长时间的下跌行情后，股价企稳，出现底分型形态。随后股价稳步上升，随着阳线量能放大，股价也大幅上升，出现长阳线并形成顶分型形态。底分型、顶分型以及连接两者间的多根K线构成了复杂的向上笔形态。在分析时，要注意形态中是否为相邻的分型，如果中间隔了几个，则无法构成笔。向上笔的开端通常就是我们要寻找的低价建仓点，而向上笔的尾端则通常是我们要寻找的卖点，如果能把握这一形态，投资者即可获得丰厚的收益。

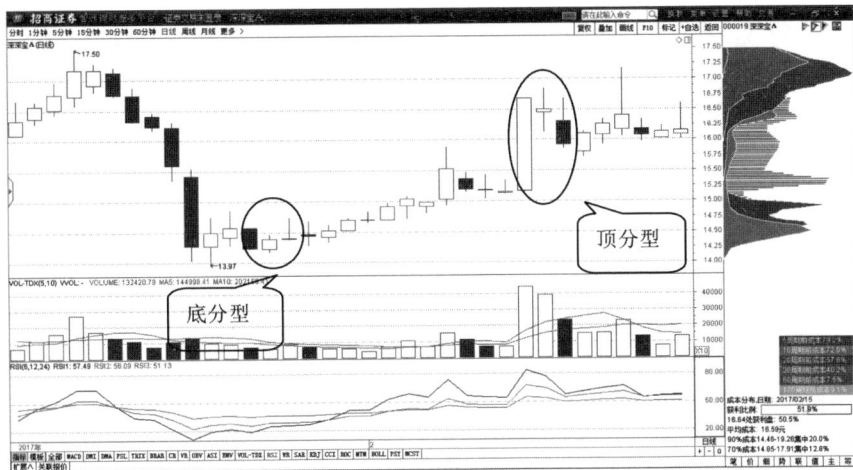

图1-21 深深宝A日K线图

操作提示2 从成交量来看，该股成交量相对稳定。在出现底分型且股价企稳后，成交量在MA5与MA10曲线的下方，但随着量能的放大，成交量向上突破MA5、MA10曲线，股价也大幅上涨，形成顶分型形态。这是股价见顶反转的重要信号，结合后续成交量的萎缩，可以确信这阶段的最佳卖点就是顶分型的顶点。

操作提示3 从RSI指标（强弱指标）来看，在前段下跌行情中，RSI值在40到60之间，参考意义不大；但当其从低点向上拓展，由25.11升至83.89时，则表明该段股价行情由弱转强，投资者可密切关注。

操作总结 向上笔的开端为底分型，该分型的低点通常是我们要寻找的买点。在实战中，如果等底分型形态构建完成后再买入，可能会错失最佳买点。这一点可借助底分型的形态特征来判断，如果中间K线的低点明显不是3根K线中最低的，则不属于底分型形态，表明股价尚未进入企稳阶段，此时参与风险较高。当然在实战中，向上笔的形态多种多样，但投资者只要坚持原则，就不会轻易被表面现象所扰乱，从而可以找出最佳的买卖点，获得丰厚的利益。

1.3.2 解析向下笔

向下笔结构为顶分型 +K 线 + 底分型，由顶分型开始，到底分型结束。其中的 K 线可以是一根也可以是多根，只有一根 K 线的为简单的向下笔形态，有多根 K 线的为复杂的向下笔形态。

缠论中向下笔的概念为：顶分型 + 下降 K 线 + 底分型。注意，这里的下降 K 线不一定都是 3 根，也可以是无数根，只要一直吻合笔的定义就可以。

向下笔必须由相邻的底分型和顶分型组成，顶顶连接或者底底连接都无法构成向下笔。

如图 1-22 所示，A 为顶分型，B 为底分型，AB 是连接顶型的顶和底分型的底的连线，A+K 线 +B 构成了笔，由于方向向下，即为向下笔。注意，这里的 K 线既可以是一根，也可以是多根。这种形态通常出现在股价持续上涨走势的末端，即价格即将回落时。

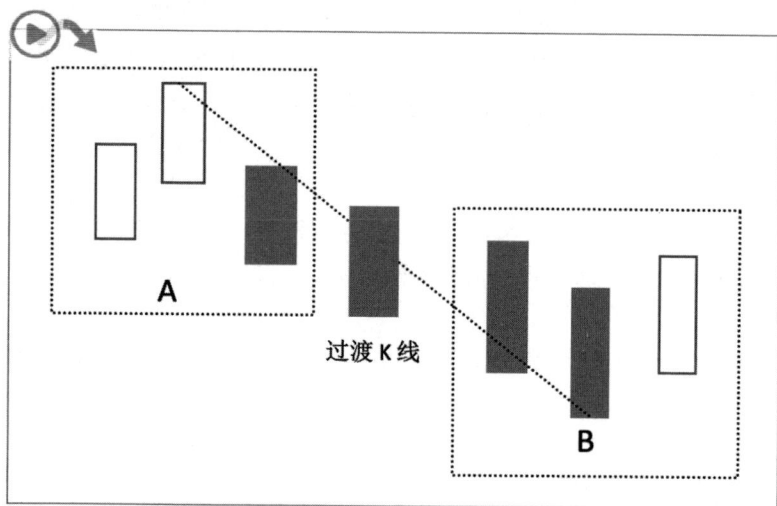

图1-22 向下笔

形态解析

（1）股价在持续上涨过程中出现顶分型形态时，表明空方力量由弱变强且占据优势地位，股价触顶回落的可能性很大。此时股价已经涨至最高位，为明显的减仓信号，投资者可将手中持有的股票卖出，实现高位止盈。顶分型是判断股价见顶的重要信号，投资者应予以重视。

（2）顶分型形态出现后，股价见顶回落，出现一根或者多根上涨K线后确认见顶回落走势。此时空方力量逐渐变强，股价将迎来大幅下跌走势，投资者应持币观望，不可盲目"介入"，减少因股价下跌产生的不必要的亏损。

（3）股价下跌至低位，出现底分型形态后则表明下跌趋势结束，即将迎来反弹。此时价格较低，为理想的建仓点，投资者可低价买进。

操作提示1 在图1-23的许继电气日K线图中，在经过长时间的上升行情——4次阳线放量后，股价涨至高位，构成顶分型形态，其中19.78元的价格为最高位，为投资者提供了一次高位卖出的机会。随着阴线量能放量，股价回落，以近十字星的形态创新低，最低价格为16.88元，为理想的"介入"时机，投资者可低位建仓。顶分型与底分型间只有两根K线，但这三者也构成了复杂的向下笔形态，投资者应予以重视。

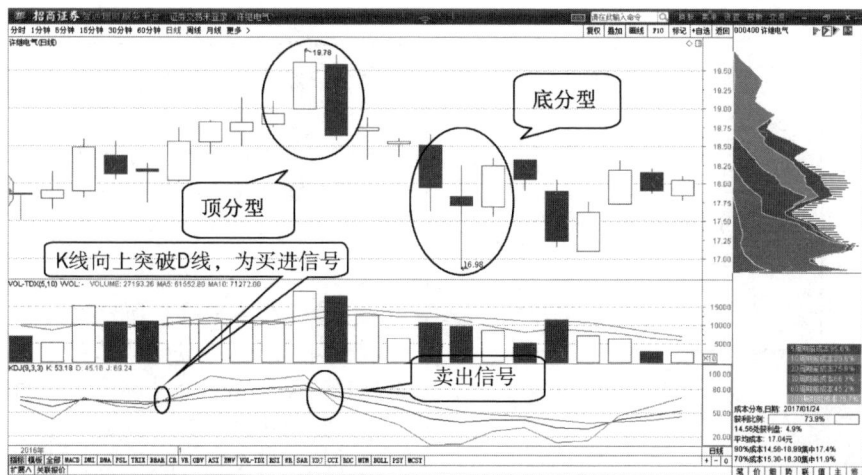

图1-23 许继电气日K线图

操作提示2 从成交量来看，在出现顶分型的股价持续上涨的过程中，成交量很快突破 MA5 与 MA10 曲线，不过突破区间范围较小，表明虽有上涨，但后势不足，无法长时间延续。果然，在阳线大幅放量后，股价创新高，随后回落，构成底分型形态。

操作提示3 从 KDJ 指标（随机指标）来看，在上升趋势中，K 值小于 D 值，但不久后 K 线向上突破 D 线，为买进信号，投资者可低价建仓，用较少的资金获得较多的筹码。此后 K 线在 D 线上方持续了一段时间，但很快 K 线又向下突破 D 线，为卖出信号，投资者应进行减仓或者空仓操作。

操作总结 向下笔的开端为顶分型，该分型的高点通常是我们要寻找的卖点，是我们判断多空双方力量强弱对比的重要依据，因此该形态的重要性不言而喻，有助于投资者抓住空头趋势交易机会。KDJ 指标可反映出市场的多空情况，也可通过交叉突破为投资者提供建仓或减仓信号，投资者在分析时应密切关注。

1.3.3 笔的划分

根据缠论，笔成立应该符合下面的两个条件，如图 1-24 所示。

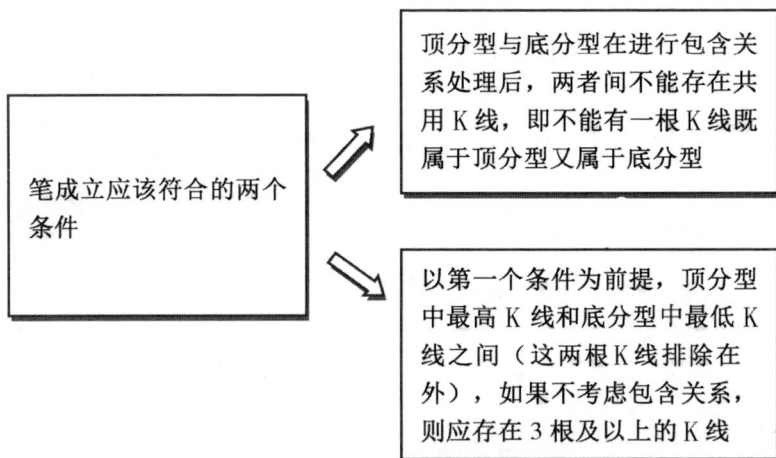

图1-24 笔成立应符合的条件

对于第一个条件，即"顶分型与底分型在进行包含关系处理后，两者间不能存在共用 K 线，即不能有一根 K 线既属于顶分型又属于底分型"这一点既要注意，也应坚持，唯有如此，才能确保笔的能量力度。

第二个条件比第一个条件中不能存在共用 K 线的要求要更宽松，但也能确保笔的能量力度。这里还需要注意以下两点，如图 1-25 所示。

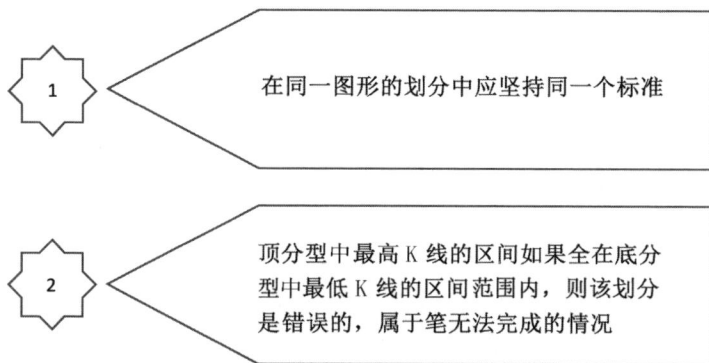

图1-25 需要注意的两个条件

如图 1-25 所示，要注意在同一图形的划分中应坚持同一个标准。还有一种情况要注意，即顶分型中最高 K 线的区间如果全在底分型中最低 K 线的区间范围内，则该划分是错误的，属于笔无法完成的情况。

缠论中也说过，在确定笔的过程中，如满足上面的条件，则可以确定出笔的唯一划分。

缠论中给出了此划分唯一性的证明。

假设有两个都满足条件的划分，这两个划分要有所不同，必然是两个划分从第 $n-1$ 笔以前都是相同的，从第 n 笔开始出现第一个不同，这里的 n 可以等于 1，这样就是从一开始就不同。那么第 $n-1$ 笔结束的位置的分型，显然对于两个划分的性质是一样的，都是顶或底。对于是顶的情况，那么第 n 笔，其底对于两个划分必然对应不同的底分型，否则这笔对两个划分就是相同的，这显然矛盾。由于分型的划分是唯一的，因此这两种不同的划分里在第n笔对应的底分型，在顺序上必然有前后高低之分，而且在这两个底之间不可能还存在一个顶，否则这里就不是一笔了。

——缠中说禅教你炒股票77课

如果前面的底高于后面的底，那么前面的划分显然是错误的，因为按这种划分，该笔是没有完成的，一个底不经过一个顶后就有一个更低的底，这是最典型的笔没完成的情况。

如果前面的底不低于后面的底，那么在下面一个顶分型出现前，如果有一个底分型低于前面的底，则这两种划分都是不正确的，所划分的笔都是没完成的；如果下面一个顶分型出现前，没有一个底分型低于前面的底，那么下面一个顶分型必然高于前面的底，因此前面的底和这个顶分型就是新的$n+1$笔，那么第n笔和第$n+1$笔就有了唯一的划分，这与第n笔开始有不同划分相矛盾。

关于第$n-1$笔结束的位置的分型是底的情况，可以用类似的方法去证明。综上所述，笔的划分显然是唯一的。

掌握了这些再进行笔的划分就简单多了，简单来说，笔的划分可分为3个步骤，如图1-26所示。

确定所有符合标准的分型

确定分型的性质

分析余下的分型

图1-26 笔划分的3个步骤

（1）确定所有符合标准的分型。

先分析所选择的 K 线图，该分析过程有一定的处理顺序，如图 1-27 所示。

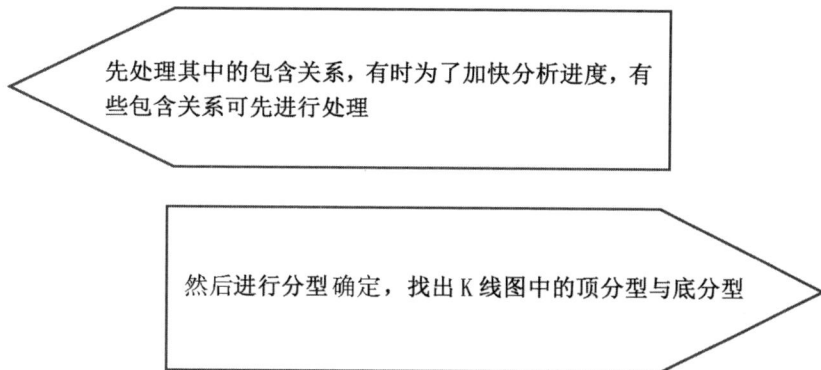

先处理其中的包含关系，有时为了加快分析进度，有些包含关系可先进行处理

然后进行分型确定，找出 K 线图中的顶分型与底分型

图1-27 分析K线图

但如果顶、底分型间的 K 线存在包含关系，则应进行包含关系处理。

（2）确定分型的性质。

确定分型的性质，也有一定的处理顺序，如图 1-28 所示。

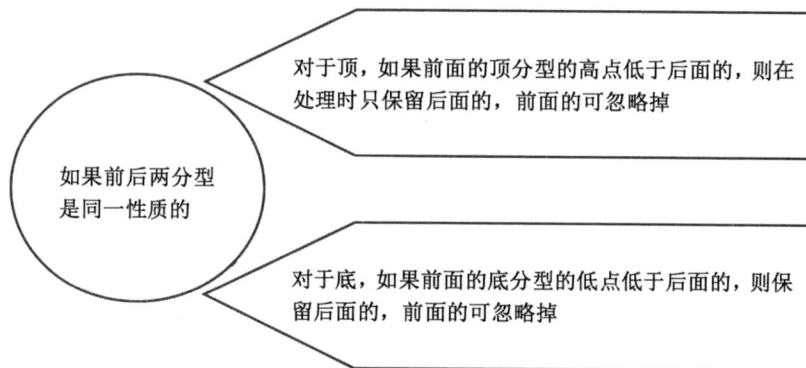

如果前后两分型是同一性质的

对于顶，如果前面的顶分型的高点低于后面的，则在处理时只保留后面的，前面的可忽略掉

对于底，如果前面的底分型的低点低于后面的，则保留后面的，前面的可忽略掉

图1-28 确定分型的性质

对于不满足上述两种情况的分型，比如相等的，可以先保留。

（3）分析余下的分型。

进行第二步的处理后，判断余下分型的性质，如图 1-29 所示。

如果余下的是顶、底分型，则可将顶分型的顶点与底分型的底点连接起来，构成笔

如果余下分型的性质是一样的，则必然存在前顶不低于后顶、前底不高于后底的情况

在连续的顶后，必然会出现新的底，把这连续的顶中的最先一个和新出现的底连在一起，就是新的一笔，而中间的那些顶都可以忽略掉

在连续的底后，必然会出现新的顶，把这连续的底中的最先一个和新出现的顶连在一起，就是新的一笔，而中间的那些底都可以忽略掉

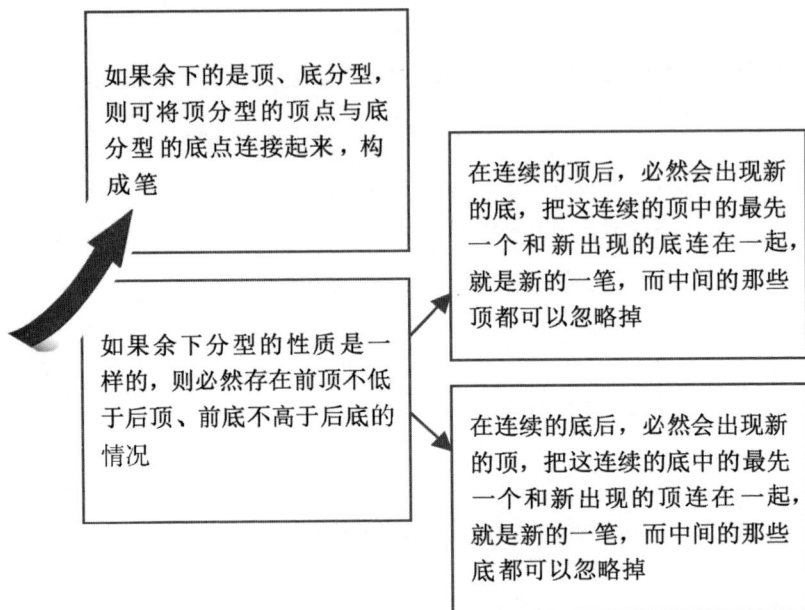

图1-29 判断余下分型的性质

笔的划分步骤如下。

划分向上笔时，应严格按照笔的划分步骤进行处理，先处理 K 线图中的 K 线包含关系。而在图 1-30 中，K 线间不存在包含关系，因而进行下一步——找出其中的分型。我们发现在图 1-30 中存在 3 个分型，即底分型 A、顶分型 B 与 C。但顶分型 B 的高点明显低于顶分型 C 的高点，在处理时，前面的顶分型可以忽略掉，即忽略掉顶分型 B 而只保留顶分型 C。这样，我们可划出底分型 A 与顶分型 C 间的笔 AC，由于其方向向上，因而为向上笔。

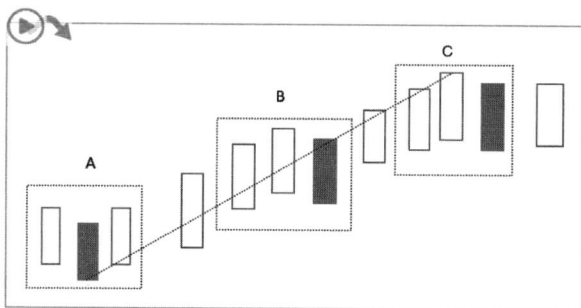

图1-30　笔的划分

在实战中，这种被忽略掉的顶分型或者底分型很常见，由于其对股价影响不大，因而可被忽略处理。

以平安银行日K线图为例。

操作提示1 如图1-31的平安银行日K线图所示，我们在进行笔的划分时，首先应处理K线中存在包含关系处，如B、C、D处。在B处应进行向上处理，然后按照K线包含关系处理顺序进行包含处理；C处应进行向下处理，然后再判断是否存在分型；D处应进行向上处理，先将其合并为新K线。当然还有其他存在包含关系的K线，但在实战中，为了降低分析量和难度，一些对股价走势影响较弱的存在包含关系的K线可以先不处理。

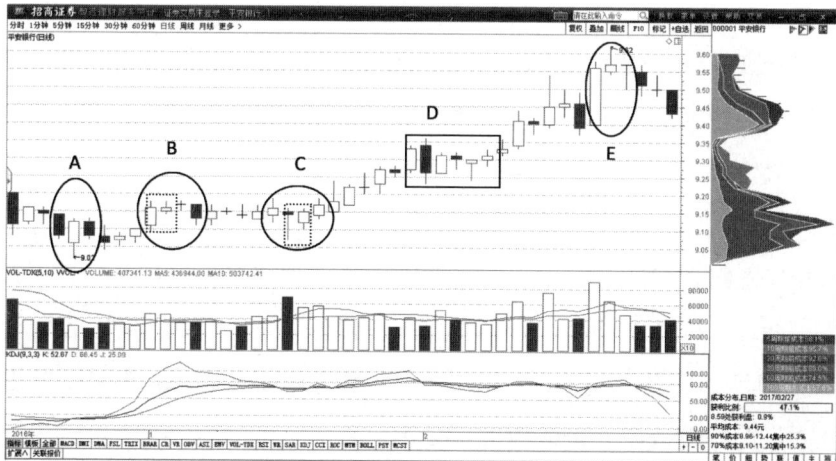

图1-31　平安银行日K线图

操作提示 2　接下来确定分型的性质，判断平安银行日 K 线图中所存在的分型。其中 A 处为底分型，B 处在进行多次包含关系处理后不存在分型，而 C 处在进行包含关系处理后存在一个底分型，D 处在进行包含关系处理后不存在分型，E 处为顶分型。

操作提示 3　进行第二步处理后，我们发现该图中存在两个底分型，即 A 处与进行包含关系处理后形成底分型的 C 处。根据笔的划分处理步骤，可将 C 处的底分型忽略，同时在该图中存在一个顶分型，即 E 处，两者构成向上笔 AE。

操作总结　在进行笔划分时，应考虑到 K 线间的包含关系，然后分析分型的性质，将可忽略的分型忽略掉，接下来再分析余下的分型性质，从而快速而准确地划分笔。学会划分笔很重要，因为笔是构成线段的基础，如果笔划分得不准确，学习线段理论就会遇到不少难题，甚至难以做出判断，故应予以重视。

1.4／ 线段的解析

　　线段是在笔的基础上提出的另一个重要概念，是更大规模的缠论形态。分型构成笔，笔构成线段，这种结构使得线段具有很强的稳定性，可为我们的操作提供更具价值的信息。线段是构成中枢的重要因素，而中枢是缠论的精华之一，因此线段的划分对于判断中枢至关重要。

　　缠论中对线段的定义为：连续 3 笔间如果存在重叠部分，连接起点和终点的线就是线段。线段的前 3 笔必须有重叠部分，这是形成线段的必备条件。线段中最少的笔数为 3 笔，当然，5 笔、7 笔也可以构成线段。其中，3 笔构成的线段为最简单的线段，是线段的最基本形态。

线段可视为无内部结构的次级别走势，对我们判断股市行情有着十分重要的意义。缠论中曾提及："一切走势简化就是线段的连接。"根据其构成中笔的数量，我们可以将其分为线段的简单形态和线段的复杂形态两方面来分析。

1.4.1　线段的简单形态

线段的最基本形态指由 3 笔构成的线段，也是常称的线段的简单形态，即线段由 3 笔构成，且 3 笔间存在重叠部分。通过该特征，我们在实战中就能发现线段，从而进一步分析当下的价格走势与运行趋势。同时从构成线段第一笔的方向，我们可以判断线段的方向，如图 1-32 和图 1-33 所示。

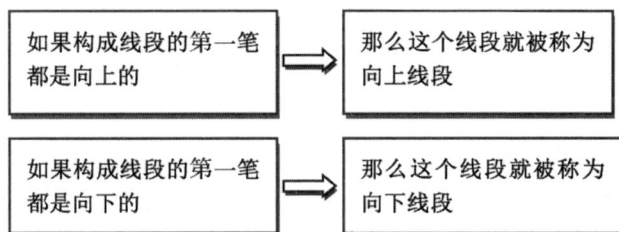

图1-32　向上线段与向下线段

由 3 笔构成的线段虽然只是简单形态，但也是比笔、分型等规模更大的缠论形态，对我们掌握走势很有帮助。因此我们不能小觑线段的简单形态，虽然其形态简单，但也具备线段的能量。

这里要注意，如果连续的 3 笔之间不存在重叠部分，则无法形成线段。

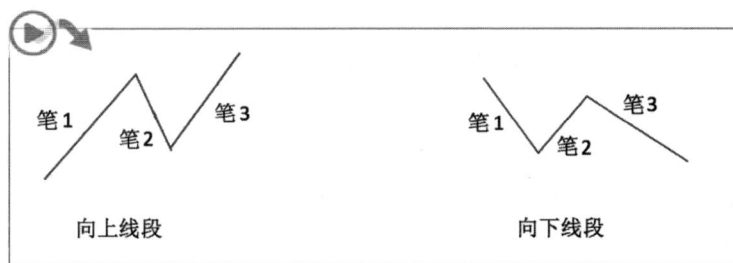

图1-33　线段的简单形态

1. 向上线段形态解析

（1）向上线段中存在2笔是向上的，1笔是短暂回落的，3笔共同形成了最简单的向上线段。3笔中有向上的，也有向下的，则表明股价有高低，为投资者进行短线操作提供了机会。

（2）向上线段中，虽然价格有涨有跌，但整体呈上涨走势，也就是说如果投资者在向上线段形态迹象出现时买进，在向上线段终结时卖出，则能从中获得一定的差额利润。如果错过了最初的建仓机会，股价回落的2笔处也是很好的建仓时机。

（3）如图1-33所示，左侧图为向上线段的简单形态，该线段由向上笔1、向下笔2与向上笔3构成了最简单的向上线段形态，其中开端的底分型的底通常就是理想的买点，随后股价跌至低点，又为投资者提供了建仓机会。而股价反弹上涨后的高点为理想的卖点。

2. 向下线段形态解析

（1）向下线段中存在2笔是向下的，1笔是反弹上涨的，3笔共同形成了最简单的向下线段。3笔中有向上的，也有向下的，则表明股价有高低，为投资者进行短线操作提供了机会。

（2）向下线段中，虽然价格有涨有跌，但整体呈下跌走势，也就是说如果投资者在向下线段形态迹象出现时高位卖出，在向下线段终结时低价建仓，则能从中获得一定的差额利润。如果错过了最初的减仓机会，股价反弹上涨中的2笔处也是很好的减仓时机。

（3）如图1-33所示，右侧图为向下线段的简单形态，该线段由向下笔1、向上笔2与向下笔3构成了最简单的向下线段形态，其中开端的顶分型的顶通常就是理想的卖点，而股价反弹上涨后的高点也是理想的卖点。

线段有一个最基本的前提，就是线段的前3笔必须有重叠的部分，这个前提在前面可能没有特别强调，这里必须特别强调一次。线段至少有3笔，但并

不是连续的3笔就一定构成线段，这3笔必须有重叠的部分。缠中说禅线段分解
定理：线段被破坏，当且仅当至少被有重叠部分的连续3笔的其中一笔破坏，
而只要构成有重叠部分的前3笔，那么必然会形成线段。换言之，线段被破坏
的充要条件，就是被另一个线段破坏。

——缠中说禅教你炒股票65课

操作提示 1 在图1-34的深深宝Ａ日Ｋ线图中，阳线放量放大，股价涨
至高位，形成顶分型1；随后股价下跌，形成底分型2；而后在阳线放量中股
价反弹上涨，构成顶分型3；随后股价在震荡中下跌，形成底分型4。这4个
分型构成3笔，而3笔组成一个线段，由于在该线段的简单形态中有两笔是向
下的，因此为向下线段。

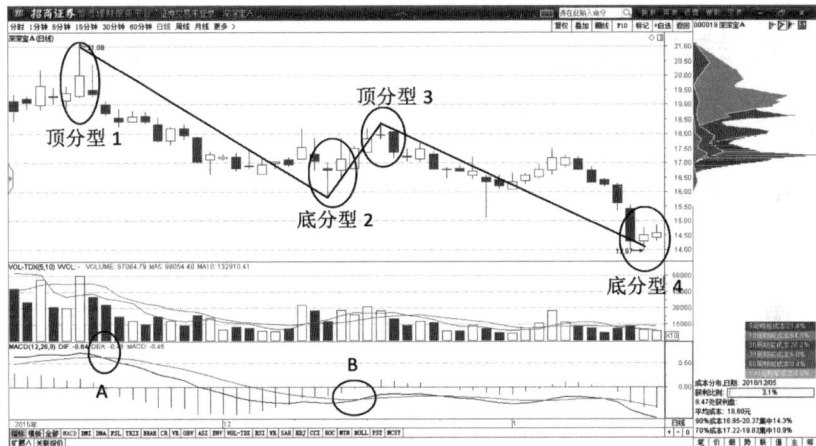

图1-34 深深宝Ａ日Ｋ线图

操作提示 2 从成交量来看，随着量能放大，股价涨至高位，形成顶分
型，为投资者提供了理想的高位出售的机会；随后股价下跌，构成向下的
一笔；量能放量后，股价反弹上涨，构成向上的一笔；空方再次占据优势，股
价下跌，构成向下的一笔，此3笔构成线段。

操作提示 3 从MACD指标来看，A处对应的是顶分型，此时DIF曲线

向下跌破 DEA 曲线，为死亡交叉，是卖出信号，投资者可减仓或者平仓。B 处对应的是底分型，此时 DIF 曲线向上突破 DEA 曲线，构成黄金交叉，为买进信号，投资者可建仓。但 DIF 曲线与 DEA 曲线的距离很近，表明上涨动力不足，不久后就会形成死亡交叉，投资者应择机卖出，以避免后续行情下跌带来的损失。

> **操作总结** 当 MACD 指标中出现死亡交叉后，表明理想的减仓时机到了，股价将进入下跌行情。投资者可通过该指标双曲线的形态来判断后续的行情，从而明确股价转折的时机，趁机出手。在向下线段中，两个较为理想的卖点出现在线段开端的顶分型的顶点及股价反弹上涨中的高点，可帮助投资者高位减仓，落袋为安。

1.4.2 线段的复杂形态

线段的简单形态由 3 笔构成，而在实战中，多于 3 笔的线段很常见，如 5 笔、7 笔等，这使得线段形态复杂化，我们将之称为线段的复杂形态，如图 1-35 所示。在实战中，有些笔的能量较小，尤其是双向波动浮动较大的股价震荡期间，价格差额很小，为分析带来难度，因而引入线段的复杂形态这一概念，可以大大简化分析的难度和工作量。将复杂形态简单化，这对于我们分析价格趋势、运行走势等很有帮助。

与线段的简单形态一样，线段的复杂形态可分为向上线段的复杂形态与向下线段的复杂形态，在分析时应分别对待，如图 1-35 所示。如向上线段的复杂形态，可将起初的向上笔和最后的向上笔视为两笔，而中间出现的其他笔可简略视为一笔，从而可以像分析线段的简单形态那样分析。这样可以大大简化工作量，同时也能确保线段的能量力度，从而确保结果仍然可靠。

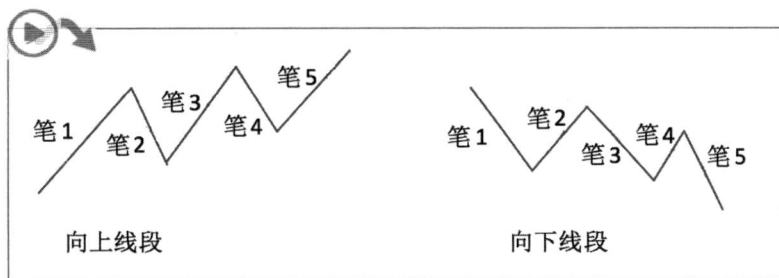

图1-35 线段的复杂形态

1. 向上线段的复杂形态

（1）不管线段形态有多复杂，在向上线段中必然存在向上的两笔，在向上的两笔间可以有很多笔。向下的笔可以有一笔，构成线段的基本形态；也可以有多笔，构成线段的复杂形态。

（2）价格虽有波动，但整体呈上涨趋势。向上线段中最初的一笔为向上的一笔，这是我们判断行情的关键，也是实战中的重要买点。由于价格整体是上涨的，因此向上线段完成的过程再复杂，整体也处于上升趋势，这对我们判断买卖点很有帮助。

（3）如图1-35所示，左侧图为向上线段的复杂形态，在分析时，可将笔1与笔5视为构成向上线段的两笔，将这两笔间的其他笔视为一笔，从而组成构成向上线段的3笔，降低分析的难度与工作量。其实在向上线段中，虽然中间可能出现多笔，但由于其能量较小，对股价走势影响较小，即使将其视为一笔，也不会影响对该段行情的分析。

2. 向下线段的复杂形态

（1）即使再复杂的向下线段，必然也会存在向下的两笔，在向下的两笔间可以有很多笔。上升笔可以有一笔，构成线段的基本形态；也可以有多笔，构成线段的复杂形态。

（2）价格虽有波动，但整体呈下跌趋势。向下线段中最初的一笔为向下的一笔，这是我们分析行情的依据，也是实战中的重要卖点。由于价格整体是下跌的，因此完成向下线段的过程再复杂，也无法摆脱这一大趋势，这对我们判断买卖点很有帮助。

（3）如图1-35所示，右侧图为向下线段的复杂形态，在分析时，可将笔1与笔5视为构成向下线段的两笔，将这两笔间的其他笔视为一笔，从而组成构成向下线段的3笔。通过简化分析过程，可以降低难度与工作量。其实在向下线段中，虽然中间可能出现多笔，但由于其能量较小，对股价走势影响较小，即使将其视为一笔，也不会影响我们对该段行情的分析。

操作提示1 在图1-36的农产品日K线图中，顶分型1为顶部形态。作为典型的见顶信号，该形态出现后股价进入下跌行情，出现了底分型形态2，为投资者提供了一个低价建仓的交易机会，投资者可用较少的资金获得较多的筹码。从这段行情来看，顶分型+n根K线+底分型构成了向下的一笔。在这段行情中，成交量萎缩明显，是行情走低的侧面证明。

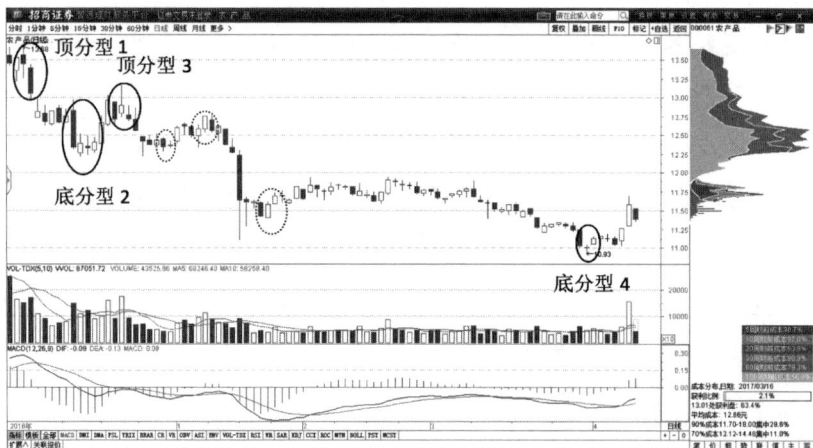

图1-36 农产品日K线图

操作提示2 从反弹上涨阶段来看，底分型出现后，股价见底。随着量能放大，股价开始反弹，虽无法回到最初的高点，但仍为投资者提供了较为理想的卖点，此时可高位出售。从整体分析来看，该形态中股价差额不大，无法改变原下跌的趋势。底分型 2 与顶分型 3 则构成了向上的一笔。

操作提示 3　对震荡下跌行情而言，后续行情虽然出现反弹，但反弹力度比反弹上涨阶段的力度要弱很多，因而形成底分型形态 4，股价也跌至低位。此阶段构成了向下的一笔。至此，该 3 笔构成了线段，其间虽然也有其他的笔形态出现，但对大局影响甚微，因而选择忽略。

操作总结　当股价涨至高位，构成顶分型 1，且随后量能明显萎缩时，表明一波下跌行情已开启，其间虽然量能暂时放大，带动股价反弹上涨，但无法改变原下跌行情。不过股价反弹构成了顶分型 3，而后回落构成了底分型 4，确认了下跌行情的有效。在该行情中，向下线段以复杂形态完成了下跌。毫无疑问，向下线段的复杂形态中的交易机会还是蛮多的。比如反弹至高位的点就是理想的卖点。

1.4.3　线段被破坏

线段是缠论中比笔、分型等更为复杂、规模更大的形态。线段可用于分析行情，包括股价的基本走势和复杂变化，以及预测后续多空行情与可能出现的转折等。但在实战中，由于 K 线图并没有统一的走势，并且千姿百态、极为复杂，因此就需要进行线段的划分。

线段划分是我们分析价格走势、股市行情的重要依据，不过在划分中经常会遇到线段被破坏的情况，这会严重影响我们的判断。事实上，很多人之所以无法划分好线段，主要是不了解线段被破坏的情况。因此，划分线段的关键点通常在识别线段的破坏点。

线段被破坏的情况在 K 线图中经常可见，既可以是由笔引起的破坏，也可以是由线段引起的破坏。了解线段被破坏的情况，有助于投资者掌握行情，找到买卖点，提高盈利空间和盈利水平。

1. 线段被笔破坏

缠论中定义了线段被笔破坏的情况。

对于从向上一笔开始的，其中的分型构成这样的序列：$d_1g_1d_2g_2d_3g_3\cdots$$d_ig_i$（其中$d_i$代表第$i$个底，$g_i$代表第$i$个顶）。如果找到$i$和$j$，$j \geq i+2$，使得$d_j \leq g_i$，那么称向上线段被笔破坏。

对于从向下一笔开始的，其中的分型构成这样的序列：$g_1d_1g_2d_2\cdots g_id_i$（其中$d_i$代表第$i$个底，$g_i$代表第$i$个顶）。如果找到$i$和$j$，$j \geq i+2$，使$g_j \geq d_i$，那么称向下线段被笔破坏。

——缠中说禅教你炒股票65课

在图1-37中，d_1g_1构成向上的一笔，g_1d_2构成向下的一笔，d_2g_2为向上的一笔,此3笔构成线段d_1g_2。由于向上笔有两个,所以此线段为向上线段。

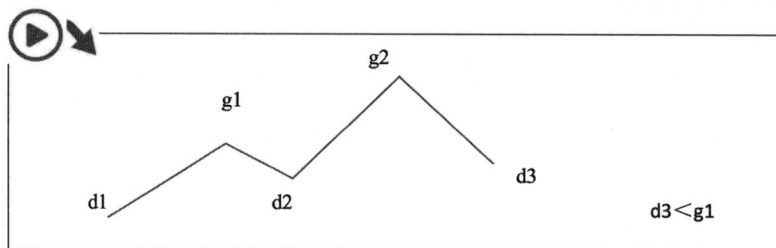

图1-37 向上线段被向下笔破坏

在构成线段后，趋势反方向运行形成新笔g_2d_3，由于$d_3 < g_1$，则表明原线段d_1g_2被破坏。

操作提示1 在图1-38的许继电气日K线图中，g_1d_1构成向下的一笔，d_1g_2构成向上的一笔，g_2d_2构成向下的一笔，3笔组成线段g_1d_2。由于存在两笔为向下笔，所以该线段为向下线段。但后续行情中出现了一个与下跌行情反向运行的笔d_2g_3，且$g_3>d_1$，表明原向下线段g_1d_2被向上笔d_2g_3破坏。

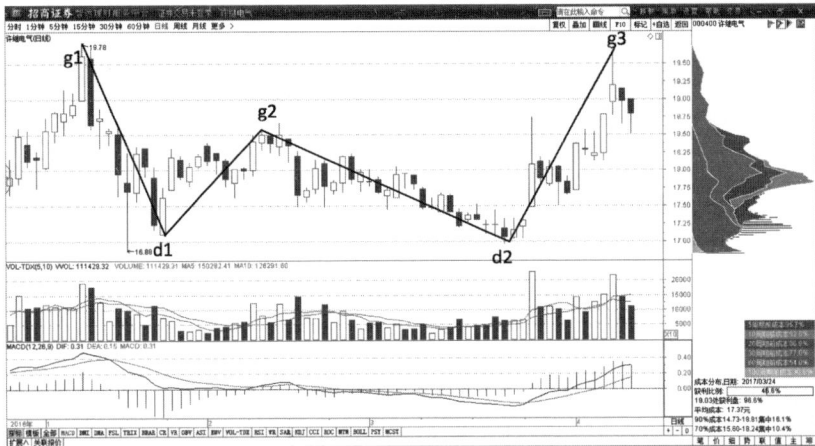

图1-38 许继电气日K线图

操作提示2 在许继电气日K线图中，先是量能放大、股价上涨，而后量能萎、缩股价下跌，最后一波行情中量能放大、股价上涨。在此过程中存在很多交易机会，如向下笔g1d1的开端处价格较高，是理想的卖点，其末端则为投资者提供了建仓的机会；而后股价反弹上涨，也是较为理想的卖点。K线图末端，向下线段被向上笔破坏，且伴随着量能放大现象，表明上涨动力充足，投资者可密切关注。

> **操作总结** 通常在单边走势中的线段都不复杂，即使出现破坏点也相对简单，不会有太过复杂的情况。但是在震荡中，出现复杂线段的可能性就更大，其破坏点也相对复杂，这一点要格外注意。

2. 线段被线段破坏

除了被笔破坏外，线段还可能被线段破坏，不过这里有个前提条件，就是线段只能被相反方向的线段破坏，即向上线段只能被向下线段破坏，向下线段只能被向上线段破坏，如图1-39所示。

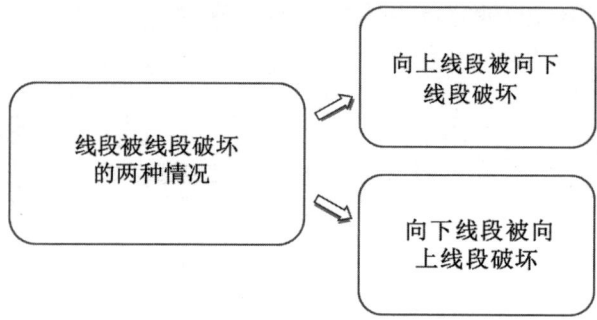

图1-39 线段被线段破坏的两种情况

只有符合这两个条件，线段才能被线段破坏。

在图1-40中，d1g1为向上的一笔，g1d2为向下的一笔，d2g2为向上的一笔，此3笔构成了线段d1g2。由于存在两笔方向向上，所以线段d1g2为向上线段。线段d1g2形成后，出现的g2d3为向下的一笔，d3g3为向上的一笔，g3d4为向下的一笔，此3笔构成线段g2d4。由于存在两笔方向向下，所以线段g2d4为向下线段。即向上线段d1g2被向下线段g2d4破坏，线段d1g2结束。

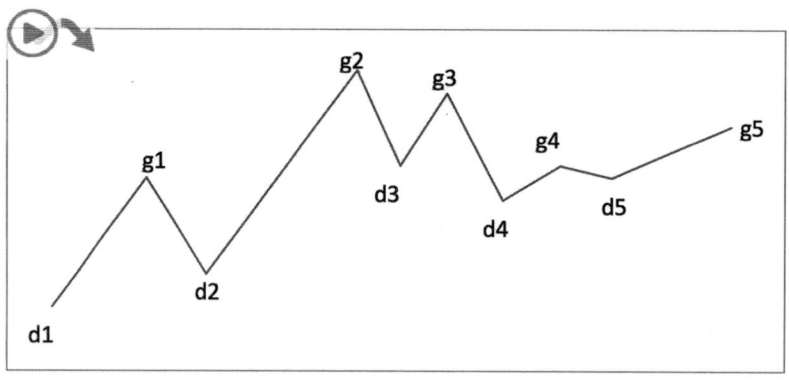

图1-40 向上线段被向下线段破坏

操作提示1 在图1-41中，d1g1为向上的一笔，g1d2为向下的一笔，d2g2为向上的一笔，此3笔构成了线段d1g2。由于存在两笔方向向上，所以线段 d1g2 为向上线段。线段 d1g2 形成后，出现了反方向的向下笔 g2d3，而后的 d3g3 为向上的一笔，g3d4 为向下的一笔，此 3 笔构成线段 g2d4。由于存在两笔方向向下，所以线段 g2d4 为向下线段。即向上线段 d1g2 被向下线段 g2d4 破坏，线段 d1g2 结束。

图1-41 山东路桥日K线图

操作提示2 在图 1-41 中，股价先是短暂回落，成交量快速萎缩，价格创新低，为投资者提供了交易机会；随后量能放大，股价稳步上涨，多根阳线放量将股价推上高位，构建成向上的一笔，为投资者提供了理想的卖点。随后在下跌行情中形成向下一笔，反弹回涨中形成向上一笔，此 3 笔构成向上线段 d1g2。在后续行情中，随着量能或放量或萎缩，股价也开始双向波动，构成向下线段 g2d4，此时向上线段被向下线段破坏。该形态提供了理想的买卖点，投资者可密切关注，择机而动。

操作提示3 从 MACD 指标来看，DIF 曲线与 DEA 曲线均位于 0 轴上方，表明为多头行情。若此时 DIF 曲线向下跌破 DEA 曲线，只能视为一次短暂的回落，而不能视为趋势转折。在后续的行情中，双曲线形成多次死亡交叉或者黄金交叉，与股价运行趋势相对应或者形成背离，这均为我们判断当下行情提供了依据。

> **操作总结** 线段是缠论中规模较大的常见形态，也是掌握缠论精髓——中枢的重要基础，因此要学会准确地划分线段，也要了解线段被破坏的情况，以免做出错误的判断。在分析时结合其他技术指标作为辅助，可以进一步确认当下的行情，找到价格运行趋势与行情转折的关键点，从而找准买卖点，提升我们的盈利空间。

1.5 / 中枢的解析

中枢是缠论的精髓之一，也是比笔、线段等更为复杂的形态。引入中枢，可以更好地观察走势，且缠论中的 3 类买卖点与中枢的关系密切，如能掌握中枢，对预测行情、分析个股走势大有益处，也能提高找买卖点的准确度。

缠师认为，中枢其实就是买卖双方反复较量的过程，中枢越简单，表明其中一方的力量越强大。中枢的复杂程度，是考察市场最终动向的一个很重要的依据。一个超复杂的中枢完结后，就算是某一方盈利，后续走势也会经常出现反复。但不管中枢形态简单还是复杂，投资者都可从中分析当下的行情，明确买卖点，把握交易机会。

走势中枢是由 3 个次级别走势形成的，且 3 个次级别走势的中枢有重叠的部分，如果在股票图中出现这种情况，我们就将之视为走势中枢。中枢形态可出现在上涨趋势中，也可出现在下跌趋势或者是盘整趋势中。但不管在哪个部位出现中枢，都有其积极意义，可帮助投资者发现交易机会，提升盈利空间。

另外，也要注意"走势终完美"这一概念，它是缠论的核心理论之一，可帮助我们发现某一个走势类型将要结束的信号。通过中枢来确认走势终完美，并从中发现第一类、第二类、第三类买卖点，可以为下一步的操作提供依据。

1.5.1　解析走势中枢

走势中枢的定义　某级别走势类型中，至少 3 个连续次级别走势类型所重叠的部分，则称为走势中枢。换言之，走势中枢就是由至少 3 个连续次级走势类型的重叠部分所构成的。

其中最简单的中枢形态是由 3 个次级别走势所构成的，较为复杂的中枢形态则是由更多次级别走势所构成的。中枢形态的简单与复杂，与次级别走势的数量和规模有关，次级别走势的规模、数量越大，则中枢形态的规模越大，而较大规模的中枢形态通常也具有较强的能量力度。

1. 中枢要点解析

（1）3 个次级别走势．在 K 线图中，如果出现了连续的 3 个次级别走势，且 3 个次级别走势的区间有重叠部分，则表明构成走势中枢。

（2）连续。连续指并不是有 3 个次级别走势就可以构成中枢，一定要是连续的 3 个次级别走势才可以。这一点要注意。

（3）现象。通常而言，某一中枢形态结束后，其价格趋势仍会沿原中枢的走势运行，即如果原中枢走势为下跌趋势，那么在该中枢形态结束后，其后续行情仍会延续一段时间的下跌趋势。当然，延续时间的长短、力度等与多个因素相关，如是否有相关消息、所处行业、大盘走势强弱等。

2. 中枢的简单形态解析

（1）3 个次级别走势。如图 1-42 所示，次级别走势 1、次级别走势 2、次级别走势 3 为连续的 3 个次级别走势，且 3 个次级别走势的区间范围存在重叠的部分，满足构成中枢的条件，可以确认中枢构成。

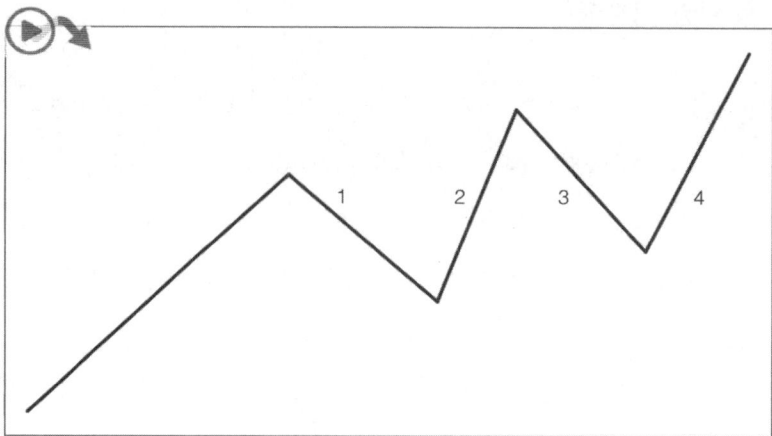

图1-42 中枢的简单形态

（2）运行趋势。该中枢出现在上涨趋势中，中枢结束后，可以确定股价延续原上涨趋势的可能性极大，这就为投资者提供了理想的交易机会。如图1-42所示，股价脱离原中枢后，仍延续上涨趋势。但要注意的是，延续原趋势只是大概率事件，分析时应结合其他技术指标进行判断，如各种反转信号指标等。

（3）中枢的简单形态。在图1-42中，中枢是由3个连续次级别走势所构成的，此为中枢的简单形态。虽然这种形态较为简单，但能量力度却很强，不要因为其规模较小就忽视它。

操作提示1 在图1-43中，次级别走势1、次级别走势2、次级别走势3为连续的3个次级别走势，且3者的区间范围存在重叠部分，构成了中枢形态。由于组成中枢形态的次级别走势只有3个，所以为中枢的简单形态。该形态是投资者掌握交易机会的重要依据，当股价双向波动震荡时，交易机会就出现了。

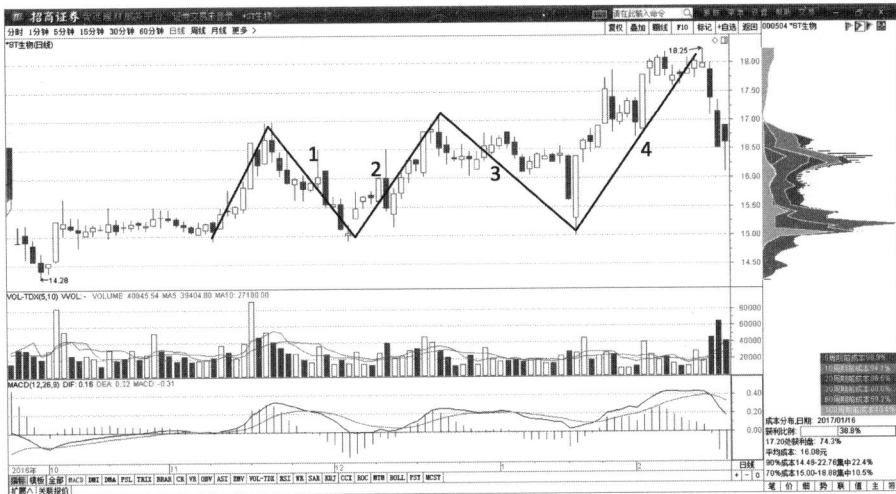

图1-43 *ST生物日K线图

操作提示2 在图1-43中,1为上涨趋势中较为明显的短暂回落调整走势,表明中枢形态初具雏形,股价震荡调整,短线"介入"机会较多。2为反弹回涨至原上涨趋势,3为短暂回落调整走势,表明中枢形态逐渐完备,为典型的中枢形态。在多空双方力量抗争中,多方力量始终略胜一筹,其间空方虽有略占上风之时,但还是比不过整体上涨趋势。

操作提示3 从股价由原本的上涨趋势,到而后出现3个连续的次级别走势构成中枢看,该中枢形态并不复杂,因而极好确认。不过中枢形态对整体走势影响较小,但在此期间出现的股价波动是我们建仓或者减仓的好时机。

操作总结 中枢的简单形态很好辨认,只要出现连续3个次级别走势,且3个走势的区间存在重叠部分,就意味着中枢形态出现。次级别走势调整完毕,意味着股价上涨趋势得到确认,中枢形态结束后的买卖点也较好把握,毕竟中枢结束后仍延续中枢前的趋势的可能性是极大的。中枢的简单形态很好确认,一旦确认后就可按照该中枢的规律进行交易。

3.中枢的复杂形态解析

（1）多个次级别走势。如图1-44所示，该图中存在次级别走势1、次级别走势2、次级别走势3、次级别走势4、次级别走势5，共5个次级别走势，且5个次级别走势的区间范围存在重叠的部分，满足构成中枢的条件，可以确认中枢形成。由于构成中枢的次级别走势数量超过3个，因此我们将其称为中枢的复杂形态。

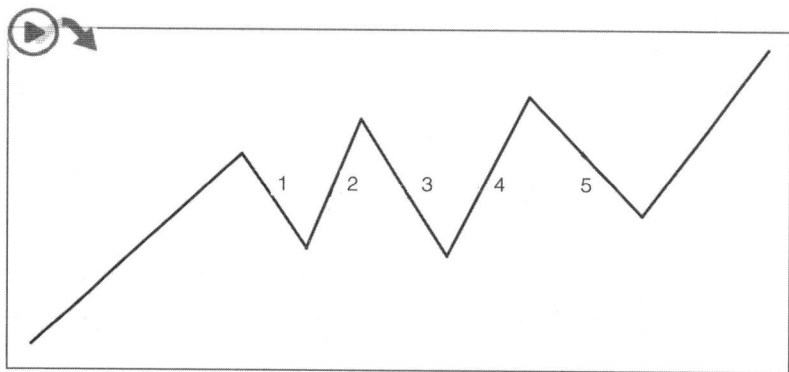

图1-44 中枢的复杂形态

（2）运行趋势。该中枢出现在上涨趋势中，中枢结束后，可以确定股价延续原上涨趋势的可能性极大，这就为投资者提供了理想的交易机会。如图1-44所示，股价脱离原中枢后，仍延续上涨趋势。但要注意的是，组成中枢的次级别走势的规模越大、数量越多，则该中枢的能量就越大。

（3）中枢的复杂形态。在图1-44中，中枢是由多个（多于3个）连续次级别走势所构成的，此为中枢的复杂形态。

操作提示1 在图1-45中，存在次级别走势1、次级别走势2、次级别走势3、次级别走势4、次级别走势5，共5个次级别走势，且5个次级别走势的区间范围存在重叠部分，构成了中枢，为较为复杂的中枢形态。复杂的中枢形态呈现出股价双向波动的规律，如果能随规律建仓或减仓，投资者就能提高盈利空间。

图1-45 华塑控股日K线图

操作提示2 中枢形态的构成只需要3个次级别走势，且3个走势区间存在重叠部分。但在图1-45中，该中枢形态由5个次级别走势组成，是比3个次级别走势所组成的中枢规模更大的形态，表明多空方拉锯时间较久，一时难分胜负。但其间股价双向波动，提供了很多理想的交易机会。

操作总结 从该股的价格运行趋势来看，股价双向波动频率较高，价格在短期内起伏不定，因而形成了多个次级别走势，且震荡中构成了中枢的复杂形态。投资者可根据其规律，找准买卖点出现的机会，提高盈利空间。从图1-45中A位置的筹码状态可知，即使股价双向波动较大，筹码规模仍较为理想，不过股价位于高点时筹码规模相对较大，想必有不少投资者买在高位。而掌握中枢理论后，投资者就能运用该理论掌握买卖时机了。

1.5.2 走势及走势类型

走势分解是缠论的实战精要之一，分清走势及走势类型是技术分析的基础，对分析当下行情及走势意义重大。而"走势终完美"理念更是缠论操作体系中的重要理论，是其他缠论理论的核心。掌握、运用"走势终完美"这一概念，则需要从了解走势及走势类型开始。

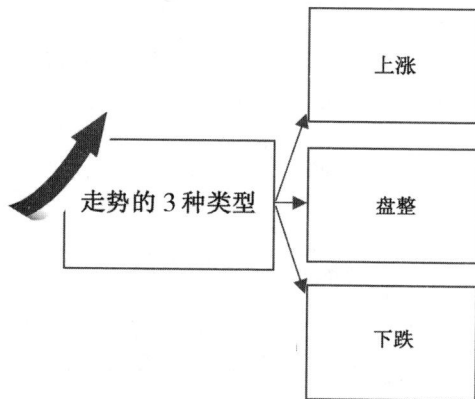

图1-46 走势的3种类型

走势可以分为趋势和盘整，趋势又可以分为上涨和下跌，也就是说走势类型可分为3种，如图1-46所示。

任何级别的走势都可以用这3种走势类型来概述。

> **趋势的定义** 在任何级别的任何走势中，某完成的走势类型包括两个及以上依次方向相同的走势中枢，即为该级别的趋势。如果该方向向上，则称为上涨；如果该方向向下，则称为下跌。

1. 上涨走势

在任何级别的走势中，某完成的走势类型包括两个或者以上依次出现的方向向上的走势中枢，则我们将这段走势称为上涨走势。这里有个重要的特点，即在上涨走势中，最近的高点比前一个高点要高，最近的低点比前一个低点要高。

形态解析

（1）两个中枢：至少要存在两个方向向上的走势中枢。

（2）高点与低点：在某完成的走势类型中，最近的高点相比前一个高点要高，最近的低点相比前一个低点要高。

（3）走势状态：走势应是完成的，如果未完成，应等其完成后再进行分析，以便正确地分析价格基本走势，了解复杂的价格变化。

如图1-47所示，在某完成的走势类型中出现了两个中枢：中枢A与中枢B。中枢A、中枢B在该走势中依次出现，且方向向上，则可知该走势为上涨走势。

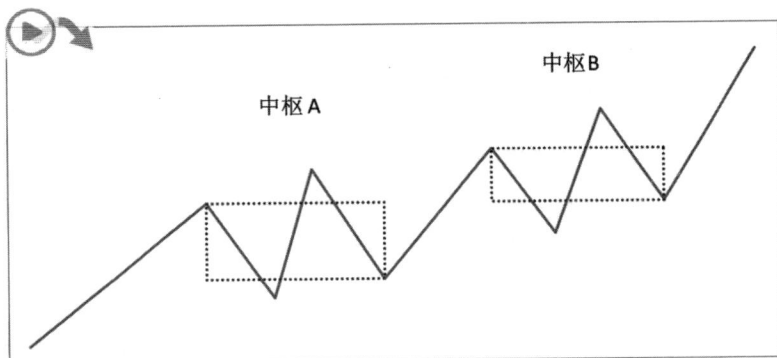

图1-47 上涨走势

观察图1-47可知，在该上涨走势中，最近一个高点比前一个高点要高，且最近一个低点比前一个低点要高，因此可以确认该走势为上涨走势。

操作提示1 在图1-48的华锦股份日K线图中，中枢A、中枢B两处都出现在某完成走势中，可以看到最近一个高点比前一个高点要高，最近一个低点比前一个低点要高，且两个中枢依次出现，方向向上，因此可以确认该完成走势为上涨走势。

操作提示2 从MACD指标来看，双曲线在股价上涨早期就形成黄金交叉，释放买进信号。投资者如能早早建仓，就能在后续行情中获利。

图1-48 华锦股份日K线图

操作总结 从图1-48来看，图中的理想买点并不多，但如果投资者能在早期"介入"，则"介入"时间越早，获利越丰厚。如果不能赶上最佳买点，那么后续行情中也可以陆续买进，但相比前者利润会减少很多。买点的掌握很重要，投资者如能掌握中枢形态的特征，则在中枢A结束后，就会确定行情仍会继续上涨，择机建仓，就不会错过后一波上涨行情所带来的利益。

2. 下跌走势

在任何级别的走势中，如某完成的走势类型包括两个或者以上依次出现的方向向下的走势中枢，则我们将这段走势称为下跌走势。

这里有个重要的特点，即在该段走势中，最近的高点比前一个高点要低，最近的低点比前一个低点要低。

▽▽ 形态解析

（1）两个中枢：至少要存在两个方向向下的走势中枢。

（2）高点与低点：在某完成的走势类型中，最近的高点比前一个高点要低，最近的低点比前一个低点要低。

（3）走势状态：走势应是完成的，如果未完成，应等其完成后再进行分析，以便正确地分析价格基本走势，了解复杂的价格变化。

如图 1-49 所示，在某完成的走势类型中出现了两个中枢：中枢 A 与中枢 B。中枢 A、中枢 B 在该走势中依次出现，且方向向下，则可知该完成走势为下跌走势。

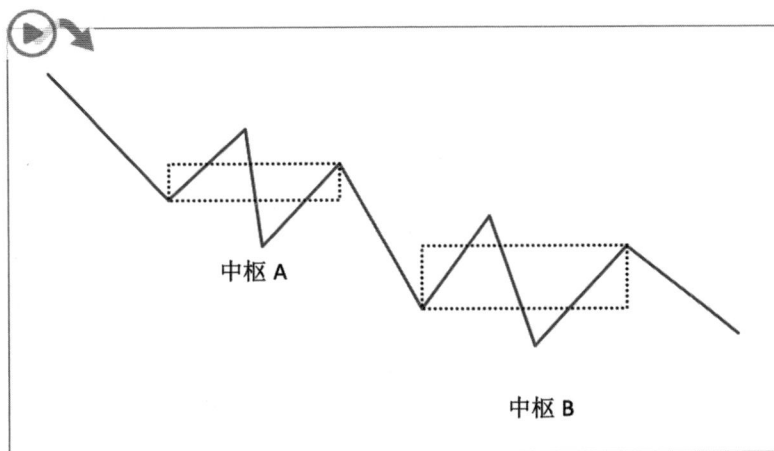

图1-49 下跌走势

观察图 1-49 可知，在该下跌走势中，最近一个高点要比前一个高点要低，且最近一个低点要比前一个低点要低，因此下跌走势得到确认。

操作提示 1 在图 1-50 的深赛格日 K 线图中，中枢 A、中枢 B 两处都出现在某完成走势中，可以看到最近一个高点比前一个高点要低，最近一个低点比前一个低点要低，且两个中枢依次出现，方向向下，因此可以确认该完成走势为下跌走势。

图1-50 深赛格日K线图

操作提示2 从MFI指标来看，股价大幅下跌过程中，价格创新低，而相应的MFI指标却背离上涨，其值高达80，因此可以确认价格高位的卖点，并且股价将出现转折。而MFI值达到80后，很快跌至22以下。因此，当MFI指标值达到80，释放卖出信号时，就是理想的减仓时机。

操作总结 从图1-50来看，图中的理想卖点并不多，但如果投资者能在早期"介入"，"介入"时间越早，则获利越丰厚。综合考虑MFI指标值达到高点，且形成背离形态，再加上下跌走势的特征，投资者抓住该卖点是较容易的事情。但如果错过MFI指标发出的卖出信号，则后续行情中几乎不能找到理想的卖点。

3. 盘整走势

盘整的定义 在任何级别的任何走势中，如果某完成的走势类型只包含一个走势中枢，则称为该级别的盘整。

▼ **形态解析**

（1）一个中枢：只包含一个走势中枢。

（2）走势状态：走势应是完成的，如果未完成，应等其完成后再进行分析，以便正确地分析价格基本走势，了解复杂的价格变化。

（3）交易机会：由于盘整走势中股价双向波动、振幅较小，也就是股价差额较小，因此交易机会不多，或者即使有交易机会，所获的利润也会很少。

如图 1-51 所示，在某完成的走势类型中只包含一个走势中枢，即中枢 A，我们将这种走势称为盘整走势。从该图可看出，在该走势中，股价双向波动较小，振幅有限，股价较为稳定，最高价与最低价之间的数额相差不大。

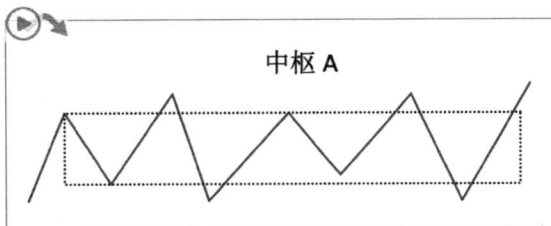

图1-51　盘整走势

操作提示 1　在图 1-52 中，该走势中只包含一个中枢，即中枢 A。该走势中股价相差不是很大，走势较为稳定，可以确认为盘整走势。这种走势为我们提供的交易机会并不多，即使能抓住最佳买卖点，所获得的利润也是微薄的。

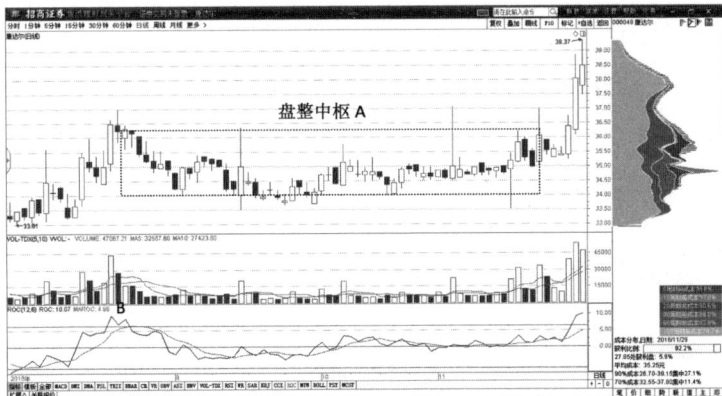

图1-52　康达尔日K线图

操作提示 2　从成交量来看，前期成交量快速放量，股价涨至高位，卖点出现。但随后成交量较为稳定，起伏不大，股价双向波动较小，进入盘整走势。

操作提示 3　从 ROC（变动率）指标来看，股价震荡上涨中，价格创新高，与之对应的 ROC 指标也走高，且为正值，表明上升趋势正在加速。但很快，ROC 指标开始走平乃至回落，表明股价上涨能量已经衰弱。盘整期间我们可以看到 ROC 指标在 0 轴附近波动，表明多空力量差别不大，几成平手之势。因此，不难推测，图 1-52 中的 B 处是较为理想的卖点。

操作总结　从图 1-52 来看，盘整走势所能提供的交易机会并不多，但投资者可在股价步入盘整状态前，根据 ROC 指标的信号以及成交量放量，推测理想的卖点已出现。如果错过该卖点，则进入盘整走势以后，投资者很难寻找合适的卖点。因此，投资者在盘整状态时最好是持币观望，待行情明朗后再"介入"不迟。

1.5.3　中枢的延伸、扩展、新生

当走势发展到某种程度时，不可能一直维持其小级别走势，而是会有向大级别走势升级的趋向。就像某个下跌走势，起初是 30 分钟级别的，但不能要求其后续走势一直是 30 分钟级别的，这时就需要具体事情具体分析了。

根据"走势终完美"理论，任何级别的走势最终都是要结束的，不过在结束前，走势中枢却并未完全延续原状态，而是会随着走势的变化而有所变化，这就为投资者分析中枢带来了难度。根据其后续变化，我们可将可能的情况分为以下 3 类，如图 1-53 所示。

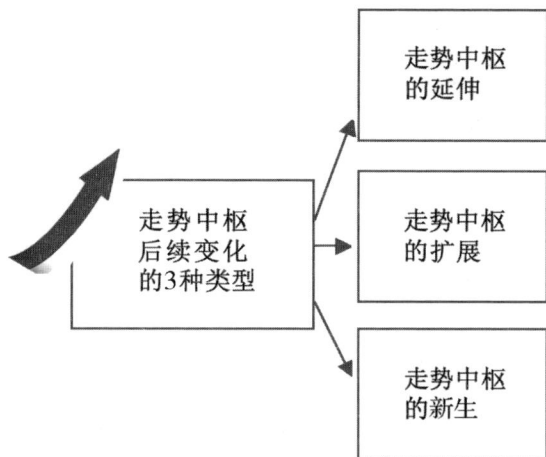

图1-53 走势中枢后续变化的3种类型

1. 走势中枢的延伸

走势中枢是由3个次级别的线段的重叠部分组成的,但如果在后续走势中,某个次级别线段脱离中枢,然后由于中枢的回拉作用,以更高级别的线段返回中枢,则将其称为走势中枢的延伸。

缠中说禅走势中枢中心定理一:走势中枢的延伸等价于任意区间$[dn,gn]$与$[ZD,ZG]$有重叠。换言之,若有Zn,使$dn>ZG$或$gn<ZD$,则必然产生高级别的走势中枢或趋势及延续。

——缠中说禅教你炒股票20课

形态解析

(1)一个中枢:只包含一个走势中枢,其表现形态为盘整。

(2)走势状态:无论是向上突破还是向下跌破中枢的范围,都必然会在此返回中枢,如果不能满足这一条件,则中枢的延伸是不成立的。

(3)交易机会:以中枢为标准,在其之上是不存在买点的,只有卖点;同样，在中枢之下是不存在卖点的，只有买点，不过由于股价双向波动较小，因此即使能找准时机，盈利也是较少的。

如图 1-54 所示，图中很快出现 3 个次级别走势且其区间存在重叠的部分，构成了标准中枢。走势仍在延续，以次级别走势向下脱离中枢，但很快会再次被拉回中枢内。这种情况，就是标准的中枢的延伸。

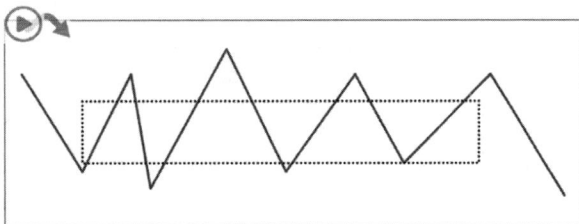

图1-54 中枢的延伸

操作提示1 在图 1-55 中，3 个次级别走势构成标准中枢后。但其走势并未完结，反而继续向下，后续走势虽偶尔会突破或跌破原中枢，但最终都会返回中枢，因此可以确认图中为中枢的延伸。此形态的走势较为稳定，能提供的交易机会并不多，投资者即使能抓住最佳买卖点，所获得的利润也是较少的。

图1-55 深赤湾A日K线图

操作提示2 从成交量与 MACD 指标来看，两者表现都很平淡。成交量相对稳定，数量差别不大；而 MACD 指标也近乎呈直线延伸状态，表明股价波动较小，这是中枢延伸形态的表现。

操作提示3 从买卖点来分析，在该形态中，卖点出现在中枢的上方，而买点则出现在中枢的下方。因此，投资者在操作时要以中枢为标准，如果股价向上脱离中枢，则要注意卖点出现；反之，则要注意低位建仓。当然，如果中枢延伸形态结束，那么股价沿原趋势运行的可能性就很高，投资者可根据中枢前的走势操作，灵活应对。

操作总结 从图1-55来看，中枢的延伸表现为盘整走势，所能提供的交易机会并不多，买卖点出现在中枢的下方或上方。投资者在操作时可按照中枢震荡的原理来操作，但由于其股价波动较小，利润较少，可待行情明朗后再"介入"。

2. 走势中枢的扩展

当中枢形成后，以某个次级别线段脱离中枢，但随后的次级别线段并不返回中枢，如果连续3次次级别线段所构成的重叠部分（实际上构成新的中枢）与原中枢并不存在重叠部分，不过后一个中枢的区间范围触及原中枢的区间，对于这种情况，我们将其称为走势中枢的扩展。

缠中说禅走势中枢中心定理二：前后同级别的两个缠中说禅走势中枢，后GG<前DD等价于下跌及其延续，后DD>前GG等价于上涨及其延续；后ZG<前ZD且后GG≥前DD，或后ZD>前ZG且后DD≤前GG，则等价于形成高级别的走势中枢。

——缠中说禅教你炒股票20课

如图1-56所示，中枢A形成后，随即以一个次级别线段向上脱离中枢，随后的一个次级别的线段并不返回中枢，连续3次次级别线段构成的重叠部分（构成新的中枢）与原中枢不存在重叠部分，但该中枢的区间范围与原中枢仍有关联，因此将其称为中枢的扩展。

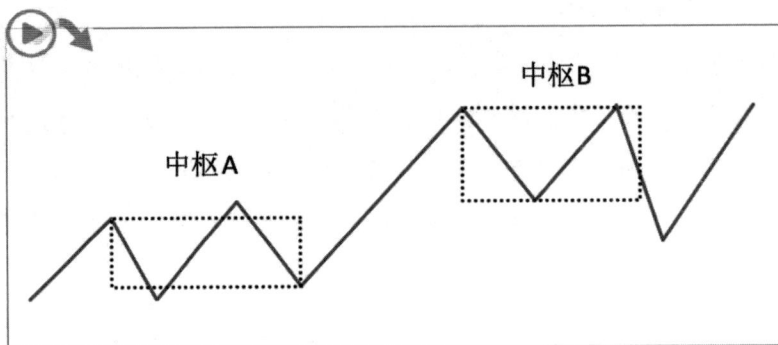

图1-56 中枢的扩展

3. 走势中枢的新生

当中枢形成后，以某个次级别线段脱离中枢，但随后的次级别线段并不返回中枢，且形成的新中枢区间完全脱离原中枢的区间，我们将这种情况称为走势中枢的新生。

如图1-57所示，中枢A形成后，随即以一个次级别线段向上脱离中枢，随后的一个次级别线段并不返回中枢，而是产生了更高级别的中枢，且新中枢的区间范围完全脱离原中枢的区间范围，此即为中枢的新生。

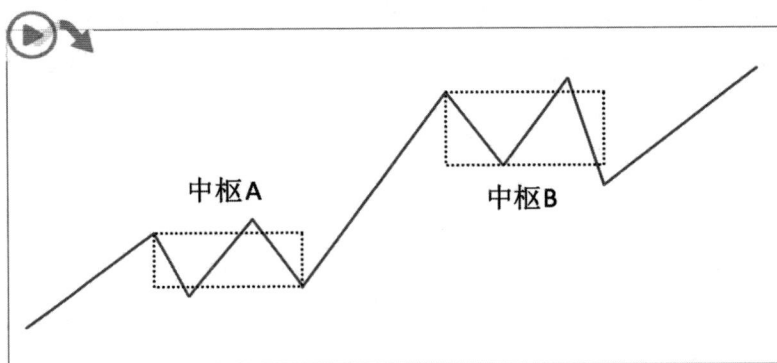

图1-57 中枢的新生

本/章/导/读

　　如前文所述，缠论可分为两大部分，一是形态学，二是动力学。其中，形态学是缠论的根基，动力学则是辅助。虽然动力学的地位看起来不如形态学，但却是缠论中不可缺少的内容，它与形态学一起构成缠论的精髓，而动力学的精髓则为背驰。

　　根据缠论，股票价格的双向转折波动是由背驰形态来确立的。也就是说，转折必然是由背驰引起的，而转折意味着买卖点的出现，也表明背驰与买卖点关联密切。上升趋势中出现背驰，则意味着上涨能量不足，多头趋势将转为空头趋势，卖点出现，投资者应高位卖出减仓或者空仓；而如果下降趋势中背驰形态出现，则意味着下跌动力不足，宜看多，投资者可低点建仓，以最少的资金获得最多的筹码，使利润最大化。

　　作为缠论动态学的重要内容，背驰是判断市场分界点的最基本的手段，背驰形态的出现意味着至少同级别或者大级别转折的出现。在实战中，确定"介入"的级别后，该级别的背驰终点就是缠论中的买卖点。而在缠论中，只有3类买卖点是安全的，除此之外的买卖点都不安全，风险较高。

　　本章将重点讲述背驰形态，且从趋势背驰与盘整背驰两方面去考量，同时也会讲解区间套。形态学可有效地帮助我们找到第二、第三类买卖点，但第一类买卖点却只能依靠动力学来判断。趋势是背驰出现的前提，而背驰的出现则意味着买卖点的出现。掌握买卖点正是我们学习缠论的重要目的，也是实战成功的关键所在。

2.1/ 趋势背驰

根据缠论，在某运行趋势中，如果股价呈上涨或者下跌走势，而技术指标 MACD 指标出现相反的表现，则通常意味着有背驰出现。背驰与转折有关，因而通常出现在上升趋势中股价见顶时，或者下跌趋势中股价见底时。背驰形态出现后，原上升趋势就会中断并转为下跌趋势，原下跌趋势就会企稳继而进入上升趋势，这就为投资者提供了理想的买卖点，投资者可根据背驰形态做出相应的建仓或者减仓操作。

在一个标准背驰构成前，必然会形成一个中枢。以上升趋势为例，如图 2-1 所示。

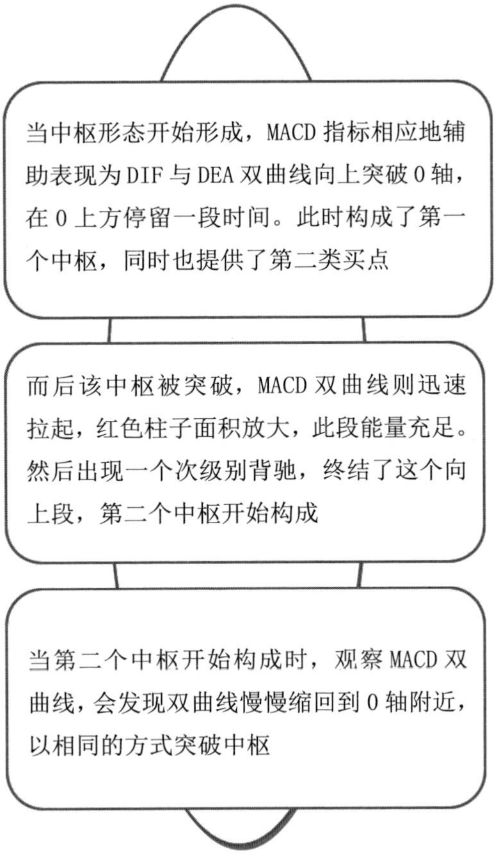

但是，第一个中枢和第二个中枢不同的是，这次红色柱子的面积之和明显小于前一段红色柱子的面积之和，意味着背驰形态出现，则原来的上升趋势结束。

当中枢形态开始形成，MACD 指标相应地辅助表现为 DIF 与 DEA 双曲线向上突破 0 轴，在 0 上方停留一段时间。此时构成了第一个中枢，同时也提供了第二类买点

而后该中枢被突破，MACD 双曲线则迅速拉起，红色柱子面积放大，此段能量充足。然后出现一个次级别背驰，终结了这个向上段，第二个中枢开始构成

当第二个中枢开始构成时，观察 MACD 双曲线，会发现双曲线慢慢缩回到 0 轴附近，以相同的方式突破中枢

图2-1 上升趋势中枢的构成

在实战中，一旦背驰形态出现，投资者就可着手建仓或减仓，因为其是典型的反转信号。也就是说，如果在上升趋势中，背驰出现就意味着多方力量衰竭，空方占据优势，股价将会出现下跌走势，则此时应进行减仓或空仓操作，待股价跌至底部时再建仓，从而获得收益。

2.1.1　趋势背驰的判断方法

背驰是通过对比体现的，尤其是趋势力度的对比。当趋势力度衰竭后通常会出现背驰，背驰引起转折，而转折意味着买卖点的出现，能为投资者提供理想的建仓或者减仓时机。不过，对比不仅局限在前后趋势力度的对比，其量能、结构、形态等都是对比的重要内容，如果显示对比前后没有差别，则意味着背驰形态并未出现。

"没有趋势，就没有背驰"，没有前后趋势的对比，力度也无法体现出衰竭，也就不能满足背驰构成的条件。

换句话说，只要出现某级别的背驰，必然意味着逆转，但逆转并不意味着永远。例如，在日线上向上的背驰制造一个卖点，股价回跌后，在5分钟或30分钟出现向下的背驰时制造一个买点，然后由这买点开始，股价又开始重新上涨，甚至创新高，这是很正常的情况。

可以推断出，若两个相邻的同向趋势间，后者的趋势力度相对前者要弱，则背驰出现。趋势分为上升趋势和下跌趋势两种，因此判断背驰也应分趋势而论，但对于一段趋势而言，背驰只有一次。

构成趋势背驰的3个条件，如图2-2所示。

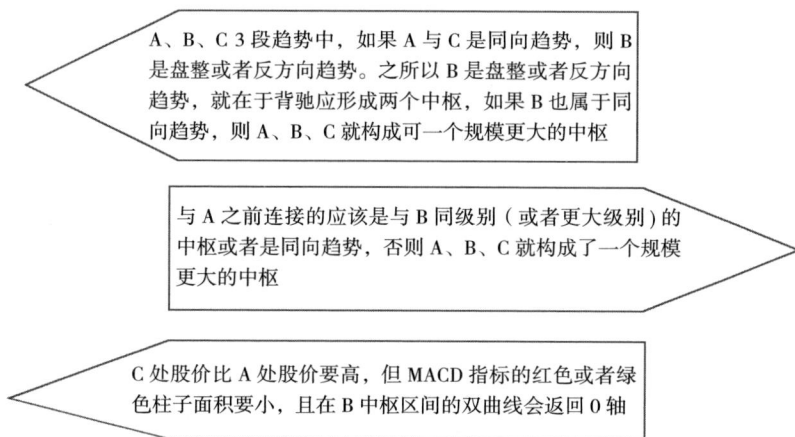

A、B、C 3段趋势中，如果A与C是同向趋势，则B是盘整或者反方向趋势。之所以B是盘整或者反方向趋势，就在于背驰应形成两个中枢，如果B也属于同向趋势，则A、B、C就构成可一个规模更大的中枢

与A之前连接的应该是与B同级别（或者更大级别）的中枢或者是同向趋势，否则A、B、C就构成了一个规模更大的中枢

C处股价比A处股价要高，但MACD指标的红色或者绿色柱子面积要小，且在B中枢区间的双曲线会返回0轴

图2-2　构成趋势背驰的3个条件

通常,满足前两个条件就能构成趋势背驰,但如果也满足了第三个条件,则趋势背驰形态更为标准。

在上升趋势或下跌趋势中,股价出现运行乏力或者即将进入相反趋势时,运行趋缓,此时常会出现缠论背驰形态,股价已经无法延续其原来的走势。在股价的转折点出现时,如果投资者能采用逆向交易,就能准确把握买卖时机,获得良好的投资效果。

2.1.2　上升趋势背驰操作

上升趋势中,股价单边上涨空间巨大,尤其是上涨动力充足时,股价拉升很快,短时间内涨幅可远超预期。不过,能量再充沛也有用完的时候。调整中枢出现后股价持续上涨,但此时上涨动力衰竭,进度减慢,涨幅收窄,表明背驰出现,多头趋势将转为空头趋势,股价回落。

上升趋势背驰为我们提供了理想的卖点,当股价单边运行到高位且出现趋势变缓时,也就是在股价上升时涨幅收窄,如果有背驰形态出现,则投资者应及早抛出手中持有的股票。由于背驰形态出现后股价运行趋势将出现反转,而且价格震荡幅度很大,在极短时间内就可能由高位跌至低位,因此在背驰形态出现后投资者应抓紧时机操作,以免错失良机,导致盈利空间萎缩。

在图 2-3 ①中,C 的趋势力度相对 A 的趋势力度弱了很多,因此出现背驰;在②中,C 的趋势力度明显比 A 的趋势力度要强很多,因此没有产生背驰。

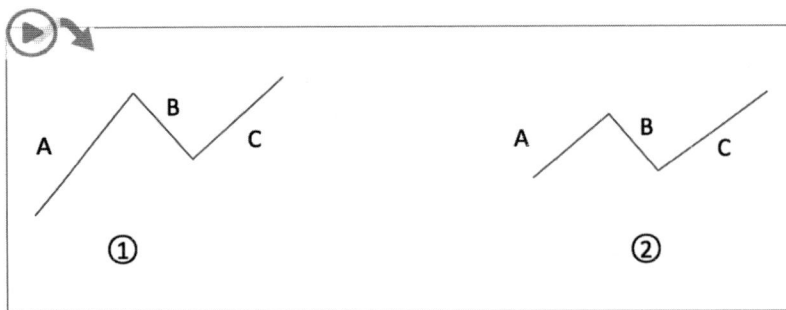

图2-3　上涨趋势背驰

形态解析

（1）上升趋势背驰。股价单边上涨，价格不断创新高，上升趋势得到确认。在经过短暂的调整中枢后，股价持续上涨但量能萎缩，上涨力度逐渐减弱，表明看多能量不足，股价将迎来逆转。从图 2-4 中可知，股价在 20.88 元处见顶。

（2）调整中枢。股价持续上涨后，技术性回调出现。虽然中枢的本质就是调整，但在上涨趋势中，由于多方力量要胜于空方，也就是整体上股价仍为上升趋势，短暂的调整不会对股价整体上升的大势造成重大影响。

（3）力度减弱。调整中枢结束后，股价回归上升趋势，但此时上升趋势的力度相比调整前明显减弱，向前发展出现背驰的可能性很大。当形成最后一个本级别中枢的第三类买卖点后，趋势力度比该中枢之前的次级别连接的趋势力度弱，即出现背驰形态，意味着股价涨幅到头，即将见顶回落。

操作提示 1 如图 2-4 所示，圣阳股份股价呈单边上升趋势，上涨力度较强。在 A 处后方形成的调整中枢为技术性回调，但其无法阻挡上涨量能，整体仍为上涨趋势。调整中枢出现后，股价上涨力度减弱，股价在 B 处见顶，多头趋势转为空头趋势，为理想的卖点，投资者应高位卖出，将盈利落袋为安。

图2-4 圣阳股份日K线图

操作提示 2　中枢是构成背驰的必要条件，我们可以看到在 A 处股价双向波动较小，但股价涨跌频次增多，而整体仍在中枢的范围内，因此判断其为调整中枢。此时投资者应持续关注股价走势，由于其并未出现明显的反转形态，应持股观望，待走出中枢后观察其走势再做出判断。

操作提示 3　调整中枢出现后，股价出现明显的力度减弱。B 处股价涨幅收窄，量能逐渐萎缩，意味着股价难以维持上升趋势，而 B 处的趋势力度明显比 A 处的趋势力度要弱，出现背驰形态，说明股价即将见顶回落，投资者应减仓。

> 操作总结　在股价呈单边上升趋势中，投资者很难下定决心不去跟随，因而常常会受到损失，而背驰的出现则为投资者提供了理想的卖点。背驰意味着转折，因而当投资者通过力度、结构等对比，发现将出现背驰形态时，应早做打算，在早盘高位卖出，以免亏损。

2.1.3　下跌趋势背驰操作

下跌趋势中，股价单边下跌空间巨大，尤其是空方力量占据优势时，股价快速回落，短时间内跌幅可远超预期。调整中枢出现后股价持续下跌，但此时下跌动力衰竭，速度减慢，跌幅收窄，多方力量逐渐占据主要地位，则表明背驰出现，空头趋势将转为多头趋势，股价即将反弹上涨。

下跌趋势背驰为我们提供了理想的买点，当股价单边运行到低位且趋势变缓，也就是股价下跌跌幅收窄时，如果有背驰形态出现，则投资者可持现金买进股票。由于背驰形态出现后，价格运行趋势将出现反转，而且价格震荡幅度很大，在极短时间内就可能由低位涨至高位，因此投资者应抓紧时机操作，以免错失良机，导致盈利空间萎缩。在实战中切记，下跌趋势中出现背驰形态，这是价格跌至谷底即将反转上涨的信号，也是投资者建仓的时机。

在图 2-5 ①中，C 的趋势力度明显比 A 的趋势力度要弱，形成背驰；在

②中，C 的趋势力度明显比 A 的趋势力度要强，没有形成背驰。

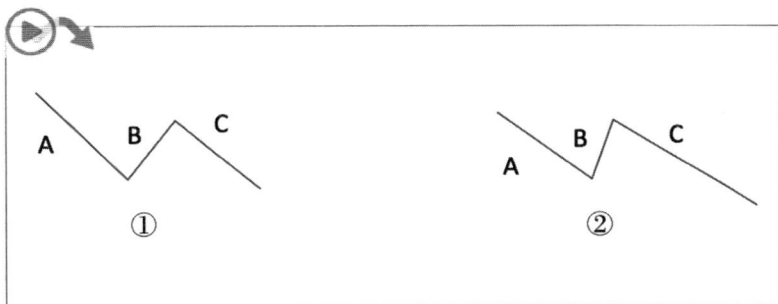

图2-5 下跌趋势背驰

形态解析

（1）下跌趋势背驰。股价单边下跌，价格不断创新低，下跌趋势得到确认。在经过短暂的调整中枢后，股价持续下跌，但下跌力度逐渐减弱，表明在多空之争中空方逐渐占据优势。从图 2-6 中可知，股价在 10.14 元处见底。

（2）调整中枢。股价持续下跌后，技术性反弹出现。虽然中枢的本质就是调整，但在下跌趋势中空方力量仍占据优势，也就是说整体上股价仍为下跌趋势，短暂的调整不会对股价整体下跌的大势带来重大影响。

（3）力度减弱。调整中枢结束后，股价回归下跌趋势，但此时下跌力度比调整前明显减弱，向前发展出现背驰的可能性很大。当形成最后一个本级别中枢的第三类买卖点后，趋势力度比该中枢之前的次级别趋势力度弱，即出现背驰形态，意味着股价下跌空间缩小，股价将会见底反弹。

操作提示 1 如图 2-6 所示，龙力生物股价呈单边下跌趋势，下跌力度较强。在 A 处后方出现了技术性反弹走势，形成调整中枢，但仍无法扭转下跌走势。调整中枢出现后，股价下跌力度减弱，股价在 B 处见底后，多头趋势彻底占据优势，为理想的买点，投资者应低位建仓，用较少的资金获得更多的筹码。

图2-6 龙力生物日K线图

操作提示2 中枢是构成背驰的必要条件，我们可以看到在A处股价双向
波动较小，但股价涨跌频次增多，但整体仍在中枢的范围内，因此判断其为调
整中枢。此时投资者应持续关注股价走势，由于其并未出现明显的反转形态，
应持股观望，待股价走出中枢并观察其走势后再做出判断。

操作提示3 调整中枢出现后，下跌力度出现明显的减弱，B处跌幅缩小，
意味着股价难以维持下跌趋势。而B处的趋势力度明显比A处的趋势力度
要弱，出现背驰形态，表明股价即将见底反弹，投资者应建仓。

操作总结 下跌趋势中一旦出现背驰形态，往往意味着最佳买点出现，投
资者可重仓持股。因此，投资者应掌握缠论的生成原理、形态、重点，也
应掌握背驰的力度、级别等，这对抓住建仓交易机会非常重要。

2.2 / 盘整背驰

根据缠论，在某运行趋势中，如果股价呈上涨或者下跌走势，但走势未能
持续下去，反而出现停滞的现象，则此时盘整背驰就出现了。

如果在第一个中枢就出现背驰，那不会是真正意义上的背驰，只能算是盘整背驰，其真正的技术含义，其实就是一个企图脱离中枢的运动，由于力度有限，被阻止而回到中枢里。

一般来说，小级别的盘整背驰意义都不太大，而且必须结合盘整的位置进行走势分析，如图 2-7 所示。

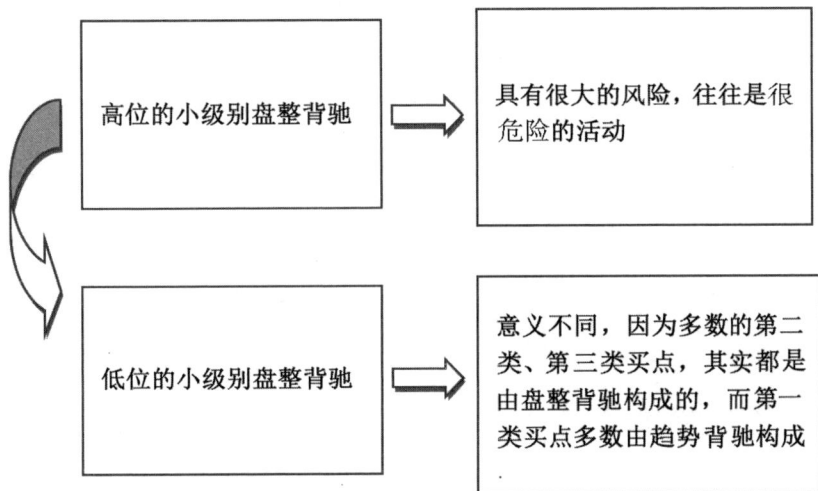

图2-7 高位与低位的小级别盘整背驰

通常，第二类、第三类的买点都有一个 3 段的走势，且第三段往往都跌破或升破第一段的极限位置，从而形成盘整背驰。注意，这里是把第一、第三段看成是两个走势类型之间的比较，这和趋势背驰里的情况有点不同，这两个走势类型是否一定是趋势，问题都不大，两个盘整在盘整背驰中也是可以比较力度的。这里先补充一个定义，就是在某级别的某类型走势中，如果构成背驰或盘整背驰，我们就把这段走势类型称为某级别的背驰段。

如果上升趋势中出现盘整背驰形态，则表明上升趋势即将结束，即使股价在盘整背驰高价与低价间差额较小，但是一旦其突破盘整背驰，则股价将会迎来转折。因此在盘整背驰出现，股价尚未反转时，投资者应提早做好应对准备。

以上升趋势为例，如果出现盘整背驰，操作方法如图 2-8 所示。

在实战中，一旦出现盘整背驰形态，投资者可密切关注，根据其盘整背驰前的趋势状态制订应对措施。如原行情为下跌，在盘整背驰结束后，其行情反转为上升的可能性很大，如果此时成交量持续放大，则表明多方力量占据优势，股价下跌趋势将难以持续，自然会出现股价触底反弹的走势。此时投资者可及时建仓，以较少的资金获得较多的筹码，待股价涨至高位时再卖出，提高投资收益的空间。

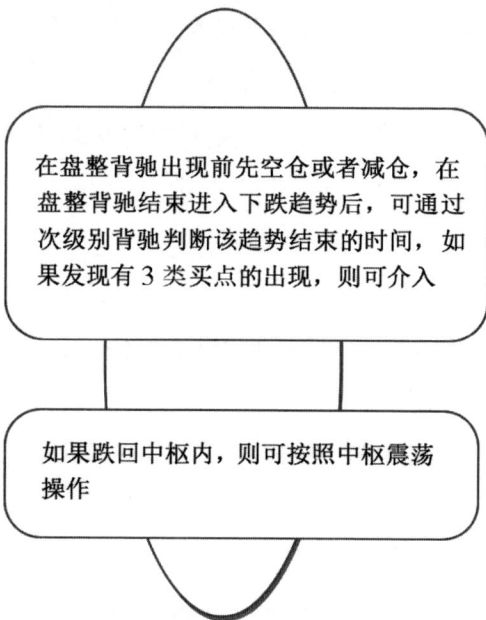

在盘整背驰出现前先空仓或者减仓，在盘整背驰结束进入下跌趋势后，可通过次级别背驰判断该趋势结束的时间，如果发现有3类买点的出现，则可介入

如果跌回中枢内，则可按照中枢震荡操作

图2-8 上升趋势中的盘整背驰操作

2.2.1 盘整背驰操作

虽然从操作角度而言，盘整背驰的价值不如趋势背驰，但作为缠论动力学的重要内容，盘整背驰仍具有非常高的地位以及较高的操作价值。不过盘整背驰不像趋势背驰那样大幅震荡，因而更易让投资者感到困惑。

根据缠论，盘整背驰操作价值的大小主要看两个方面的因素，如图2-9所示。

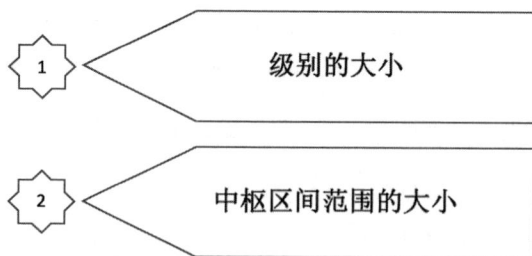

1 级别的大小

2 中枢区间范围的大小

图2-9 决定盘整背驰操作价值大小的两个因素

跟盘整走势一样，如果盘整背驰只是小范围内小级别的，则实战意义不大。小级别盘整背驰结束后所引起的转折也是较小的，也就是说股价差额不会很高，即使抓住盘整背驰前后所出现的买卖点，所得利润也是较少的。

以1分钟级别的盘整背驰为例，如图2-10所示。

但如果是大级别，如周线级别、月线级别的盘整背驰，就具有较高的操作价值。

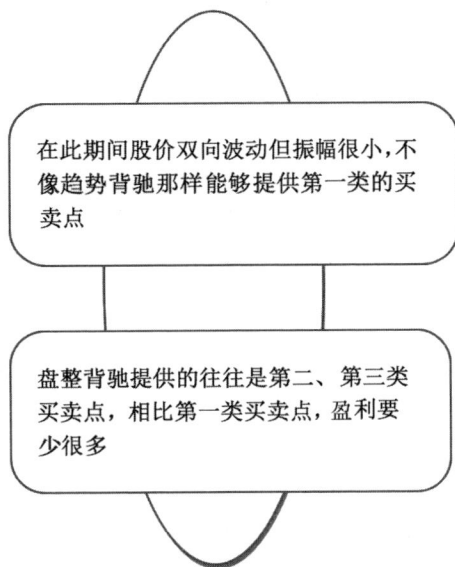

图2-10 1分钟级别的盘整背驰的买卖点

中枢区间范围的大小和收益直接挂钩，如图2-11所示。

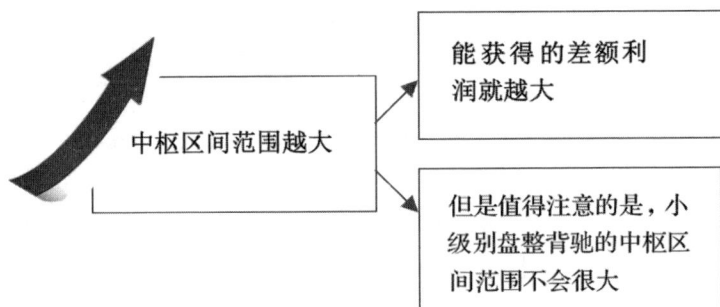

图2-11 中枢区间范围的大小和收益

因此，盘整背驰的主要操作价值在于大级别上，尤其在周线以上级别中，盘整背驰的出现通常意味着大转折，如果投资者能掌握，便能从中获得利润。

第一类买卖点通常是由背驰引起的，但第二类、第三类买卖点都是在第一类买卖点出现后形成的，且与后者关系密切。换句话说，3类买卖点和背驰的关系都非常密切。

1. 下跌趋势中的调整中枢

形态解析

（1）调整中枢状态。股价大幅下跌过程中出现了一个调整中枢，使下跌趋势得以缓解，表明股价短线获得支撑，短时间内股价延续原下跌幅度已不可能，在后续行情中即使出现跌势，也不过是强弩之末，价格不会有太大的波动。

（2）下跌行情出现颓势。调整中枢状态结束后，股价虽然仍会下跌，但其已经出现颓势，也就是说即使下跌，其跌幅要远远小于未出现调整中枢前的跌幅，表明背驰形态即将出现，同样也发出了股价下跌行情即将结束的信号。

（3）MACD指标背驰形态出现。从MACD指标来看，在股价不断创新低时，绿色柱子的面积却并未随之增加，反而变小了，此为构成背驰的条件之一，是背驰形态出现的重要特征。

操作提示1 在图2-12中，快速放量后，股价涨至高位，随后进入大幅下跌行情，跌幅很大。按照趋势，股价本应在短时间内跌至底部，但却出现了一个调整中枢，缓解了下跌行情，使得跌幅收缩明显。可以确认B处出现了背驰形态，且对应的股价已经跌至底部，投资者可在此处低价建仓。

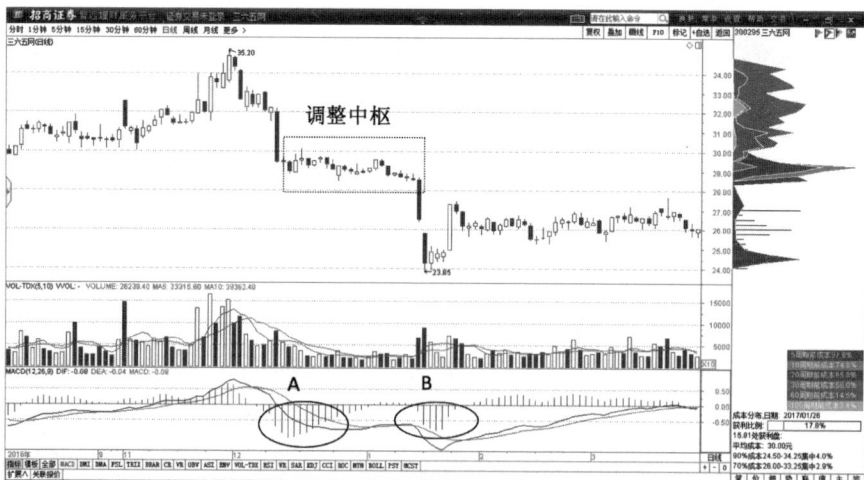

图2-12 三六五网日K线图

操作提示 2　在图 2-12 中，量能放大，股价涨至高位后，量能便持续萎缩，股价快速跌落。但随着量能放大进入稳定阶段，股价开始在小范围内波动，波动较为频繁但差额却很小，呈现出类似盘整走势的一些特质。

操作提示 3　从 MACD 指标来看，不难发现 A>B，而与之对应的股价却不断创新低。尤其在 B 处，DIF 曲线触底反弹，MACD 指标与股价出现背离，这是建仓的信号。

操作总结　下跌趋势中出现调整中枢后，常常会形成盘整背驰。在这种形态下，投资者应掌握好交易机会，找准买点。如能根据盘整背驰形态找出股价转折的关键点，便能在接近理想买点时买入股票，提高盈利水平。

2.上涨趋势中的调整中枢

形态解析

（1）调整中枢状态。股价震荡上升期间出现了一个调整中枢，上升趋势被中断，表明股价短线获得压力，短时间内无法延续原上升趋势，即使走出中枢状态后，后续上升的力度也将难以与原上升趋势相比，价格不会有太大的波动。

（2）上升行情出现颓势。从调整中枢状态走出后，股价虽然仍会上升，但已经出现颓势，也就是即使上升，其涨幅也要远远小于未出现调整中枢前的跌幅，即力度要比前者弱很多，表明背驰形态即将出现。同样也发出了股价上涨行情即将结束的信号。

（3）MACD 指标背驰形态出现。从 MACD 指标来看，在股价不断创新高时，红色柱子的面积并未随之变大，反而变小了，此为构成背驰的条件之一，是背驰形态出现的重要特征。

操作提示 1　在图 2-13 的博雅生物日 K 线图中，股价在 48.38 元处见底后反弹回升，进入震荡期间后不久就进入了调整中枢形态。此时股价双向波动，涨跌幅度明显，完成了一个调整中枢形态。作为上升趋势中的调整中枢，在其形态结束后，股价虽然仍持续上涨，但上涨动力明显不足，股价增速趋缓，表明行情将出现反转。

图2-13 博雅生物日K线图

操作提示2 在调整中枢状态结束后，股价虽然仍持续上涨，但其涨幅和力度明显小于调整中枢出现前，因而构成背驰。从成交量来看，在调整中枢期间，虽然脉冲偶有冲高，量能也有放大，但从整体来看量能呈萎缩状态，这是上涨行情无法长时间延续下去的信号，表明不久后股价将迎来转折。

操作提示3 从MACD指标来看，在震荡上升期间股价不断创新高，但红色柱子面积却不断变小，此为构成背驰的条件之一。结合其走势，我们可以确认背驰形态的有效。

操作总结 在该上涨趋势中，我们根据其走势很容易确认66.90元的高位点。结合成交量状态和MACD指标中的柱子面积，很轻易就可以发现高抛的机会。投资者应找准卖点，在高位将持有的股票卖出，使盈利落袋为安。

2.2.2 盘整背驰后的分类

背驰形态是趋势反转的重要信号，虽然盘整背驰的操作价值相对趋势背驰要低些，但转折必然是由背驰导致的，即使是盘整背驰，如果投资者能掌握其特征，也能获得可观的投资收益。但盘整背驰不像趋势背驰那样，趋势背驰导致的转折通常是很有力度的，股价短时间内的波动是可预测的，但盘整背驰后的趋势却无法预测。

为了更好地利用盘整背驰提高我们的盈利空间和盈利水平，投资者有必要了解盘整背驰后的分类，对其后续走势做一个归纳，以便更好地掌握盘整背驰这一工具预知后续走势，获得一定的收益。

如果C段不破中枢，一旦出现MACD柱子的C段面积小于A段面积，其后必定有回跌。比较复杂的是如果C段上破中枢，但MACD柱子的面积小于A段，这时候的原则是先出来，其后有两种情况，如果回跌不重新跌回，就在次级别的第一类买点回补，刚好这反而构成该级别的第三类买点，反之就继续盘整。

——缠中说禅教你炒股票24课

假设存在某个走势，将其分为 A、B、C 3 段，其后续走势可分为 3 类，如图 2-14 所示。

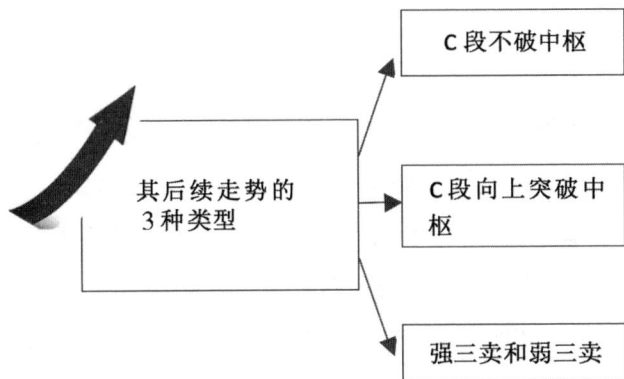

图2-14 某个走势的3种类型

1.C 段不破中枢

第一种情况为 C 段趋势无法向上突破或者向下跌破中枢。MACD 指标中 C 段的柱子面积比 A 段的柱子面积小，背驰出现，为理想的卖点，而后股价必然会回跌，继而继续盘整。

如图 2-15 所示，走出调整中枢后出现 C 段上涨走势，但由于此时多空之争中空方逐渐占据优势，因而其上涨量能不足，未能突破中枢区间的延伸范围。如果再结合 MACD 指标来看，C 段的柱子面积比 A 段的小，意味着背驰出现，投资者应卖出股票。

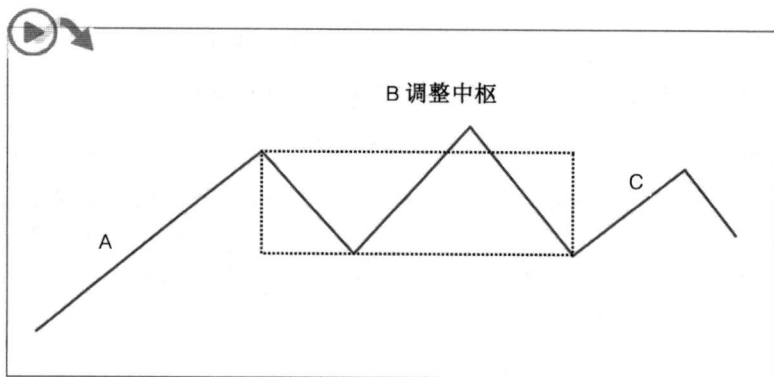

图2-15 C段不破中枢

这属于第一种情况，操作要点在于明确 C 段趋势无法向上突破调整中枢的区间范围，从而在高位卖出股票。

操作提示 1 在图 2-16 的和晶科技日 K 线图中，股价在 44.60 元处见顶后回落下跌。在经过一段时间的震荡下跌行情后，股价进入了调整中枢形态。此阶段股价虽然双向波动但差额很小，且新出现的走势并未能向上突破中枢，而是继续回落，股价再次回到盘整状态。

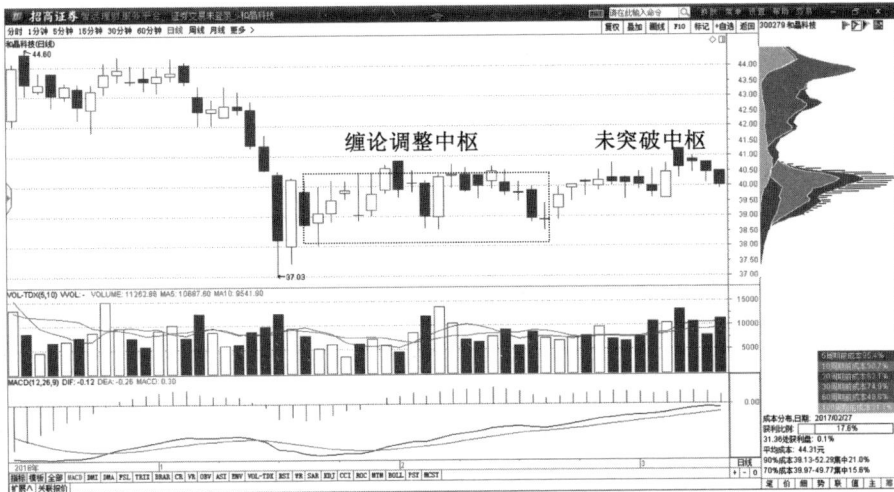

图2-16 和晶科技日K线图

操作提示2 进入调整中枢后，股价仍有回落与反弹，但由于幅度较小，因此可忽略不计。从成交量来看，在反弹时脉冲会增加，量能放大，不过很快回落。从整体来看，量能多在MA5、MA10曲线下方，整体较为稳定，因此即使出现新的上涨走势，但由于量能不足，无法支撑其快速上涨，因而无法向上突破中枢的区间范围，股价仍会回归盘整状态。

> **操作总结** 在盘整走势类型的A、B、C趋势中，B为调整中枢，但如果C段未能向上突破或者向下跌破中枢的区间范围，就会被拉回至盘整状态，可以确认属于盘整背驰后的第一种分类情况，即C段不破中枢。在面对这种走势时，C段的高点就是较为理想的卖点，但正如图2-16所示，此种走势中股价差额较小，即使能找到较为理想的买卖点，收益仍是较少的。

2.C段向上突破中枢

第二种情况为C段向上突破中枢。此时观察MACD指标可发现，C段的柱子面积比A段的柱子面积小，形成背驰，是较为理想的卖点。但涨势不足，短暂上涨后回跌，这种情况又可细分为两种场景来处理。

（1）如果回跌未跌破中枢（未跌破中枢的 ZG），形成第三类买点，是较为理想的买点。

通过观察图 2-17 可知，在走出调整中枢后，C 段开始向上且很快突破中枢区间的延伸范围，如果这时再配合 MACD 指标图，发现 C 段的柱子面积比 A 段小，则构成了标准背驰。但由于涨势能量不足，股价很快回跌，但并未跌破中枢的 ZG（中枢的高点），形成第三类买点。

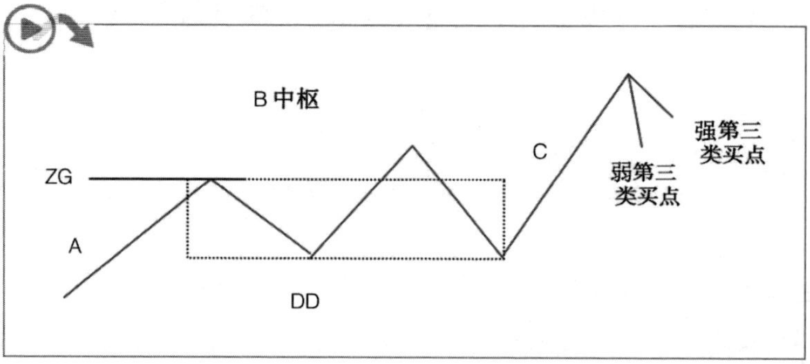

图2-17 第三类买点形态

第三类买点具体来说，又可分为强第三类买点和弱第三类买点，如图 2-18 所示。

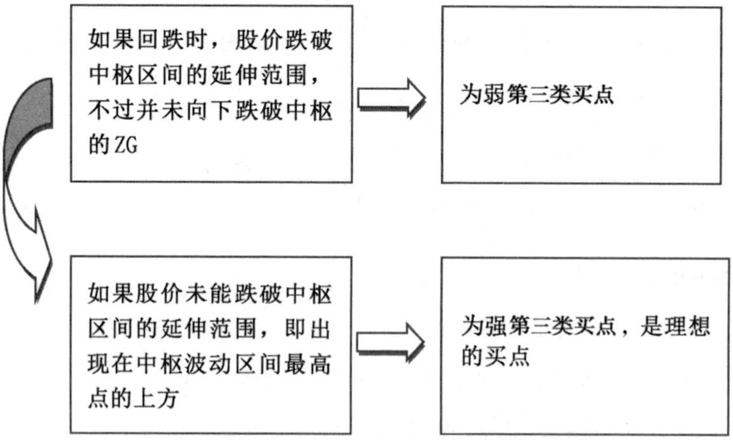

图2-18 强第三类买点和弱第三类买点的产生

操作提示1 如图2-19的三丰智能日K线图中，股价见顶后回落，进入调整中枢状态。此阶段中，股价双向波动频繁但差额较小，随后出现新走势，向上突破中枢区间的延伸范围，而后回落但未跌破中枢的上方，形成第三类买点。从图中来看，股价回跌最低点仍位于中枢波动区间的最高点上方，为弱第三类买点。这为投资者提供了较为理想的买点，此时可建仓，等股价反弹上涨至高位时卖出，两者间的差额可达4.80元以上。

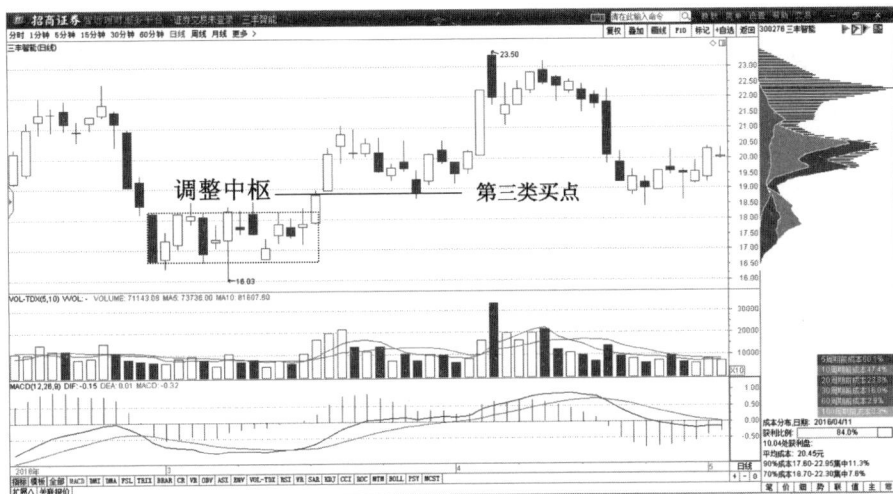

图2-19 三丰智能日K线图

操作提示2 进入调整中枢后，股价仍有回落与反弹，但由于幅度较小，因此可忽略不计。从成交量来看，走出调整中枢状态后，成交量脉冲放量，多根阳线放量后，股价涨至高点。随着量能萎缩，股价也随之回落，不过由于其未向下突破中枢区间，因而形成第三类买点，投资者可低位建仓。从图2-19中可以看到后续行情中脉冲放量冲高，股价也涨至高位，因此如能抓住第三类买点带来的交易机会，投资者就能在后续上涨行情中获利。

操作总结 当走出调整中枢后，其后续情况可分为多种。如果后续走势向上突破中枢区间，出现回跌，这时就要观察回跌的力度，主要从回跌是否

跌破中枢区间范围来判断。如果未跌破中枢的 ZG，则根据情况将其分为弱
第三类买点和强第三类买点，然后据此调整策略。虽然是第三类买点，但
如果投资者能抓住行情，也能获得一波收益。

（2）C 段向上突破中枢，此时如果 MACD 指标中 C 段柱子的面积比 A 段
柱子的面积要小，出现背驰，则表明减仓的时机到了，是较为理想的卖点。而
后股价回跌，但如果回跌时跌破中枢（跌破中枢的 ZG），则表明第三类买点
无法成立，开始中枢震荡。

观察图 2-20 可知，股价走出调整中枢状态后，C 段向上突破中枢，如果
C 段柱子的面积比 A 段的柱子面积要小，则构成标准背驰形态。随后股价回跌，
一路跌破中枢的 ZG，构成中枢震荡形态。中枢震荡又可划分为强震荡、中震
荡和弱震荡 3 种情况。

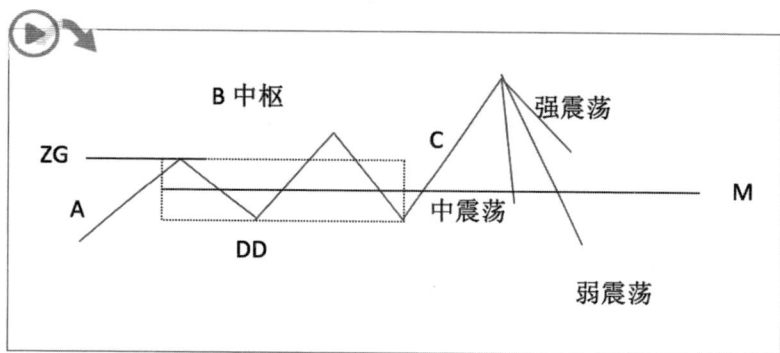

图2-20 中枢震荡

如果股价向下跌至中枢区间，但仍位于区间一半高度的上方（如图 2-20
所示，一半的高度为 M，股价仍位于 M 上方），则为强震荡；如果股价跌破中
枢区间，且位于区间一半高度的下方（在图中显示就是出现在 M 的下方，但
并未跌出中枢区间），则为中震荡；如果股价向下跌破中枢，出现在中枢最低
点的下方且振幅不大，则为弱震荡。

操作提示1 图2-21的依米康日K线图中，股价在震荡中上涨，其间虽有回落且伴随着成交量萎缩现象，不过随着脉冲放量，股价回到单边上涨运行趋势。而后股价进入了调整中枢状态，起伏不定但差额较小。走出调整中枢状态后，股价出现新走势且涨势能量充足，一路向上突破了中枢区间的范围。随着量能的萎缩，股价运行趋势反转，出现回跌现象，且跌破中枢区间的一半高度（M的下方），为中震荡。

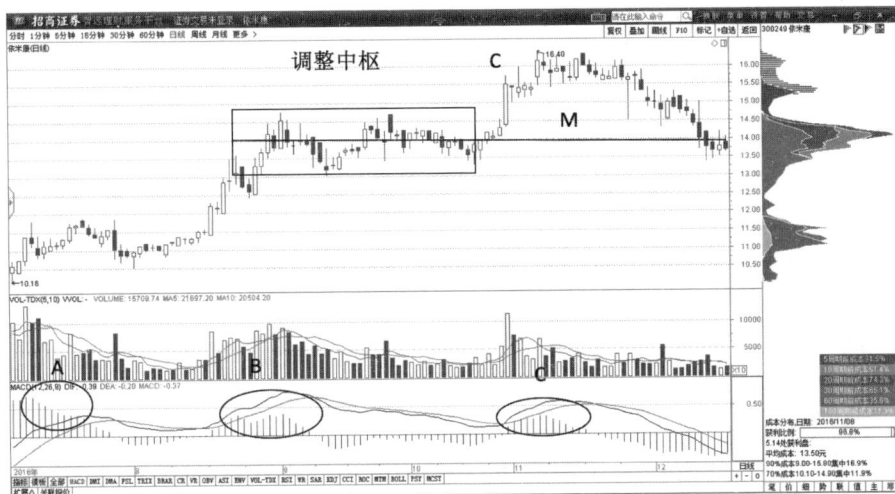

图2-21 依米康日K线图

操作提示2 调整中枢状态中，股价起伏不定，量能或放量或萎缩。但随着一次大阳线放量，股价快速冲高且向上突破中枢区间。如图中C段所示，其高点明显位于中枢区间延伸范围的上方，属于C段向上突破中枢的情况。股价后续为下跌行情，一路跌破M线，属于中震荡。

操作提示3 从MACD指标来看，对比A、B、C 3处红色柱子的面积不难发现，A处的面积>B处的面积>C处的面积，而对应的股价却是C>B>A，也就是出现了背驰形态。而且不难发现，C段的力度相比调整中枢前段的力度要弱很多，这些都证明了背驰形态的出现，也就是上涨趋势将到尽头，股价将迎来反转。这提供了理想的卖点，投资者可高位卖出持有的股票，提高盈利空间。

操作总结 走出调整中枢后，其后续情况可以分为多种，如果后续走势向上突破中枢区间，出现回跌，这时就要观察回跌的力度，如果力度跌破中枢区间的中间线M且又跌破中枢的低点，则为中震荡，投资者可密切观察。判断时可将其他技术指标作为辅助，如成交量、MACD指标、RSI指标、ROC指标、筹码指标等，投资者可及时发现交易机会，实现盈利。

3. 强第三类卖点和弱第三类卖点

除了上述两种情况外，盘整背驰后的分类还可划分为强第三类卖点与弱第三类卖点。股价跌破中枢的低点，后续反弹中回到中枢的低点和波动区间最低点的范围内形成的第三类卖点，可称之为扩张型第三类卖点。

在图2-22中，C段向上突破中枢，且C段的柱子面积比A段小，因而出现背驰。股价随后回跌，跌破中枢，且位于中枢区间的低点下，幅度不大，为弱震荡。D段触底后反弹，向上突破中枢的延伸最低点DD，出现在最低点和波动区间的范围内，为弱第三类卖点。

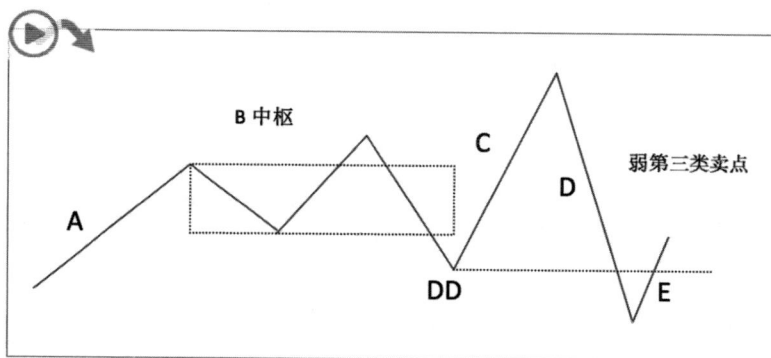

图2-22 弱第三类卖点形态

操作提示1 图2-23的ST生化日K线图中，股价在震荡中上涨，稳步放量后股价涨至第一个小高位，进入调整中枢形态，量能呈萎缩状态。走出调整中枢后，股价延续原上涨行情，但很快回跌并跌破中枢的最低点，随后反弹上涨，突破了中枢的低点，但仍在其区间低点之下，构成了缠论中的弱第三类卖点。

图2-23 ST生化日K线图

操作提示2 调整中枢状态中，股价起伏不定，量能或放量或萎缩。但随着多次阳线放量，股价快速冲高且向上突破中枢区间，但很快又回落至中枢区间下方。随后股价再次上涨，但整体量能呈萎缩状态，价格单边上涨趋势无法持久，在这种情况下，构成弱第三类卖点就是很正常的事。

操作提示3 从MACD指标观察可知，其DIF、DEA双曲线的走势与股价走势基本是一致的，基本上很难提供太多有价值的信息。但其走势也是投资者判断弱第三类卖点走势的辅助证据。

> **操作总结** 走出调整中枢后，其后续情况可分为多种。如后续走势向上突破中枢区间，股价出现回跌且力度很强，一直向下跌破中枢，但很快又反弹上涨。由于上涨能量不足，股价向上突破中枢区间的低点，这就为我们提供了一个理想的交易机会。但是在判断弱第三类卖点时，投资者要结合其他技术指标来确认卖点有效。

在图2-24中，C段向上突破中枢，且C段的柱子面积比A段小，因而出现背驰，其后必然出现回跌现象。D段回跌跌破中枢，且位于中枢区间的低点以下，幅度不大，为弱震荡。D段触底后反弹，但无法突破中枢的延伸最低点DD，即E段位于最低点DD的下方，为强第三类卖点。

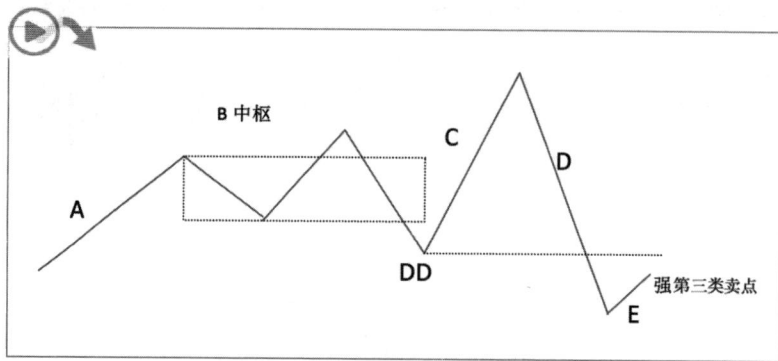

图2-24 强第三类卖点形态

操作提示 1 图 2-25 的三木集团日 K 线图中,股价在震荡中上涨,稳步放量后股价涨至第一个小高位并进入调整中枢形态,此时量能起伏不定。走出调整中枢后,股价延续原上涨行情但很快回跌,跌破中枢的最低点后反弹上涨,但仍在中枢的低点之下,构成了缠论中的强第三类卖点。

图2-25 三木集团日K线图

操作提示 2 调整中枢状态中,股价起伏不定,量能或放量或萎缩。随着一次大阳线放量,股价涨至高位,向上突破中枢区间,但股价很快回落至中枢下方。随后股价再次上涨，但整体量能呈萎缩状态，价格单边上涨趋势无法持久，因而构成了强第三类卖点。

操作提示 3 对 MACD 指标进行观察可知，在股价不断创新高时，其红色柱子的面积却在变小，也就是出现了背离现象，这是股价转折的重要信号，这也提供了理想的交易机会，投资者可在高位卖出股票。同时，股价反弹上涨后仍位于中枢的下方，形成强第三类卖点形态，这也是一个较为理想的卖点。

操作总结 盘整背驰构成后，其后续走势基本上是上述几种中的一种，在实战中有时也可细分为盘整底背驰和盘整顶背驰，将两种分类反过来分析就可以。掌握盘整背驰后的分类有助于投资者进一步掌握行情和后续走势，精准地找出交易机会，提高盈利能力。

2.3 / 背离

2.3.1 背离与背驰的关系

许多投资者对背离、背驰两个词很熟悉，但由于这两个词非常相似，故有很多投资者很容易将两者混淆，给判断行情带来很大的困扰，甚至影响最终的投资效果。背离与背驰是两种不同的概念，前者出现在传统技术分析中，后者则出现在缠论中。

当然，背离与背驰还有很多细节上的区别和差异，在实战中都应重视，如果两者结合使用，就能大幅提高准确度，所以缠师在讲述标准背驰的构成条件时，也运用了背离形态。

背离与背驰相结合，能帮助投资者发现更多的缠论交易机会，发现更为理想的买点与卖点，从而提高投资者的盈利空间和盈利能力。

2.3.2　背离的概念

背离通常指指标背离，是市场走势见底或者见顶的重要信号。背离存在于技术指标中，如图 2-26 所示。

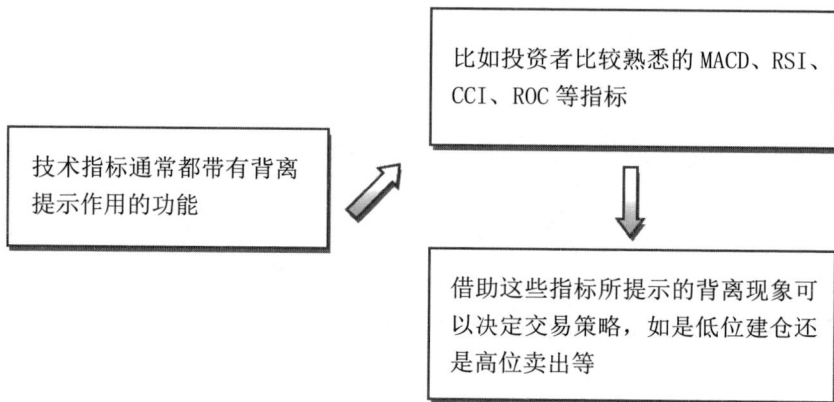

图2-26　技术指标中的背离提示作用

其中，MACD 指标是应用较为普遍的技术指标，也是仅有的几个只依靠指标本身就能进行丰富的操作的技术指标，它能帮助投资者了解该股的大致行情，从指标的细微变化中即可察觉到该股何时会出现卖点或者买点，或者成为热点股。

背离、顶背离、底背离、背驰，虽然名称相似，但它们在细节上却存在很多差别。背离和背驰的区别如图 2-27 所示。

但是有种较为特殊的走势是产生背离后又产生背离的现象，这多半是因为走势运行中构成的各类中枢级别不同。而要明确产生背驰的关键之一，就在于在某个趋势里至少要存在两个（或以上）同级别的中枢。

通常，投资者所说的"背了又背"指的是背离又背离。背离可以再背离，甚至在长时间后产生与背离方向相反的走势来修复指标，而背驰则不能。

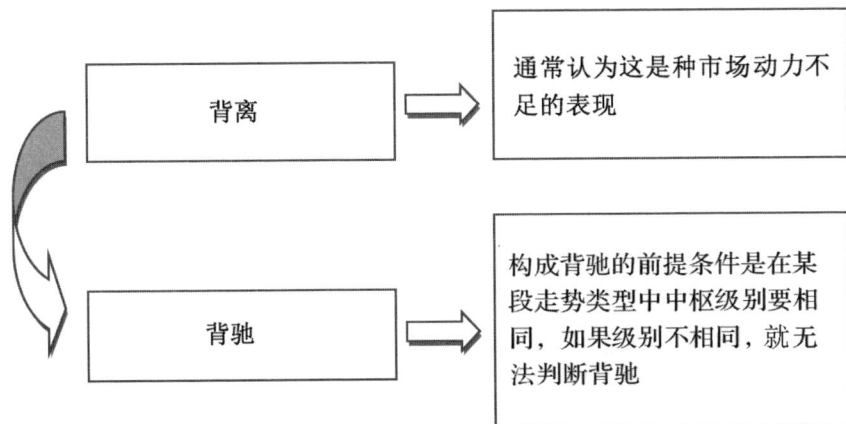

图2-27 背离与背驰的区别

背离多半是量价或者量价中某一个因素与设定的参照系相悖运行时的一种表现，其构成条件要比背驰容易达到许多。在股票图中，背离信号出现的频率比背驰要高。

背离与背驰的修复也不尽相同，如图 2-28 所示。

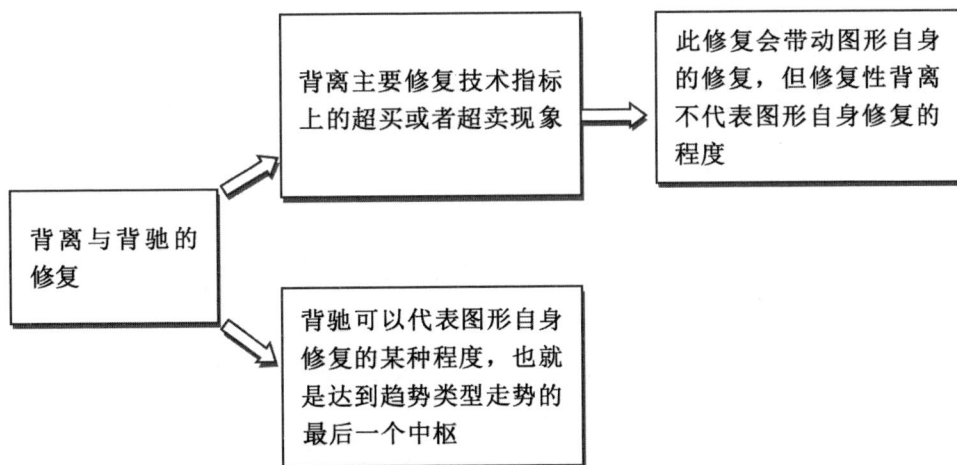

图2-28 背离与背驰的修复

2.3.3　顶背离与底背离形态

背离可分为顶背离和底背离，下面以MACD指标为例，详细阐述两种背离场景下的操作方法。

1. 顶背离

观察股票K线图可知，其走势一波比一波强，价格屡创高点，而对应的MACD指标图上红色柱子的面积却逐渐变小，当股价创新高时，对应的MACD指标红色柱子的面积却比前一次高点时要低，则构成顶背离形态。

顶背离形态通常出现在股价单边上涨走势即将结束时，是较为典型的反转信号，表明股价将由多头行情转入空头行情，短期内即将下跌，为投资者发出了卖出股票的信号。如果在K线图中发现了顶背离形态，则投资者要尽早做出减仓或者空仓的决定，以免在后续行情中蒙受不必要的损失。

操作提示1　如图2-29所示的鸿利智汇日K线图中，股价呈单边上涨走势，震荡中价格屡创新高，其间虽有回落但多伴随着成交量萎缩现象。随着脉冲放量，股价又再次回到单边上涨的大势中。从图中可以看到，股价由低位9.98元的价格震荡上涨至高位16.63元的价格，涨幅很大。在涨至高位后，股价步入反转行情，随即大幅下跌，短时内如果投资者未能抓住行情反转的机会，投资者必然会蒙受不小的损失。

图2-29　鸿利智汇日K线图

操作提示2 从成交量来看，股价震荡中上涨与成交量放量密不可分，而且股价几次创新高都出现了脉冲放量的现象，而股价回落也多伴随着量能萎缩。而 C 处对应的股价创新高，但成交量却并未出现明显的放量现象，这表明股价涨势动能不足，触顶下跌的可能性极大。

操作提示3 从 MACD 指标来看，对比 A、B、C 3 处红色柱子的面积不难发现，C 处的面积 <B 处的面积 <A 处的面积，而对应的股价却是 C>B>A，也就是出现了背离形态，表明股价单边上涨趋势将到尽头，股价将进入反转行情，这为投资者提供了理想的卖点，投资者可高位卖出持有的股票。

> **操作总结** 顶背离形态是较为常见的见顶反转信号，当股票图中出现顶背离时，投资者应将其视为股价反转的信号，然后采取减仓或者空仓的操作，以避免在后续行情中蒙受损失。顶背离形态的特征很容易确认，一旦确认了顶背离形态，投资者就可按照相应的方式去操作。

2.底背离

观察股票 K 线图可知，其走势一波比一波弱，价格屡创低点，而对应的 MACD 指标图上，绿色柱子的面积却逐渐变小，当股价创新低时，对应的 MACD 指标绿色柱子的面积却比前一次低点时要大，则构成底背离形态。

底背离形态通常出现在股价单边下跌走势即将结束时，是较为典型的反转信号，表明股价将由空头行情转入多头行情，股价短期内将反弹上涨，为低位建仓，即短期买入的信号。如果在 K 线图中发现底背离形态，则投资者要尽早做出建仓的决定，以免错过后续一波上涨行情带来的收益。

操作提示1 如图 2-30 所示的中钨高新日 K 线图中，股价呈单边下跌走势，震荡中价格屡创新低，随后进入了长时间的调整中枢形态，不过随着脉冲放量，股价小幅上涨后回落，经过多次反弹和回落，最终跌至底部，价格创 12.77 元新低。随后出现的反转形态，使股价稳步上涨。

图2-30 中钨高新日K线图

操作提示2 从成交量来看，脉冲放量后股价涨至高位，最高达19.78元，但随后量能快速萎缩，股价短时间内跌幅甚大。进入调整中枢状态后，成交量放量较为稳定，股价起伏不定，但差额较小。脉冲小幅放量，股价稍微上涨后又再次回跌，且一路跌至低点，这为投资者提供了较为理想的买点。

操作提示3 从MACD指标来看，对比A、B、C 3处绿色柱子的面积不难发现，C处的面积<B处的面积<A处的面积，而对应的股价却是C<B<A，也就是出现了背离形态，表明当下的下跌趋势将到尽头，股价将进入反转行情。这为投资者提供了理想的建仓点，可低位建仓。

操作总结 底背离形态是较为常见的触底反弹信号，当股票图中出现底背离时，投资者应采取建仓的操作，以避免错过后续的上涨行情。不过，背离只是技术分析中衡量行情力度减弱的一个因素，如果不能结合多级别周期和其他技术指标综合分析，则可能会做出错误的判断。另外，在运用技术指标判断背离形态时，时间参数上尽可能选择长时期的，毕竟日线可能不完全有效，有些指标会反复发出背离信号，使实用性较低。解决这种问题的办法是提高级别，如关注周线上的技术指标背离形态。

第3章
同级别分解理论解读

本 / 章 / 导 / 读

缠论的奥妙在于级别，运用缠论理论进行买卖，首先就要确定操作级别。短线操作者、中期操作者、长期操作者的最大区别就在于所使用的操作级别不一样。缠论将级别作为重要理论予以剖析。如能掌握缠论级别，投资者便能更好地应对股市中的各种状况，提高盈利空间和水平。

3.1 / 级别

级别是缠论中一个非常重要的概念,线段、走势中枢、走势类型等都与其关系密切,如果没有学会级别,就无法真正学会缠论。

在对 K 线图进行分析时,应采取如图 3-1 所示的步骤。

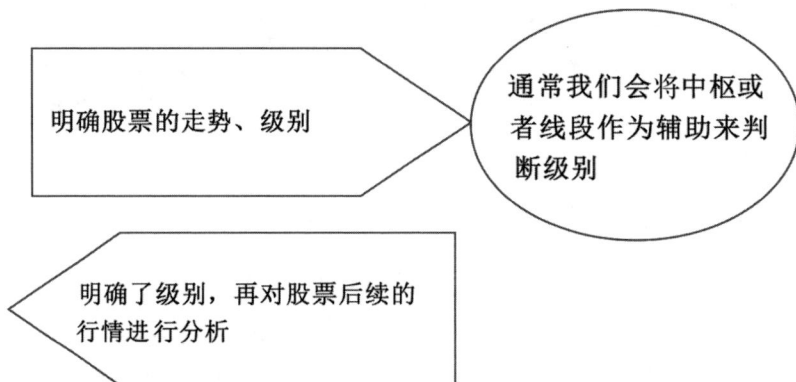

明确股票的走势、级别 → 通常我们会将中枢或者线段作为辅助来判断级别

明确了级别,再对股票后续的行情进行分析

图3-1 分析股票图的步骤

在缠论中,级别有时指操作级别,有时指走势级别,在学缠论时要进行分析并分别对待。

站在纯操作的角度,由于任何买卖点归根结底都是某级别的第一类买卖点,因此只要搞清楚如何判断背驰,然后选好合适的级别,当该级别出现底背驰时买入,出现顶背驰时卖出,就能获取不菲的收益。

不过,级别的分解是缠论中的一大要点,也是一大难点。

注意,在同级别的分解中是不需要运用中枢延伸或扩展的概念的,对 30 分钟级别来说,只要 5 分钟级别的 3 段上、下、上或下、上、下类型的走势有价格区间的重合就可构成中枢。

3.2 / 级别的解析

级别是立体的，在划分时也常用到 1F、5F、20F、1D 等，不过级别是一种更为理性和科学的描述。级别的意义基本只和买卖量有关，即级别越高则买卖量越大，如日线级别比 1F 级别要高很多。

没有级别就没有方向，不同级别代表不同的含义，如图 3-2 所示。

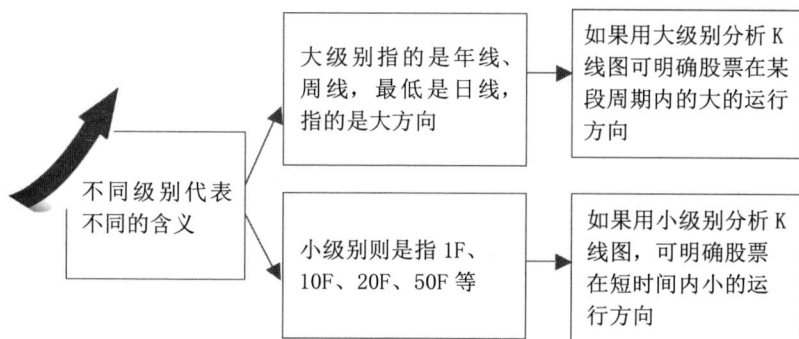

图3-2 大级别与小级别的含义

通过级别，投资者可以预测几月、几周、几日内的走势，并通过级别观察到股价的运行趋势，跟随市场的运行而主动思考，从而发现隐藏在 K 线图中的有价值的信息，如有效的卖点和买点、反转信号、空头趋势等。不过发现的前提是正确认识级别，对于级别，投资者可从多个方面来认识。

从空间上来说，级别是可以无限制延伸的，如图 3-3 所示。

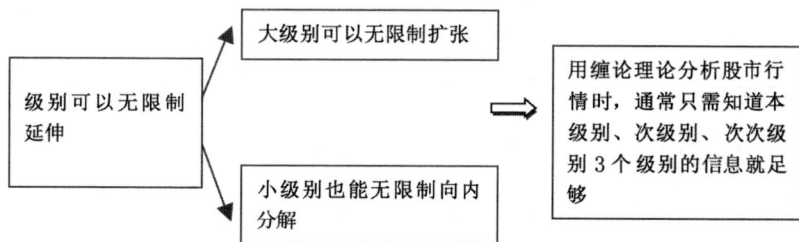

图3-3 级别的无限延伸

其中最小的级别为次次级别,其次为次级别、本级别。所有级别都可以由小级别往上发展为大级别。寻找级别也需要有一定的知识基础,如图3-4所示。

走势与级别关系密切,有走势就有级别,走势也可以无限制延伸,超过本级别更大的级别也可以同级别分解,但要另外设置起点。运用缠论进行交易是绕不开操作级别的,而操作级别实际上从选择了最小观察级别的那一刻起,就已经确定了。次次级别可以确定本级别,也就是当你选择了次次级别,本级别就已经是确定的了。换言之,走势是客观的,而选用什么级别去分析走势却是主观的。

从操作层面而言,操作是有节奏的。缠师认为,最为标准的节奏是买点买、卖点卖,如此才能获得更高额的差额利润。而买卖点应该以级别作为前提,也就是在级别的基础上判断买点与卖点出现的时机。因此,如果没有级别,也就意味着没有节奏,而买卖高手都有自己的操作节奏,这是其能获得高额收益的重要原因。

买卖点是有级别的,如图3-5所示。

级别是关键,中枢等重要概念可为级别提供服务

如果对中枢理解得不够深刻或者存在偏差,就无法找准中枢,也就无法找准级别

而准确掌握中枢,则在于学习好线段与笔

而准确掌握线段与笔,则在于学习好分型和K线

图3-4 寻找级别需要掌握的其他知识

```
┌──────────────────────┐        ┌──────────────────────┐
│                      │   ⇒    │ 一个小级别的买卖点引  │
│  大级别能量没有耗尽时  │        │ 发大级别走势的延续    │
│                      │        │                      │
└──────────────────────┘        └──────────────────────┘
                                          ⬋
┌──────────────────────┐        ┌──────────────────────┐
│ 但如果一个小级别的买  │        │ 这时候参与小级别买卖  │
│ 卖点和大级别的走势方  │   ⇒    │ 点就意味着要冒着大级  │
│ 向相反，而该大级别走  │        │ 别走势延续的风险      │
│ 势没有出现任何衰竭迹象 │        │                      │
└──────────────────────┘        └──────────────────────┘
```

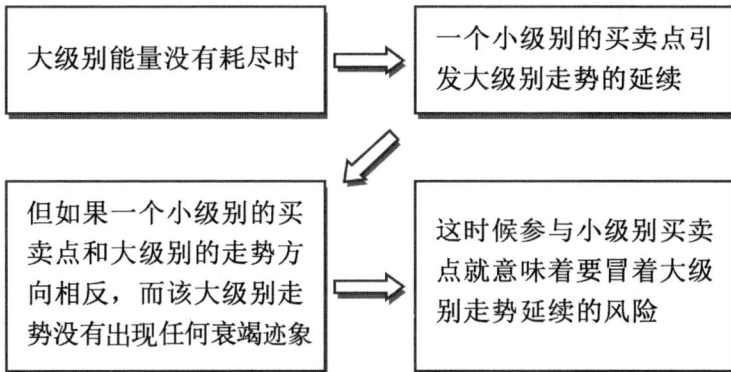

图3-5 买卖点的级别

交易时不需要频繁地进行买卖，战胜市场，需要的是准确率，而不是买卖频率。

同时，级别与时间和价格都是无关的，如图 3-6 所示。

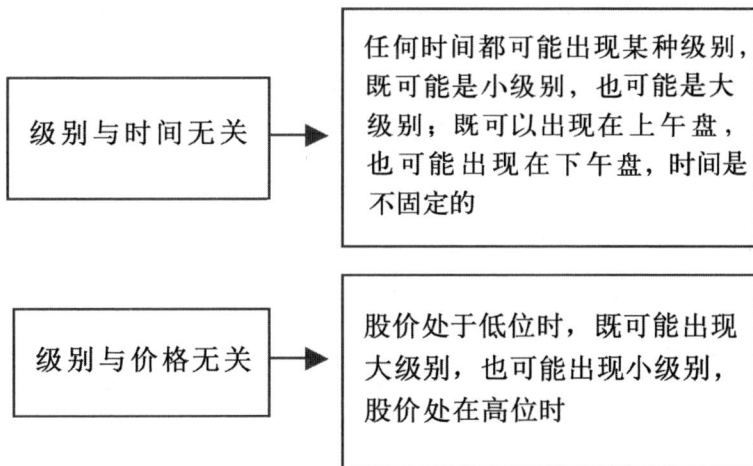

```
┌──────────────┐        ┌────────────────────────────┐
│              │        │ 任何时间都可能出现某种级别，  │
│ 级别与时间无关 │  ➤    │ 既可能是小级别，也可能是大    │
│              │        │ 级别；既可以出现在上午盘，    │
│              │        │ 也可能出现在下午盘，时间是    │
│              │        │ 不固定的                    │
└──────────────┘        └────────────────────────────┘

┌──────────────┐        ┌────────────────────────────┐
│              │        │ 股价处于低位时，既可能出现    │
│ 级别与价格无关 │  ➤    │ 大级别，也可能出现小级别，    │
│              │        │ 股价处在高位时               │
└──────────────┘        └────────────────────────────┘
```

图3-6 级别与时间和价格无关

级别与成交量关系密切，但两者间却存在本质的区别。在缠论中，成交量、MACD 指标等均属于同一层面。前面讲过，缠论由形态学与动力学组成，再加上缠论本质也是几何学，因而在缠论中形态学是根本，动力学是辅助，在"教你炒股票"系列课程中缠师曾多次强调这一观点。动力学主要涉及能量变化等方面，因而和成交量关联密切，但是能量的变化不能作为成交量趋大或趋小的判断依据，只可用作参考。

假如某只股票被大量买入，则该股的成交量会急速萎缩，每天的成交量很小，但价格的涨势力度会非常大，如图 3-7 所示。在这种情况下该如何衡量运行能量的强弱呢？将级别与成交量等同起来显然是不可取的，因为这是错误的观念。

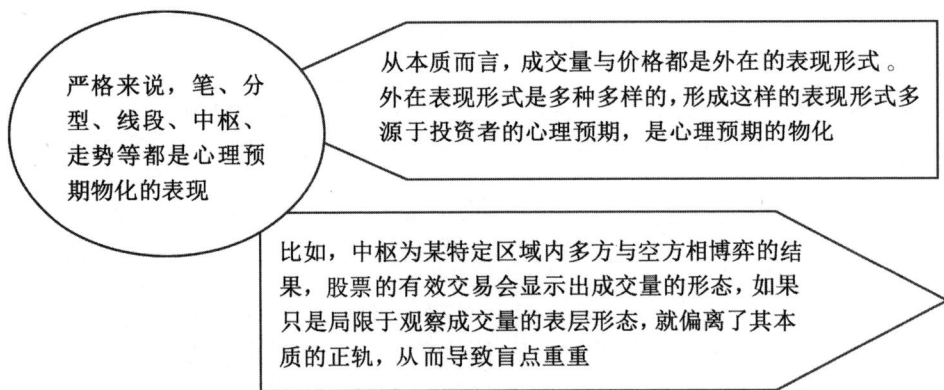

严格来说，笔、分型、线段、中枢、走势等都是心理预期物化的表现

从本质而言，成交量与价格都是外在的表现形式。外在表现形式是多种多样的，形成这样的表现形式多源于投资者的心理预期，是心理预期的物化

比如，中枢为某特定区域内多方与空方相博弈的结果，股票的有效交易会显示出成交量的形态，如果只是局限于观察成交量的表层形态，就偏离了其本质的正轨，从而导致盲点重重

图3-7 外在的表现形式

因此，级别就是按照某种特定规律、规则运行，投资者可根据级别观察走势，甚至更深入或者更细化地分析走势，从而正确分析股票当下的行情，采取正确的交易策略。

3.3 / 级别的应用

从大级别与小级别上来说，当出现大级别股市明朗时，在小级别的波动中可以选择震荡、整理等操作，此时交易策略应以持股为主，尽量减少手中所持有的现金量，具体的操作手法如图 3-8 所示。

| 操作水平较高者，可根据小级别的买卖点进行减仓、建仓操作 | ⇒ | 短线获取一定的收益，以降低整体的持股成本 |

| 操盘水平一般者，不要运用小级别进行操作 | ⇒ | 可耐心持有股票，否则操作不当，在小级别中买到高位则会有丧失筹码的风险，应耐心等待大级别卖点的出现 |

⇓

卖出股票后耐心持币等待，不要因为小级别的波动而随意买入，而应等待大级别的买点出现后再低位建仓，如此循环，这是级别常见的应用之法

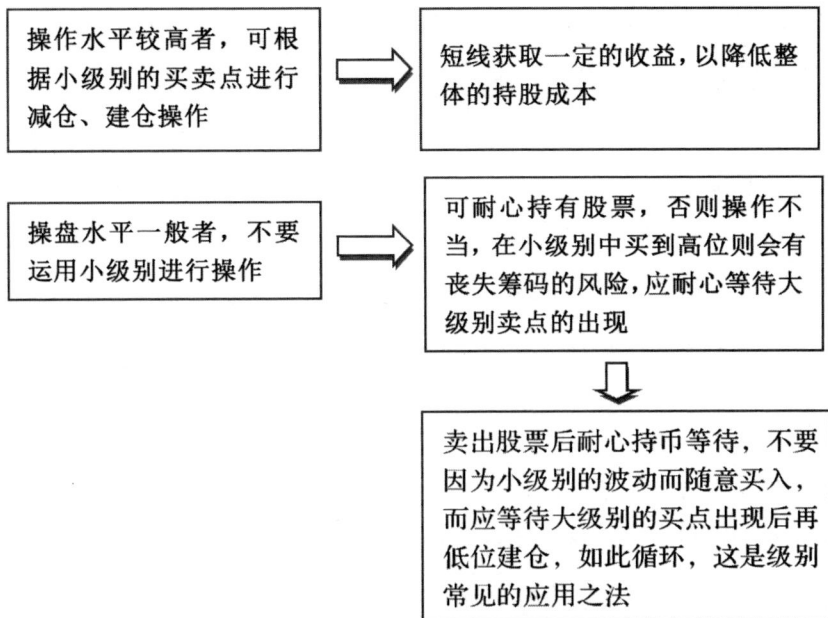

图3-8　小级别操作注意事项

不过，运用级别时我们常将其分为两类，如图3-9所示。

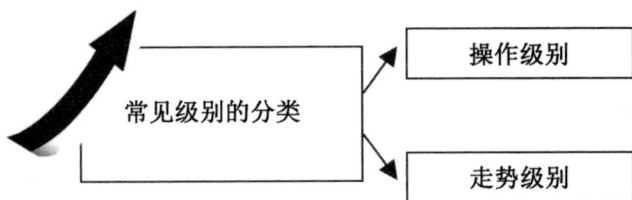

常见级别的分类 → 操作级别

常见级别的分类 → 走势级别

图3-9　常见级别的分类

1. 操作级别

操作时，首先要明确选择什么级别的操作系统，是短线、中线还是长线操作，三者的区别就在于所选的操作级别不一样。选择的级别不同，操作级别也就不同。

根据不同的K线图情况，投资者可以定好自己的操作级别，这样就可以按照相应的级别进行分析和操作。也就是说，一旦该级别出现买卖点就必须进

入或退出。同时，在操作级别上是不参与任何调整或下跌走势类型的。

由此可知，操作级别可根据资金量、操作环境、操作水平、可用于操作的时间4个要素进行选择。因为这4个要素是较稳定的，所以据此选出的操作级别也相当稳定。当然，如果资金量（变少或变多）、操作环境（不同的环境影响很大）、操作水平（水平提高了或是降低了）、操作时间（如短线操作变成中线操作）4个要素发生了变化，那么对应的操作级别也要发生变化。当操作级别显示出现买卖点时，投资者就可采取相应的操作。

严格地定义操作，必须从最低级别开始逐步确认其级别，太麻烦也没多大意义，所以才有了后面1分钟、5分钟、15分钟、30分钟、60分钟，以及日、周、月、季、年的级别分类。在这种情况下，就可以不大严格地说3个连续1分钟走势类型的重叠构成5分钟的中枢，3个连续5分钟走势类型的重叠构成15分钟或30分钟的中枢等这样的话。在实际操作上，这种不大严格的说法不会产生任何原则性的问题，而且很方便，所以就使用了，对此必须再次明确。

——缠中说禅教你炒股票35课

以选择10分钟级别为例，其操作过程如图3-10所示。

在缠论中，理想的买卖点有3类，即第1类、第2类、第3类买卖点。缠师认为这3类买卖点是安全的、可靠的。不过第1类、第2类买卖点出现的前提是该10F中枢为该10分钟级别趋势的最后一个中枢，如果能确定背驰形态，则买卖点将更加明确，毕竟第一类买卖点通常是由背驰引起的。

站在纯理论的角度来看，操作级

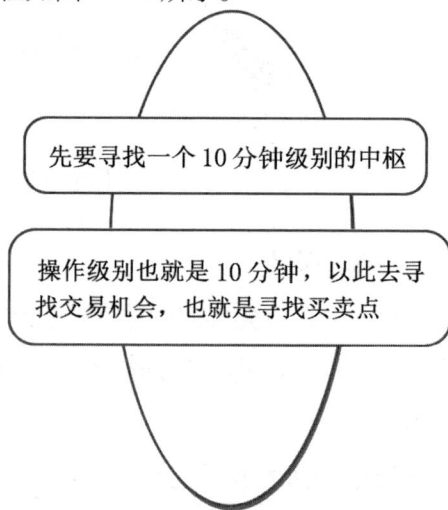

先要寻找一个10分钟级别的中枢

操作级别也就是10分钟，以此去寻找交易机会，也就是寻找买卖点

图3-10 10分钟级别的操作过程

别越低则效率会越高，不过在实战中是不能随意调低操作级别的，操作级别应由上述 4 个要素来确定。

举个例子，如图 3-11 所示。

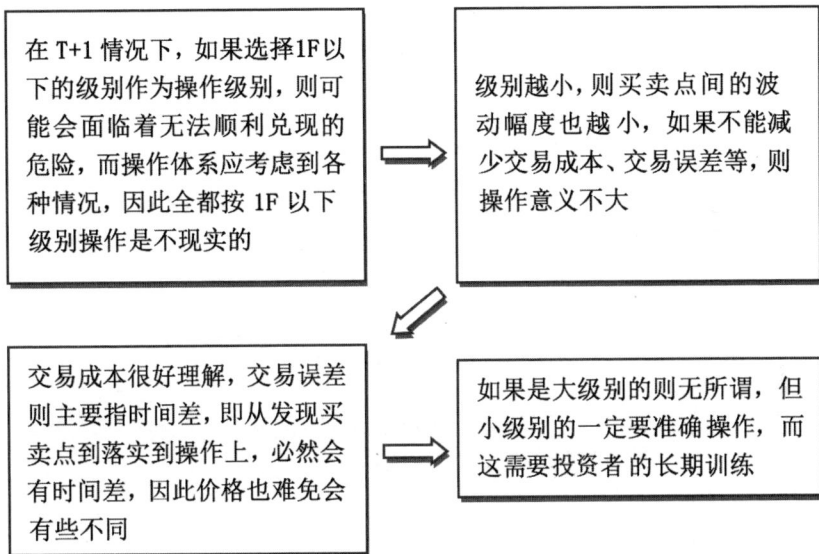

在 T+1 情况下，如果选择1F 以下的级别作为操作级别，则可能会面临着无法顺利兑现的危险，而操作体系应考虑到各种情况，因此全都按 1F 以下级别操作是不现实的	级别越小，则买卖点间的波动幅度也越小，如果不能减少交易成本、交易误差等，则操作意义不大
交易成本很好理解，交易误差则主要指时间差，即从发现买卖点到落实到操作上，必然会有时间差，因此价格也难免会有些不同	如果是大级别的则无所谓，但小级别的一定要准确操作，而这需要投资者的长期训练

图3-11 T+1情况的操作

制订了相应级别，至于是否按照次级别以下进行部分操作，那是操作风格问题，而实际上是应该安排这种操作的，特别当投资者进入一个操作级别的次级别盘整或下跌时，这是可以忍受的最大级别非上涨走势，当然要操作一下来降低自己的成本。如果投资者是在大级别买点"介入"的，在次级别第一类卖点出现时可以先减仓，而后在次级别第一类买点出现时回补。

其具体的应用步骤为，首先要找准自己的节奏，找准级别后再进行后续的操作，这是确保不会被股票走势牵着思路走的重要方法。任何操作都有其级别，如果脱离了级别，操作就像建立在空中的楼宇一样，丧失了最基本的条件。级别不同，所对应的操作策略也是不同的，如短线操作，可采用 T+0 的操作技巧，但对于长线操作则不适合。

其次，确定级别进行操作，如图 3-12 所示。

确定当下的操作级别，从而确定本级别

根据本级别确定次级别以下的级别

确认所有的操作级别后，根据资金量来分析进行各级别操作时所动用的资金是多少，占比多少，并根据资金的进入与退出原则，选择建仓或卖出

对于大级别的具体操作位置，可根据次级别以下的级别完成位置与情况来判断

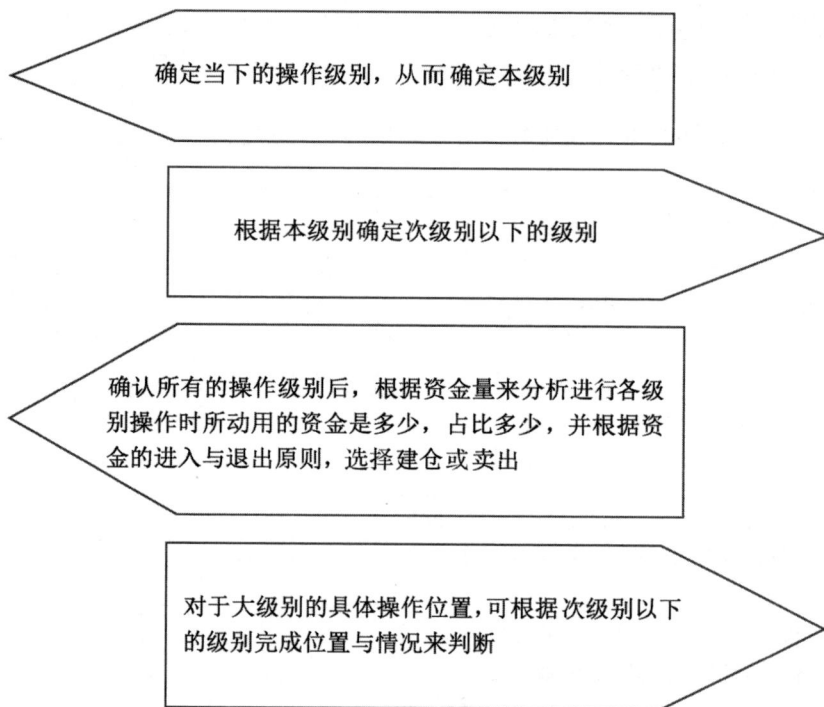

图3-12 操作级别的顺序

明确了级别，就明确了次级别、次次级别，进而确定资金进出场的依据，构建属于自己的、逻辑严密的操作体系。在该体系内，任何风险都是可控的，也就是级别将不可控的风险变得可控了。在操作级别上，不参与任何调整或下跌走势类型，这样整个操作就具有一定的顺序性，从而降低了交易风险。

2. 走势级别

走势级别多运用于分析走势的精准度与发现理想的买卖点上。

有走势就有级别，但如何确定级别却是个难题。所谓走势的级别，从最严格的意义上说，可以从每笔成交构成的最低级别图形不断按照中枢延伸、扩展等的定义精确地确认出来，这样是最精确的，不涉及5分钟、30分钟、日线等。

用1分钟、5分钟、30分钟、日线、周线、月线、季线、年线等级别进行安排，只是一个简略的方式，最主要的是现在可以查到的走势图都是这样安排的。可

以看出，走势的级别是与时间周期无关的，而是与其中包含的中枢有关。

什么级别的图和什么级别的中枢没有任何必然关系，走势类型以及中枢就如同显微镜下的观察物，是客观存在的，其存在性由上面所说的最原始的递归定义保证。而不同级别的图就如同显微镜，以不同的倍数看这客观的图就会看到不同的精细程度，如此而已。

同时，级别是与时间没有关系的，如图3-13所示。

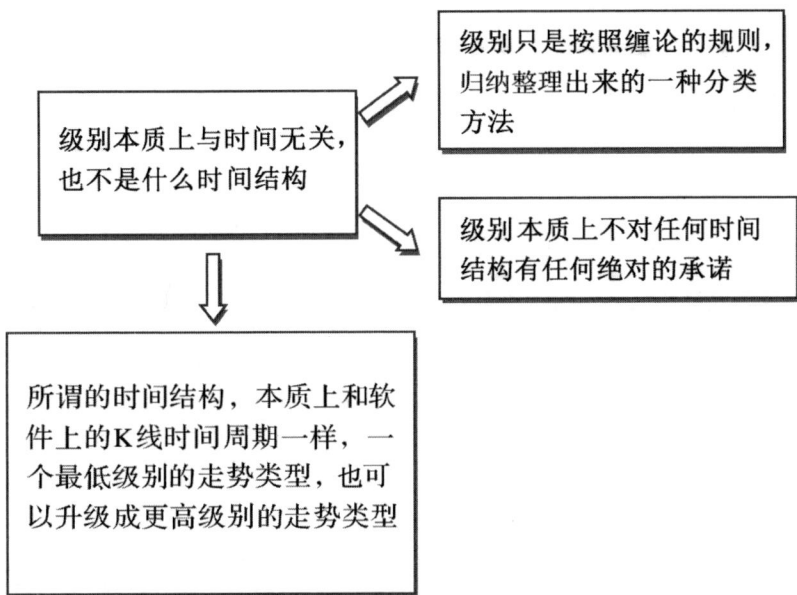

图3-13 级别与时间结构

为什么级别本质上不对任何时间结构有任何绝对的承诺？因为没有哪一个绝对的理论推导可以保证这一点，级别被破坏了就是被破坏了，仅此而已，并不是因为有什么时间的因素。

级别是自同构性自组出来的。自同构性就如同基因，按照这个基因、这个图谱，走势就会按照一定的规律发展出不同的级别来。不论构成走势的人如何改变，只要本质规律不改变，那么自同构性就存在，级别的自组性也就肯定存在。

3.4/ 同级别分解理论

在缠论中，同级别分解，即将所有的走势都按照一个固定级别的走势类型加以分解。

例如，以30分钟级别为操作的标准，其分解如图3-14所示。

注意，在这种同级别的分解中，是不需要中枢延伸或扩展的概念的，对30分钟来说，只要5分钟级别的3段上、下、上或下、上、下类型有价格区间的重合就能构成中枢。如果这5分钟次级别延伸出6段，那么就可以当成两个30分钟盘整类型的连接，在这种分解中，是允许出现"盘整＋盘整"的情况的。注意，以前说不允许出现"盘整＋盘整"是在非同级别分解方式下的情况。

走势分解、组合的难点就在于有级别，而且高级别的走势是由低级别的走势构成的。

缠论中提出了两种分析走势的方法，如图3-15所示。

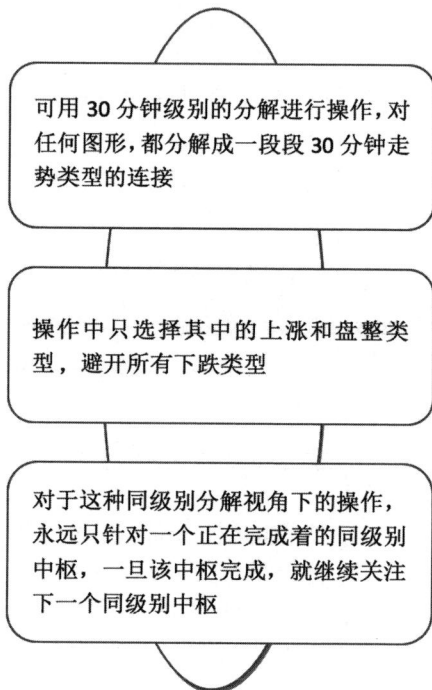

可用**30分钟**级别的分解进行操作，对任何图形，都分解成一段段**30分钟走势类型**的连接

操作中只选择其中的上涨和盘整类型，避开所有下跌类型

对于这种同级别分解视角下的操作，永远只针对一个正在完成着的同级别中枢，一旦该中枢完成，就继续关注下一个同级别中枢

图3-14 30分钟级别的分解

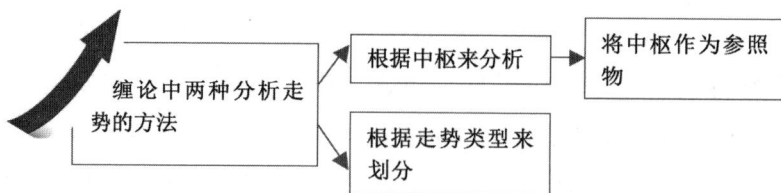

缠论中两种分析走势的方法

根据中枢来分析 → 将中枢作为参照物

根据走势类型来划分

图3-15 缠论中两种分析走势的方法

但是从实战结果来看，两种方法结合起来才能使结果更为精准。

缠论中也提出了同级别分解的规则，如图 3-16 所示。

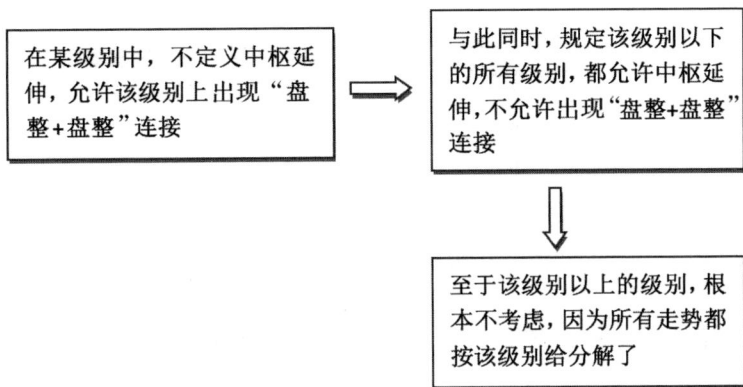

图3-16 缠论中提出的同级别分解规则

以上的同级别分解规则用结合律很容易证明，这种分解下，其分解也是唯一的。这种分解，对于机械化操作十分有利。

这里无所谓牛市熊市的，例如，如果分解的级别规定是 30 分钟，那么只要 30 分钟上涨就是牛市，否则就是熊市，完全可以不管市场的实际走势如何。在这种分解的视角下，市场将被有效地分解成一段段 30 分钟走势类型的连接如此分解，如此操作。

注意，这种方法或分解是可以结合在更大的操作系统里的。例如，资金有一定规模，那么可以设定某个量的筹码进行某个级别的分解操作，另一个量的筹码进行另一个更大级别的分解操作。这样，就如同开了一个分区卷钱的机械，机械地按照一个规定的节奏去交易。这样不断地机械操作下去，成本就会不断降低，而这种机械化操作的力量是很大的。

以一个 30 分钟级别的分解为例子，按 30 分钟级别的同级别分解，必然首先出现向上的第一段走势类型，根据其内部结构可以判断其背驰或盘整背驰的结束点，先卖出，然后必然有向下的第二段，这里有两种情况，如图 3-17 所示。

先不跌破第一段低点，重新买入

跌破第一段低点，如果与第一段前的向下段形成盘整背驰，也重新买入；否则继续观望，直到出现新的下跌背驰

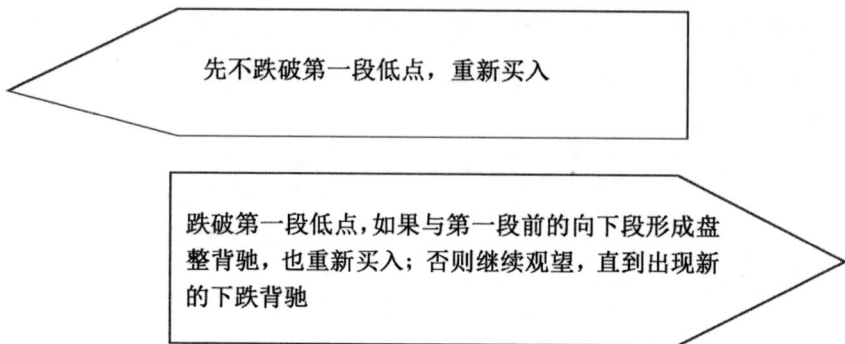

图3-17 向下第二段中的两种情况

在第二段重新买入的情况下，然后会出现向上的第三段，对应两种情况，如图 3-18 所示。

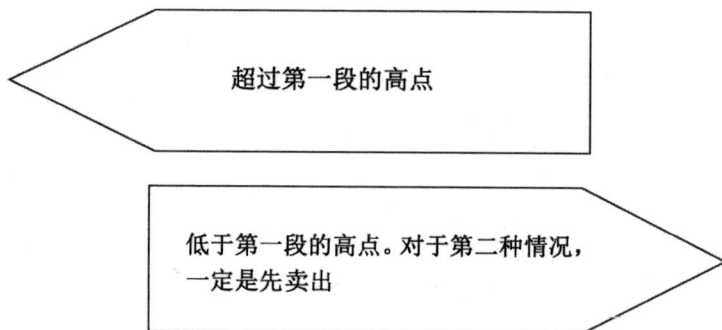

超过第一段的高点

低于第一段的高点。对于第二种情况，一定是先卖出

图3-18 向上第三段中的两种情况

第一种情况又分为两种情况：（1）第三段对第一段发生盘整背驰，这时要卖出；（2）第三段对第一段不发生盘整背驰，这时继续持有。

这个过程可以不断延续下去，直到下一段向上的 30 分钟走势类型相对前一段向上的走势类型不创新高或者出现盘整背驰为止，这样就结束了向上段的操作。

向上段的操作都是先买后卖的。一旦向上段的操作结束，就进入向下段的操作。向下段的操作刚好相反，是先卖后买，从刚才向上段结束的背驰点开始，所有操作刚好反过来进行就可以。

3.5 / 级别分类操作

级别的种类主要有两种，一种是 K 线图级别，这种较为常见，是投资者经常使用也较为熟悉的一种级别，也是新人操作者最先需要掌握的级别；另一种是递归级别，这是缠论中非常重要的概念。级别是操作的基础，无论是操作级别还是走势级别，都对划分股票行情帮助极大，而要掌握级别，就要明确递归的概念，掌握递归级别的操作。

从形式上而言，级别的递归主要有两种形式：第一种是非同级别（结合律）的延伸、扩张、扩展，第二种则是同级别走势的连接重叠。

掌握级别的概念后，就要将其运用在实战中，以其为准则将市场进行完全分类，预测市场的后续行情，提前做好准备以提高盈利空间和盈利水平。

3.5.1 K线图级别操作

K 线图级别很好理解，通常是以打开的 K 线图进行说明的级别，如图 3-19 所示。

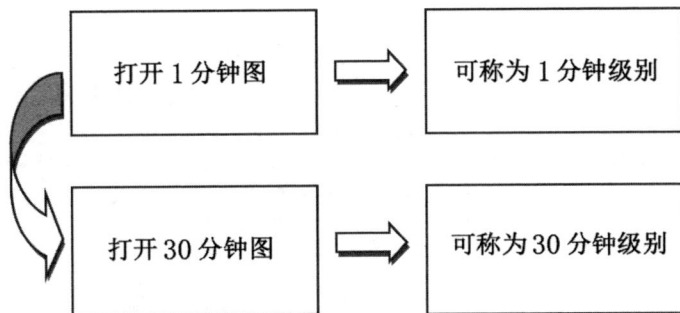

图3-19 1分钟与30分钟级别

这可以根据投资者的分析习惯来定，投资者能分析级别而不混乱就行。K 线图的级别操作多适用于走势较为清晰的行情，以及判断行情是否明朗和进行大资金操作。

因此，可将 K 线图级别统一一下说法:1 分钟 K 线级别、5 分钟 K 线级别、15 分钟 K 线级别、30 分钟 K 线级别、60 分钟 K 线级别等。通常来说，季线、年线等稍作了解就可以；而周线、日线、60 分钟线、15 分钟线、5 分钟线等运用价值较大，在实战中可重点关注。但要注意，级别不同则用法不尽相同。

先分析 5 分钟线与 15 分钟线、60 分钟线的交易策略，如图 3-20 所示。

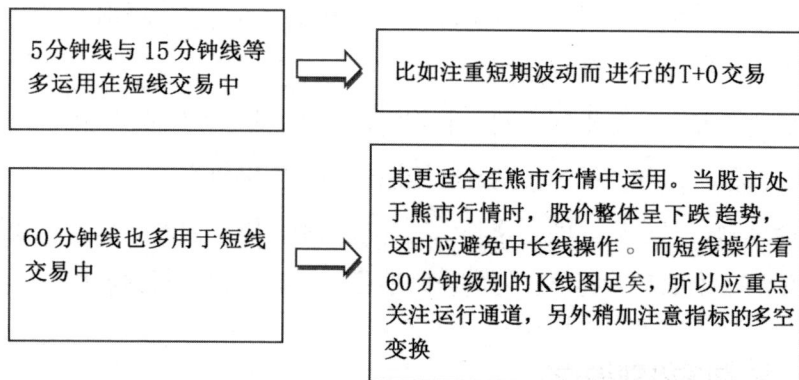

5分钟线与15分钟线等多运用在短线交易中	⇒	比如注重短期波动而进行的T+0交易
60分钟线也多用于短线交易中	⇒	其更适合在熊市行情中运用。当股市处于熊市行情时，股价整体呈下跌趋势，这时应避免中长线操作。而短线操作看60分钟级别的K线图足矣，所以应重点关注运行通道，另外稍加注意指标的多空变换

图3-20 5分钟线与15分钟线、60分钟线的交易策略

再分析日线、周线的交易策略，如图 3-21 所示。

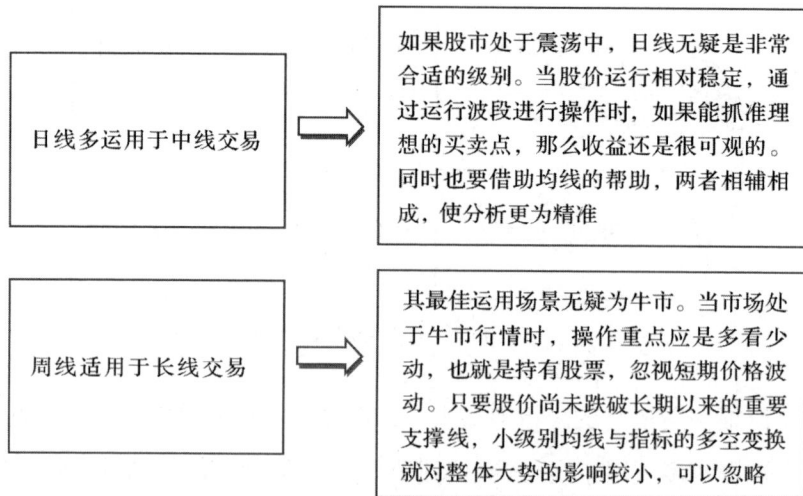

日线多运用于中线交易	⇒	如果股市处于震荡中，日线无疑是非常合适的级别。当股价运行相对稳定，通过运行波段进行操作时，如果能抓准理想的买卖点，那么收益还是很可观的。同时也要借助均线的帮助，两者相辅相成，使分析更为精准
周线适用于长线交易	⇒	其最佳运用场景无疑为牛市。当市场处于牛市行情时，操作重点应是多看少动，也就是持有股票，忽视短期价格波动。只要股价尚未跌破长期以来的重要支撑线，小级别均线与指标的多空变换就对整体大势的影响较小，可以忽略

图3-21 日线、周线的交易策略

由此可见，不同级别的 K 线图，表示的含义是不同的，操作周期也是不同的，有适合短线操作和适合中线操作的，也有适合长线操作的。因此，在进场交易前，投资者首先就要明确交易周期是短线、中线还是长线。短线运用 60 分钟级别的就足够了，买点出现就建仓，卖点出现就减仓。中长线也是这个道理，按照相应的 K 线图级别进行操作即可。

当然，也可以混合操作，即一部分仓位用于短线交易，再一部分用于中线交易，剩下一部分则用于长线交易。在操作上要灵活，可以根据个人的操作习惯、市场行情等选择最理想的组合操作法。

曾有读者问："在分析高级别 K 线图时，是要将低级别图上的分段转过去，还是要重新分笔找线段？这两种做法的分段有时是不相同的。"

缠师回答说："为什么要相同呢，低级别图上用中枢、走势类型，高级别图上用分型、线段，这就等于有两套有用的工具去分析同一走势，这是好事。"不过，走势级别分析的精准度很高，如果按照 K 线图的级别进行操作，也是可以的，只是精准度相对差些。当然，那些大资金也不需要很高的准确度。如果想要提高资金的利用效率，将其转化到走势的级别中就可获得高精准度，操作时更方便快捷，能快速地投入下次的投资中，区间套操作就是运用的这一理念。

3.5.2　递归级别操作

在数学上，关于递归函数的定义如下：对于某一函数 $f(x)$，其定义域是集合 A，那么若对于 A 集合中的某一个值 $x0$，其函数值 $f(x0)$ 由 $f(f(x0))$ 决定，那么就称 $f(x)$ 为递归函数。

编程语言中，若函数 Func(Typea, …) 直接或间接调用函数本身，则该函数称为递归函数。

一个含直接或间接调用本函数语句的函数被称为递归函数，它必须满足以下两个条件，如图 3-22 所示。

1 在每一次调用时，必须（在某种意义上）更接近于解

2 必须有一个终止处理或计算的准则

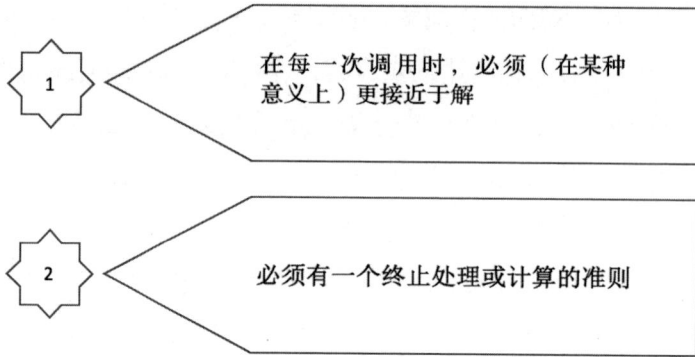

图3-22 递归函数的满足条件

而缠师将其引入缠论中，通过自相似结构的自组与级别间的扩展自组递归函数，通过类推我们发现如下事实。

1分钟线段的形成，如图3-23所示。

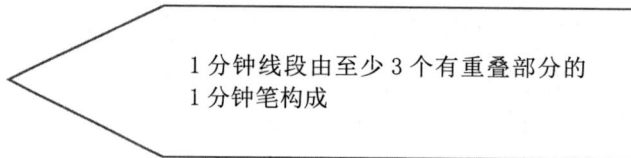

1分钟线段由至少3个有重叠部分的1分钟笔构成

图3-23 1分钟线段的形成

5分钟中枢与30分钟中枢的形成，如图3-24所示。

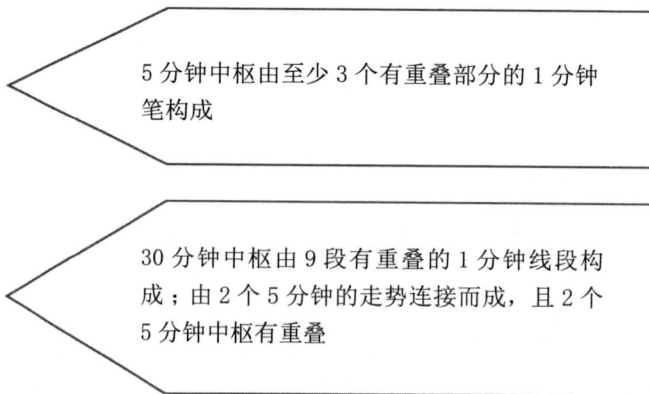

5分钟中枢由至少3个有重叠部分的1分钟笔构成

30分钟中枢由9段有重叠的1分钟线段构成；由2个5分钟的走势连接而成，且2个5分钟中枢有重叠

图3-24 5分钟中枢与30分钟中枢的形成

日线中枢与周线中枢的形成，如图3-25所示。

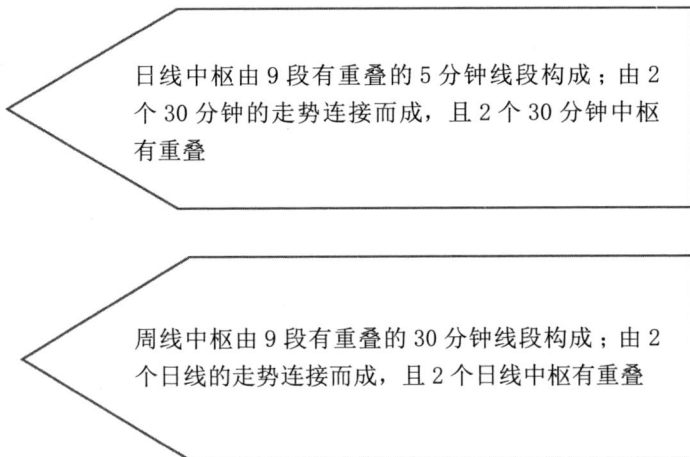

日线中枢由9段有重叠的5分钟线段构成；由2个30分钟的走势连接而成，且2个30分钟中枢有重叠

周线中枢由9段有重叠的30分钟线段构成；由2个日线的走势连接而成，且2个日线中枢有重叠

图3-25 日线中枢与周线中枢的形成

在实战中，为了便于分析和操作，可规定由低级别到高级别的名称和递归的顺序，如图3-26所示。

（1）笔级。如果打开1分钟K线图，投资者可以直接观察到其组成结构为上涨K线、下降K线甚至是横盘K线，可以说是最简单的一种走势类型。

（2）线段级，多用于短线操作，包括T+0级别操作。投资者可在1分钟K线图上发现这一极具意义的走势类型。解析其结构不难发现，它是由3个及以上存在重叠部分的笔组成的，而且其方向通常为两种，即上、下、上或者是下、上、下。线段部分所涉及的递归级别操作虽然逻辑

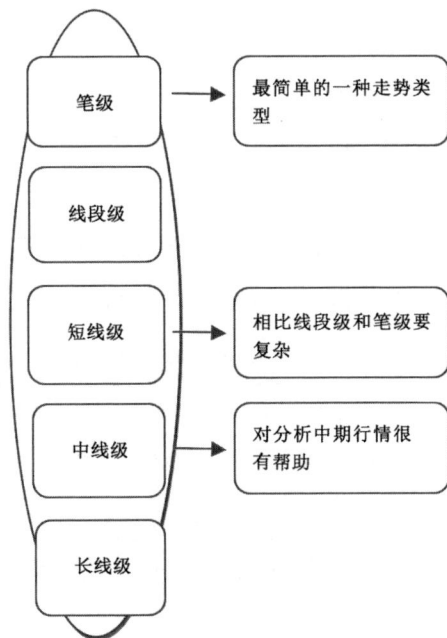

笔级 → 最简单的一种走势类型

线段级

短线级 → 相比线段级和笔级要复杂

中线级 → 对分析中期行情很有帮助

长线级

图3-26 由低级别到高级别的名称和递归的顺序

严谨，但并不复杂。

（3）短线级。投资者可在 1 分钟 K 线图上分析并观察，其内部结构跟线段相似，也是上、下、上或者是下、上、下，同样是由 3 个及以上线段所重叠的部分构成的。相比线段级和笔级，短线级要复杂得多。

（4）中线级。投资者可在 1 分钟 K 线图上发现，但要压缩后才能用于分析或者观察，在日 K 线图中可简单地进行分析。其内部结构也为上、下、上或者是下、上、下两种，且是由 3 个及以上短线级所重叠的部分组成的，对分析中期行情帮助极大。

（5）长线级是由中线级别走势递归形成的。超长线级则是由长线级别走势递归形成的。

简单来讲，初始级别就是函数递归关系的起点。在判断行情时，首先要明确初始级别，因而也能推断出初始中枢为所选的最低级别 3 个线段的重叠的部分。线段与最低级别关联密切。如果在某个级别定义线段，则此级别通常被认为是最低级别，也就是初始级别。

如果选定了某级别为最低级别，也就是初始级别后，在分析中通常会忽略该级别的次级别下的波动。如选择 5F 为初始级别，则 5F 级别的线段被视为次级别走势类型，而根据递归级别不难推测，无论该次级别走势与 1F 是否吻合，都可以这样认为。以此类推，掌握递归级别的操作方法并不难。

前面讲过影响级别的因素，在递归级别中也适用。在选择初始级别时，要考虑的几个因素如图 3-27 所示。

投资者要在综合考量以上因素后，再确定初始级别。

在实战中，通常将操作级别视为初始级别，这是为了方便、准确和减少分析任务的工作量，并运用次级别来确保精度。为了考量中长期股价行情，投资者可选用高一级别的，当然级别越高，也越适用于更长的操作周期。

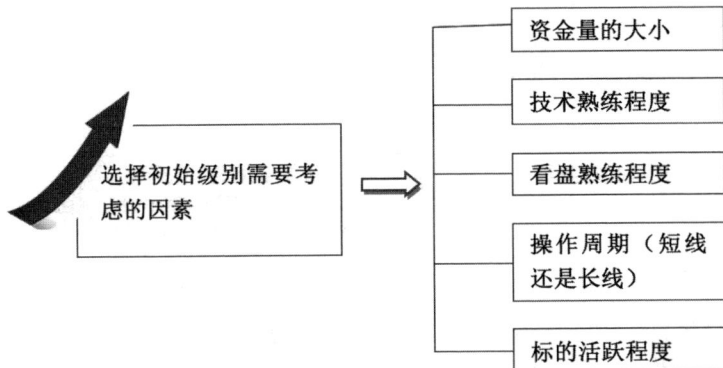

图3-27 选择初始级别需要考虑的因素

  当然，精度除了与操作级别有关外，还与影响级别的那些因素有关。投资者要重点考虑标的交易量承受范围、本期计划运用的资金量两点。

第4章
缠论买卖点理论解读

本/章/导/读

　　任何股票理论或技术运用到实战中，最重要的就是发现买卖点，低买高抛，实现盈利最大化，缠论也是如此。

　　把握好买点与卖点，那么炒股就基本没有问题了。投资者都希望能买在最低点，卖在最高点，道理简单，但要真正做到却非常难。买股票主要是买未来，影响股票未来价格的因素很多，但如果投资者能掌握买卖点，无疑能将亏损的风险降到最低。

4.1 / 3类买卖点

缠论将买卖点分为 3 类，即第一类买卖点、第二类买卖点和第三类买卖点。寻找买卖点是缠论技术中的重点，甚至可以说缠论的其他技术理论，如背驰、中枢等都是为寻找买卖点服务的。

如图 4-1 所示，这 3 类买卖点是经过技术验证的，是安全的，除此之外的买卖点都是存在风险的。所谓安全，是指出现这类买卖点之后，市场必然会发生转折。

找到这 3 类买卖点是技术活，也是缠论的重点与难点，因为这 3 类买卖点与缠论中的其他技术是紧密关联的。只有掌握买卖点，投资者才能发现理想的"介入"和"出逃"时机，才能实现收益的最大化。

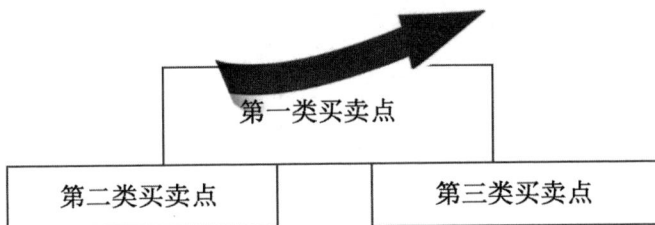

图4-1　3类买卖点

4.1.1　第一类买卖点

转折多是由背驰引起的。换言之，在技术层面，第一类买卖点可通过背驰形态来判断。这里指的是趋势背驰构成的买卖点，因为盘整背驰构成的买卖点在小级别中意义不大。但是在大级别中，至少是周线以上级别中，投资者应关注盘整背驰。毕竟从超大级别来看，所有的股票都只有一个走势中枢，大多是一个盘整，因而要考虑盘整背驰所形成的第一类买卖点。

第一类买卖点通常是缠论中获益空间最大的，也是实战中应尽力掌握的。由于某种缘故错过第一类买卖点，我们才会寻找第二类、第三类买卖点。

1. 第一类买点

在某下跌趋势中,当空方力量逐渐衰弱而多方力量逐渐占据优势时,下跌走势就会转化为盘整走势或者上涨走势。如果能抓住下跌转化为上涨的时机,投资者就能获得一个理想的买入点,用最少的资金获得最多的筹码。

而缠论技术理论引入了动力学的背驰概念,这为我们发现第一类买点提供了理论与技术支持。

在缠论中,第一类买点的定义为:在某级别下跌趋势中,一个次级别走势类型向下跌破最后一个中枢后形成的背驰点。在实际操作中,不难发现下跌趋势中出现的转折皆是由第一类买点构成的。

从该理论可以看出,如图 4-2 所示,要形成第一类买点需要满足 3 个条件:(1)在次级别中寻找;(2)次级别跌破最后一个中枢;(3)形成背驰。

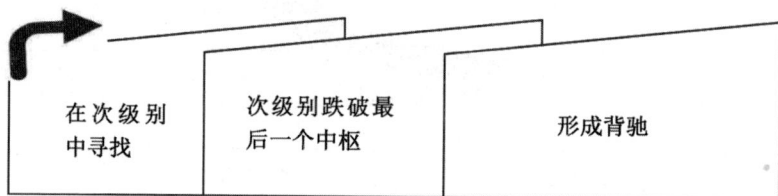

图4-2 构成第一类买点的3个条件

在图 4-3 中,b 段之前出现了一个中枢,中枢 B 为下跌趋势中的另一个中枢。由于 c 段趋势力度比 b 段趋势力度弱,跌破了最后一个中枢,从而构成背驰点,而缠论中的第一类买点就是该下跌趋势中的背驰点。

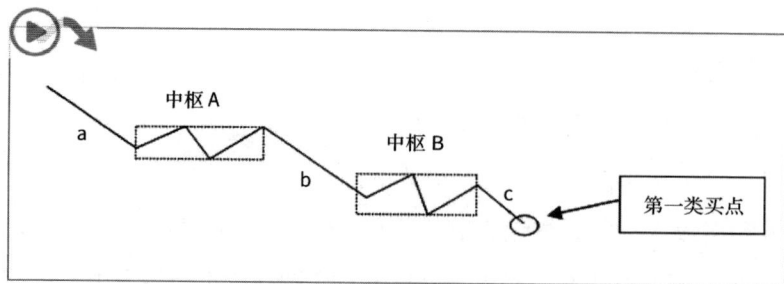

图4-3 第一类买点

形态解析

（1）下跌趋势。股价呈单边下跌走势，在经过长时间的调整后，其下跌走势仍未能逆转，股价随即回落，下跌趋势确认。在经过短暂的调整中枢后，股价持续下跌但量能萎缩，下跌力度逐渐减弱，走势出现十字星，表明股价见底。如图4-4所示，第一类买点价格为18.00元。

（2）量能萎缩。如图4-4所示，股价在27.42元见顶，量能也达到顶峰，但随后下跌，进入调整状态。随着量能的进一步萎缩，空方力量仍占据优势，股价也仍呈下跌趋势，很快向下跌破最后一个中枢的区间范围。

（3）十字星形态。持续下跌后，股价不断创新低，进入低价区。此时出现的十字星形态表明卖盘减弱、买盘增强，股价逆转反弹的可能性增大。但在实际操作中，如果次日股价再次下探并创新低，则表明后市将迎来较大的跌幅。

操作提示1 如图4-4所示，股价在27.42元处创新高后出现技术性回调走势，形成中枢，但量能持续萎缩，下跌仍为大势。在经过二次调整后，股价大幅滑落并创新低，此时出现了理想的买点，投资者可低位建仓。

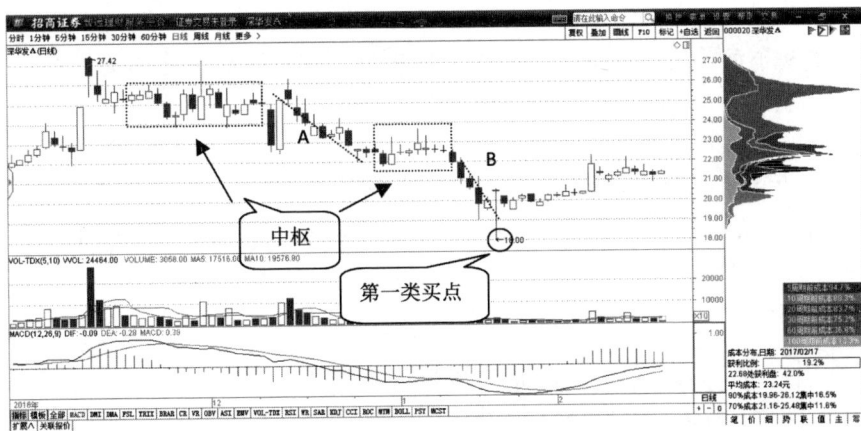

图4-4 深华发A日K线图

操作提示2 中枢是构成背驰的必要条件，在深华发A日K线图中，我们可以看到在A处前后出现了两个中枢。在A处后，股价双向波动较小，进入调整中枢状态，无论上涨还是下跌，整体都在中枢的范围内。随后股价走出中枢状态，价格不断创新低，快速跌破后一个中枢的区间范围。

操作提示3 下跌趋势最后一个中枢形成的低点较易构成背驰。背驰的最低点通常就是投资者要寻找的第一类买点。在图4-4中，十字星形态后价格创新低，表明股价见底反弹的可能性很大，是投资者要寻找的第一类买点，投资者应在此处建仓。

> **操作总结** 在实战中，投资者要找的第一类买点通常出现在下跌趋势最后一个中枢的下方。

2. 第一类卖点

在某上涨趋势中，当多方力量逐渐衰弱而空方力量逐渐占据优势时，由于上涨动能不足，股价就会转化为盘整走势或者下跌走势。如果投资者能抓住上涨走势转化为下跌走势的关键时机，就能获得一个理想的卖点，此时高位卖出便可实现收益最大化。

同利用背驰寻找第一类买点一样，第一类卖点也与背驰关联密切。

> **第一类卖点的定义** 在某级别的上涨趋势中，一个次级别走势类型向上突破最后一个中枢后形成的背驰点。

从该理论可以看出，如图4-5所示，要形成第一类卖点需要满足3个条件：（1）在次级别中寻找；（2）次级别突破最后一个中枢；（3）形成背驰。

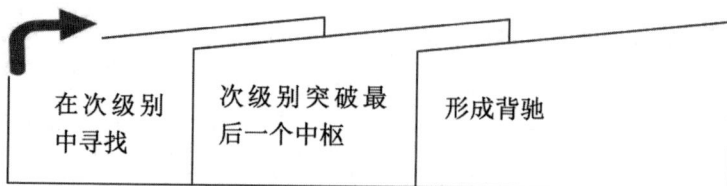

图4-5 构成第一类卖点的3个条件

在图 4-6 中，c 处于一个大的上涨趋势中，b 段之前出现了一个中枢，B
为上涨趋势中的另一个中枢。c 段向上突破中枢，由于 c 段趋势力度比 b 段趋
势力度弱，从而构成顶背驰。c 段的高点为背驰点，而缠论中的第一类卖点就
是该上涨趋势中的背驰点。

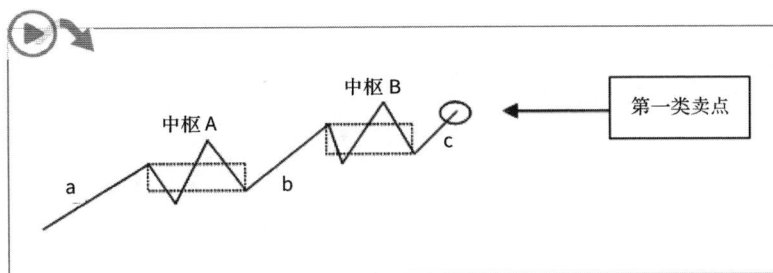

图4-6 第一类卖点

形态解析

（1）上涨趋势。股价呈单边上涨走势，在经过长时间的调整后，其上涨走
势仍未能逆转，股价不断创新高，上涨趋势确认。在经过短暂的调整中枢后，
股价持续上涨，但多空之争中空方力量越来越强，上涨力度逐渐减弱。如图 4-7
所示，股价见顶回落，见顶价格为 33.17 元。

（2）突破中枢区间范围。如图 4-7 所示，股价在 28.48 元见底后，多方占
据优势，股价反弹，随后经过两次调整中枢，股价已进入高价区。随着价格不
断创新高，股价快速向上并突破最后一个中枢的区间范围，形成构成第一类卖
点的条件之一。

（3）形成背驰。股价向上突破最后一个中枢区间范围后仍持续上涨，价格
不断创新高。但此时上涨趋势力度明显比调整前弱，表明上涨动力在衰弱，出
现背驰的可能性极大。当背驰形态出现后，表明此轮股价上升趋势已结束，根
据走势终完美理论，上升趋势将转为盘整或者下跌走势。在此过程中，价格高
点出现，随后股价见顶回落。

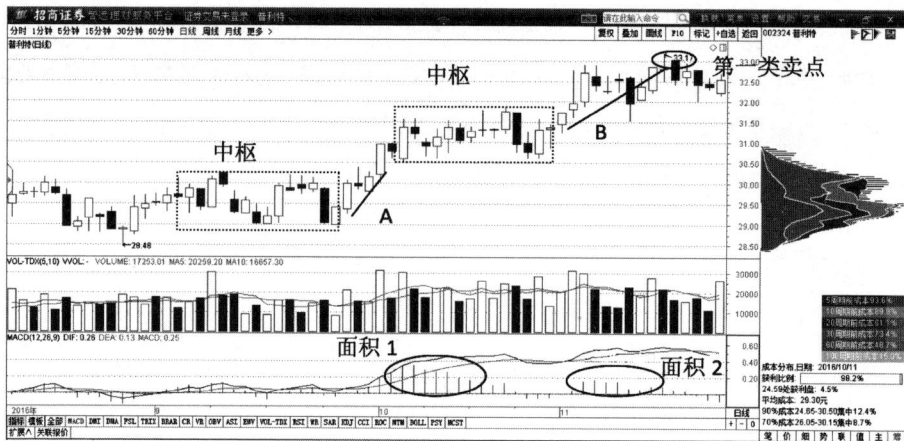

图4-7 普利特日K线图

操作提示1 如图4-7所示，股价自28.48元价位创新低后，出现了技术性反弹走势，形成中枢。股价涨跌浮动较为频繁，但随着量能放大，股价走出了中枢形态，继续上涨。而经过二次调整后，股价已然进入高价区，投资者可择机卖出，最理想的卖出价格为33.17元。

操作提示2 在普利特日K线图中，我们可以看到在A处前后出现了两个中枢。中枢是构成背驰的必要条件。在A后，股价进入调整中枢状态，无论股价上涨还是下跌，整体都在中枢的范围内。随着股价走出中枢状态，价格不断创新高，快速向上并突破最后一个中枢的区间范围。

操作提示3 上升趋势最后一个中枢形成的高点较易构成背驰，背驰的最高点通常就是我们要寻找的第一类卖点。

在图4-7中，从MACD指标可知，其红色柱子在A处形成面积1，在B处形成面积2。而从面积大小来看，面积1是大于面积2的，与两者对应的股价相违背，是背驰形成的辅助证据，表明股价向上突破最后一个中枢范围后形成背驰。背驰的高点就是我们要寻找的第一类卖点，此处33.17元为背驰高点，是最为理想的卖点，投资者应及时高抛。

操作总结 在实战中，投资者要找的第一类卖点通常出现在上涨趋势最后一个中枢的上方，此时较易形成顶背驰，而背驰高点就是第一类卖点。

4.1.2 第二类买卖点

对于缠论的第一类买卖点，投资者可从技术层面对背驰形态进行分析，属于动力学的范畴。但对于其后的第二类买卖点，则需要从形态学角度解析。相对于第一类买卖点，第二类买卖点的操作价值要低，但仍是较为安全的买卖点。这对提高投资者交易水平至关重要，而且第二类买卖点也是盈利的重要来源。当第一类买卖点出现，第二类买卖点无疑只是补充；而在小级别转大级别的场景中，第二类买卖点则是理想的。

第二类买卖点是从走势中枢形成的角度而言的，要产生更大级别的走势中枢，其后至少还应有一段次级别走势与前两段存在重叠的部分。这就为我们提供了操作基础。

1. 第二类买点

根据走势终完美理论，不管是趋势还是盘整，在图形中最后都要完成，因此也就不难理解为什么第二类买点出现在第一类买点后。

第二类买点的形成过程如图 4-8 所示。

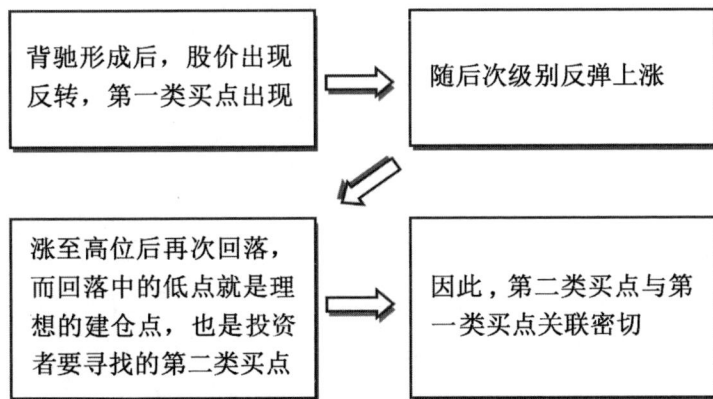

图4-8 第二类买点的形成过程

　　由此我们可以深刻地了解第二类买点的概念，在缠论中其定义为：在某个级别中，第一类买点的级别上涨后再次下跌的那个次级别走势的结束点，会形成第二类买点。第二类买点不一定出现在走势中枢的上方或下方，而是可以在任何位置出现。

　　从定义中可知，第二类买点的构成也需满足3个条件：（1）出现在第一类买点后；（2）下跌跌破中枢；（3）走势结束。

　　第二类买点是和第一类买点紧密相连的，因为出现第一类买点后，必然只会出现盘整与上涨的走势类型，而第一类买点出现后的第二段次级别走势低点就构成第二类买点。根据走势必完美的原理，其后必然有第三段向上的次级别走势出现，因此该买点也是安全的。

——缠中说禅教你炒股票21课

　　如图4-9所示，第二类买点出现在走势中枢的下方。图中背驰出现后，第一类买点形成，随后股价反弹上涨，而后回落形成价格低点，也就是第二类买点。

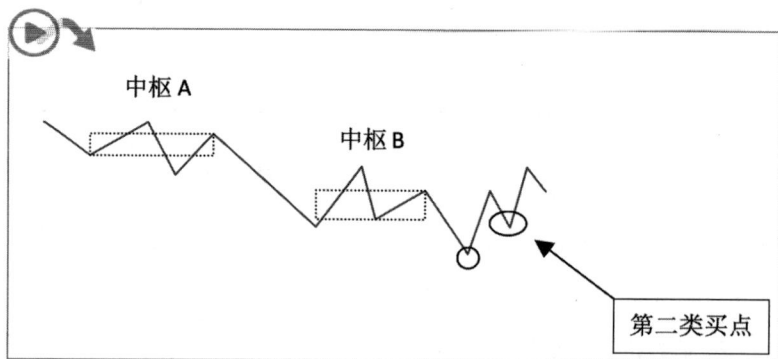

图4-9　第二类买点

⌄⌄ 形态解析

（1）下跌趋势。经过短时间的调整中枢状态后，股价在震荡中下跌，起初跌幅较小，较长时间内价格差额较小，但很快股价开始大幅下跌。如图4-10所示，股价由41.55元快速跌至23.83元，价格创新低。但随后股价反弹上涨，而后再次回落，形成价格低点，构成第二类买点。

（2）跌破中枢区间范围。如图4-10所示，股价在23.83元触底后很快反弹，量能脉冲放量，股价涨至小高位。但随着量能萎缩，股价再次回落低位，价格为27.10元。此时可以观察到，该价位其实已跌破中枢区间范围，满足构成第二类买点的3个条件之一。

（3）形成背驰。股价单边下跌趋势中，价格很快创新低，反弹后再次回落，出现第二个低位。我们可以看到股价形成了明显的背驰形态，背驰是典型的反转信号，该形态出现表明此轮趋势即将结束，股价将进入反转行情，这为投资者提供了理想的交易机会。

图4-10 哈森股份日K线图

操作提示1 如图4-10的哈森股份日K线图所示，股价自43.50元创新高后，出现震荡下跌走势，步入短暂的调整中枢形态，股价浮动较为频繁。

经历两次短暂的小幅上涨后，股价呈单边下跌趋势，跌幅较大，价格不断创新低，在 23.83 元处停止下跌，然后出现震荡上涨，并再次回落形成第二类买点。

操作提示 2 在哈森股份日 K 线图中，我们可以看到，前期股价不断地创新高时，量能整体呈放量状态，阳线放量居多。但步入调整中枢后，量能快速萎缩，其间虽有反弹，促使股价创新低，但很快再次萎缩。对比 M、N 两处可看出前后脉冲量的变化，因此股价下跌也就不难理解了。

操作提示 3 从 MACD 指标来看，A、B、C 3 处对应的绿色柱子面积是 A>B>C，而与之对应的股价却是 C<B<A，构成背驰形态。背驰引起转折，是典型的反转信号，图中出现此形态预示着行情将反转，价格将企稳回升，背驰点就是投资者要找的理想买点，而第二个低点则符合形成第二类买点的条件，为第二类买点。

> **操作总结** 第一类买点通常出现在下跌趋势中最后一个中枢的下方，此时较易形成底背驰，而背驰高点就是第一类买点。而第二类买点通常出现在第一类买点后面，也就是后续行情上涨回落后形成的低点。不过，第一类买点出现并不意味着第二类买点必然会出现，这一点在实战中要注意。

2. 第二类卖点

根据走势终完美理论，不管是趋势还是盘整，在图形中最后都要完成，因此也就不难理解为什么第二类卖点会出现在第一类卖点后。

由此我们可以深刻了解第二类卖点的概念，在缠论中其定义为：在某个级别中，第一类卖点的次级别下跌后再次反弹上涨的那个次级别走势的结束点，为第二类卖点。

图 4-11 所示为第二类卖点的形成过程。

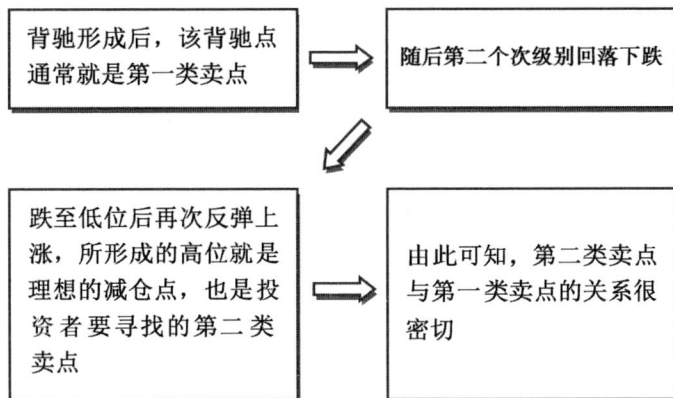

图4-11 第二类卖点的形成过程

从定义中可知，第二类卖点的构成也需满足3个条件：（1）出现在第一类卖点后；（2）向上突破中枢；（3）走势结束。

在图4-12中，股价呈单边上涨趋势，行情走强，先后出现两个中枢 A 与 B。走出中枢形态后，股价震荡上涨，形成第一个高位，为理想的减仓点。而后股价再次回落，随后反弹上涨，形成第二个高位，为第二类卖点。通常第一个高位是由顶背驰形成的，高位点也就是背驰点，由此可看出第一类卖点与第二类卖点关联密切。

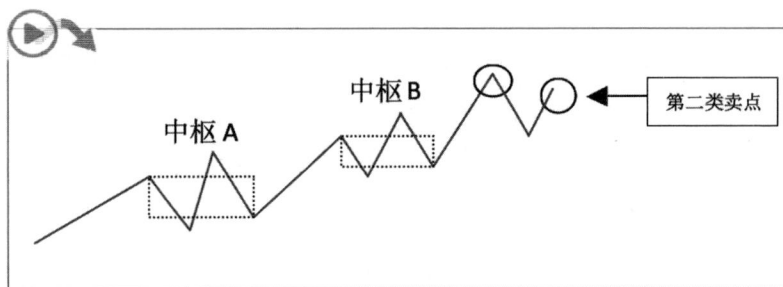

图4-12 第二类卖点

一般来说，高点前一次级别向下，后一次级别向上，如果不创新高或盘整背驰，则都构成第二类卖点。所以在有第一类买卖点的情况下，第一类买卖点是最佳的，第二类只是一个补充。但在小级别转大级别的情况下，第二类买卖点就是最佳的，因为在这种情况下没有该级别的第一类买卖点。

操作提示1 如图4-13的桃李面包日K线图所示，股价呈单边上涨趋势，价格由39.55元一路上涨至49.50元。从其整体走势来看，股价波动较为频繁，涨速较慢，但随着量能放大，股价创新高，形成理想的卖点。但很快股价回落，随后反弹上涨形成第二个高点，为第二类卖点，也是较为理想的减仓点。

图4-13 桃李面包日K线图

操作提示2 在桃李面包日K线图中，我们可以看到，该股虽然在震荡中上涨，但其量能放大的情况较为稳定，因此股价涨速较慢。随着脉冲放量，股价在短时间内猛冲高价，涨幅可观。但随着量能萎缩，股价回落，又在量能的带动下出现小波上涨行情，形成第二个价格高位，也就是第二类卖点。

操作提示3 从MACD指标来看，A、B两处对应的红色柱子面积是A>B，而与之对应的股价却是A<B，构成顶背驰形态。背驰引起转折，是典型的反转信号，在图中出现此形态，我们有理由相信行情将出现反转，价格将见顶回落，背驰点就是我们要找的理想买点，而第二个价格高位符合第二类卖点形成的条件，为第二类卖点。

操作总结 第一类卖点通常出现在上涨趋势的最后一个中枢的上方，此时较易形成顶背驰，而背驰点就是第一类卖点。第二类卖点通常出现在第一类卖点后面，也就是股价后续回落并反弹后形成的高位点。不过，第一类卖点出现并不意味着第二类卖点必然会出现，这一点在实战中要注意。

4.1.3 第三类买卖点

从中枢形成的角度而言，第二类买卖点所代表的意义是，其后必然会构成更大级别的中枢，因为后面至少还有一段次级别且必然与前两段有重叠。而对于第三类买卖点，其意义就是用来对应中枢结束的。一个级别的中枢结束，无非面临两种情况，即转成更大的中枢或上涨、下跌，直到形成新的该级别中枢。第三类买卖点就是告诉投资者什么时候会发生这种事情。而在第二类、第三类买卖点之间，都是中枢震荡，其中是不会产生该级别的买卖点的。因此，如果参与其中的买卖，则用的都是低级别的买卖点。

相比第一类买卖点和第二类买卖点，第三类买卖点的盈利空间要小很多，但从安全性方面考虑，第三类买卖点很安全，同时也能带来较为可观的收益。因此从盈利角度而言，第三类买卖点也是我们要寻找的理想建仓点与减仓点。

1. 第三类买点

前面讲过，走势中枢分为3种情况，即延伸、扩展与新生。就这3种情况而言，如果是走势中枢延伸，则在中枢的上方是不存在买点的。在走势中枢延伸中，所有的走势最终都会向下，而且会回到中枢的区间范围里，也就是说无法形成买点；而如果是走势中枢扩展或者新生，则在走势中枢的上方是可能存在买点的，这类买点就是我们要寻找的第三类买点。

走势中枢扩展会造成一个更大级别的中枢，而走势中枢新生后必然会出现一个上涨趋势，这都使第三类买点有较大的盈利空间。但能否精准地掌握第三类买点则是问题的关键。

第三类买点的定义 一个次级别走势类型向上离开走势中枢，然后以一个次级别走势类型回试，其低点不跌破ZG，则会形成第三类买点。

从该概念中，我们可以发现构成第三类买点最起码需要3个条件：（1）第三类买点出现在第一类买点后；（2）下跌但未跌破ZG；（3）下跌走势结束。

第三类买卖点定理：一个次级别走势类型向上离开走势中枢，然后以一个次级别走势类型回试，其低点不跌破ZG，则构成第三类买点；一个次级别走势类型向下离开走势中枢，然后以一个次级别走势类型回抽，其高点不升破ZD，则构成第三类卖点。

——缠中说禅教你炒股票20课

在图4-14中，经过两次调整中枢后，股价创新低，形成第一类买点。但随后股价反弹上涨且向上突破走势中枢，但短时间内又出现了技术性调整回落走势，股价形成一个小低位，这就是我们要找的第三类买点。

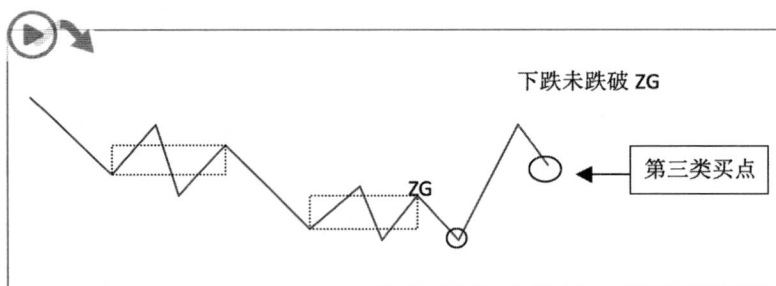

图4-14 第三类买点

不过，在实战中有一种情况要注意，即第二类买点与第三类买点相吻合的情况。第三类买点出现在第一类买点后，不过这期间并不一定会出现第二类买点。当第一类买点出现后，由于多方能量充沛，因此次级别直接向上突破中枢，然后出现一个次级别的回试，且回试的低点在中枢的上方，也就是未跌破中枢的 ZG，从而构成第三类买点。如果出现这种情况，则将其视为第二类买点与第三类买点重合。当然，第一类买点与第三类买点则无重合的可能。

操作提示 1 如图 4-15 的火炬电子日 K 线图所示，股价在 90.00 元处创新高后，步入了大幅下跌走势，经历了一段盘整走势后，价格创新低，最低点为 65.00 元，跌幅达 27.78%。随后股价反弹上涨再回落，重复两次后形成了新的价格低位，构成了第三类买点，此为理想的建仓点。

图4-15 火炬电子日K线图

操作提示 2 从成交量来看，我们可以看到，该股以 90.00 元创新高，对应的脉冲能量也达到天量，如 M 处所示。随后量能萎缩，股价也一路下跌，如 N 处所示。量能较小时，其间虽有反弹，但无法为大幅上涨走势提供能量。而第三类买点出现后，量能逐渐膨胀并稳步增加，股价也反弹上涨，如果前面投资者抓住了第三类买点，则后面的盈利空间还是很可观的。

操作提示 3 从筹码分布状态来看，股价创新低时有资金入场，如 H 处所示。有资金入场表明股价即将开启上涨行情，资金将拉动价格由低位向高位转换。

> **操作总结** 在实战中，投资者通常会遇到中枢上移的情况，这种情况通常意味着进行短线交易的机会较少。不过在趋势即将结束，进入中枢震荡时，投资者若在向上的离开段卖点区域走掉，则必然会在后续的中枢震荡中回补回来。而要做到这一点，就要精准地判断第三类买点，不要因为第三类买点盈利空间可能较小而迟疑，应将其与第一类买点列为同等地位，不可厚此薄彼。

2. 第三类卖点

> **第三类卖点的定义** 一个次级别走势类型向下离开走势中枢，然后以一个次级别走势类型回抽，其高点不升破 ZD，则会形成第三类卖点。

从该概念中，我们可以发现构成第三类卖点最起码需要 3 个条件：（1）第三类卖点出现在第一类卖点后；（2）向上突破但未升破 ZD；（3）上涨走势结束。

第一类卖点通常是由顶背驰形成的，背驰点就是理想的减仓点，投资者可高位卖出。如果投资者未能抓住第一类卖点，则可考虑第二类卖点、第三类卖点。如图 4-16 所示，股价创新高后形成第一类卖点，随后股价回落并跌破中枢，出现在中枢的下方。接着股价以次级别走势回抽，但未能向上升破中枢 ZD，构成了第三类卖点。

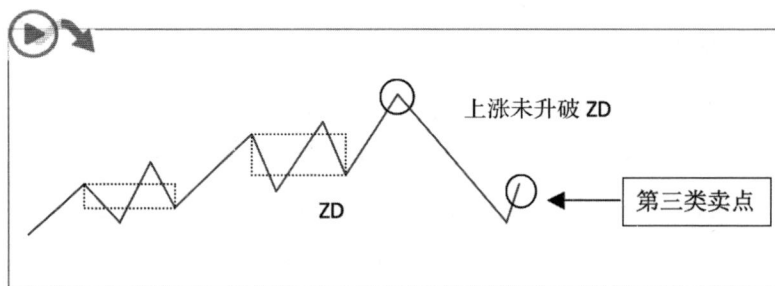

图4-16 第三类卖点

第三类卖点存在 3 种不同的情况，如图 4-17 所示。

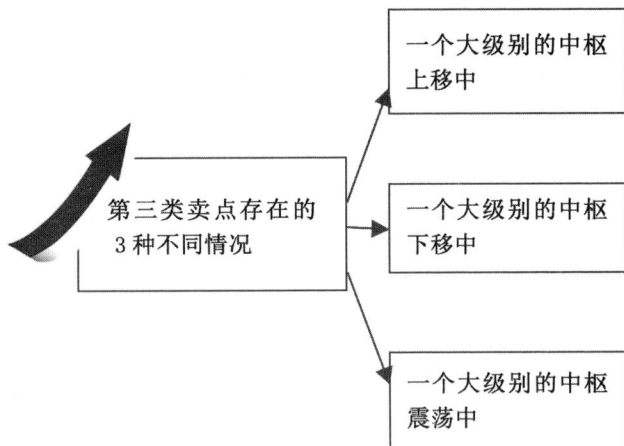

图4-17 第三类卖点存在的3种不同情况

3种不同的情况下，其操作意义显然是不同的，仔细分析如下。

（1）在一个大级别的中枢上移中，对于一个小级别的第三类卖点，投资者唯一要注意的，就是这个卖点扩展出来的走势是否会改变大级别中枢上移本身，这时根据大级别的走势不难发现其界限。因此，这种第三类卖点的操作意义不大，主要是警戒。如果是短线的短差，那也是在小级别的中枢震荡中来回操作，因此这种第三类卖点也只是构成一个震荡意义的操作点。

（2）在一个大级别的中枢下移中，一个小级别的第三类卖点，其意义就是这类卖点是否让大级别中枢的下移继续。如果继续，那就意味着该卖点没有任何的操作价值（当然，如果有卖空的，那就另算）。这种第三类卖点的操作意义基本没有，如果投资者选择卖出，那么大级别都中枢下移了，好的卖点估计也都过去多个了。也就是说，市场已经提供了多个卖的机会。

（3）在一个大级别的中枢震荡中，一个小级别的第三类卖点，其意义就看其是否延伸出大级别的第三类卖点，如果没有这种危险，则本质上不构成大的操作机会，只是一个短线震荡。而且，很有可能一个小级别的第三类卖点出现后，反而延伸出大级别的买点，这在震荡中很常见。

操作提示 1 如图 4-18 的老百姓日 K 线图所示，股票在 54.79 元的价位创新高后，随后呈震荡下跌走势，跌幅较大。股价在经历一段盘整走势后再次回归整体下跌走势中，3根阴线促使股价创新低。股价而后稳步上升，构成第三类卖点并再次回落。因此从图4-18中来看，第三类卖点是较为理想的减仓点。

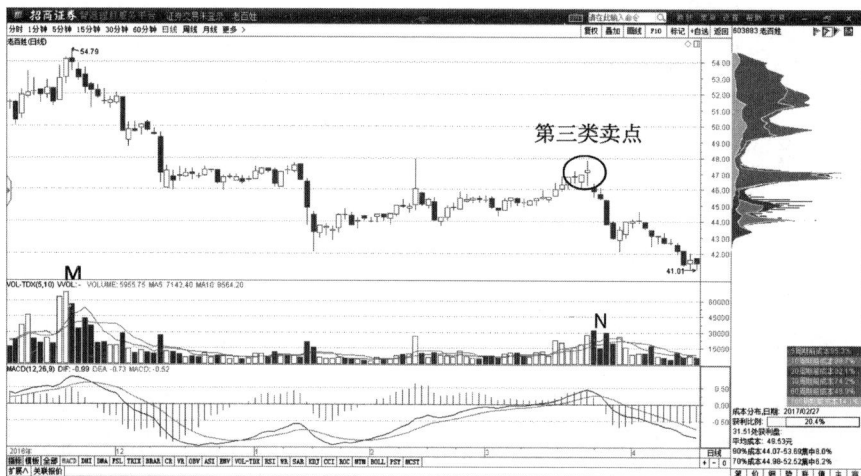

图4-18 老百姓日K线图

操作提示2 从成交量来看，我们可以看到，该股创新高时对应的脉冲能量较强，如图4-18中M处所示。在其后的下跌或者盘整走势中，量能萎缩明显且放量较为稳定。随着N处量能放大，股价也涨至高位，构成了第三类卖点。其后量能又再次萎缩，股价跌幅较大，因此留给投资者减仓的时间并不多，如果投资者不能抓住这个时机，则盈利就会缩水甚至产生亏损。

操作总结 实战中，并非一定是在构成该级别的第三类卖点的情况下股价会大幅下跌，还可以是在该级别的次级别下的第三类卖点突破中枢的情况下。不过有时情况比较极端，若卖点距离中枢的位置很远，则股价必然下跌，因此这是投资者实战中较为理想的减仓点。

4.2/ 走势中枢与买卖点

市场交易，说到底是对买卖点的精准掌握，买卖点的完备性就是理论的完备性。所谓完全安全的买卖点，是指这点出现后市场一定会发生转折，而不会有其他情况出现。股票理论很多，技术分析手段也很多，但究其目的，大多是为了精准地找出买卖点。

从走势中枢理论可知，走势中的点都会面临着两种转折，即走势类型延续或者转折。以买点为例，要想确保其是安全的，则必然要出现下面的两种情况之一，即向上的延续或者是由下往上的转折，如图 4-19 所示。

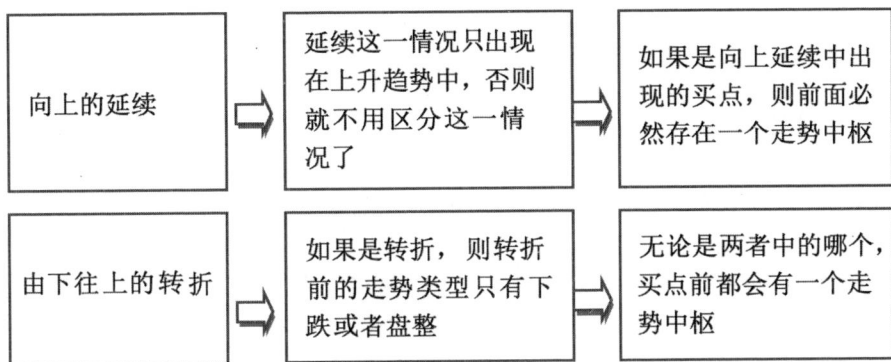

图4-19 走势中买点的两种走势

所有买卖点都对应着与该级别最靠近的一个中枢的关系。就买点而言，在中枢下方出现则对应着转折，在中枢上方出现则对应着延续。

因此，中枢与买卖点关联密切，这为投资者操作提供了理论、技术层面的支持。掌握中枢与买卖点的关系，有助于提高投资者的盈利水平与盈利空间。

4.2.1 走势中枢与底部买点

我们知道，中枢有 3 种情况，即延续、扩展与新生。这 3 种情况对应着

图 4-20 中的两种后续走势。

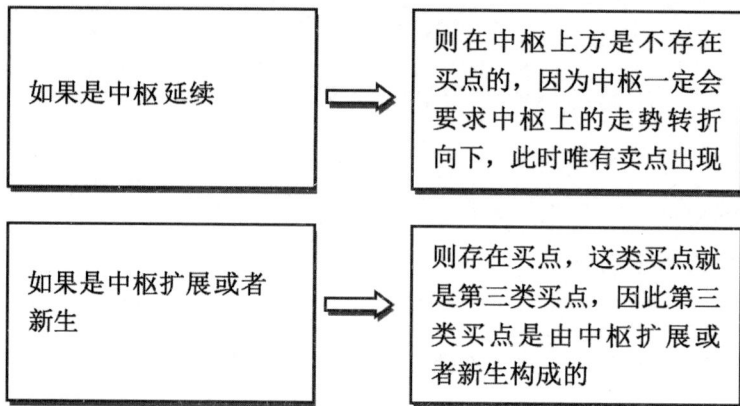

图4-20 中枢延续、扩展与新生中的买卖点

　　在中枢上方和中枢下方会有不同买点的形成，如图 4-21 所示。

　　盘整走势中，中枢的扩展或新生都无法保证买点出现后，必然会出现向上反转的行情。要知道，这种情况下中枢的扩展或者新生也可以是向下发展的。

　　而对于盘整的情况，其中枢的扩展与新生都不能保证该买点出现后必然能产生向上的转折，因为其扩展与新生完全可以是向下发展的。而对于中枢延续的情况，中枢形成后随时都可以打破从而结束延续，也不必然有向上的转折。所以盘整的情况下，中枢后也不必然产生买点。因此，只有在下跌确立后的中枢下方才可能出现买点，这就是第一类买点。

如果是中枢上方形成的买点	假设该中枢处于上涨趋势中，那么在中枢下方并不一定会构成买点

如果是中枢下方形成的买点	如果该中枢是在上涨之中的，在中枢之下并不必然形成买点，中枢下方的买点只可能存在于下跌与盘整的走势类型中

换言之，一个上涨趋势确定后，不可能再有第一类与第二类买点，只可能有第三类买点

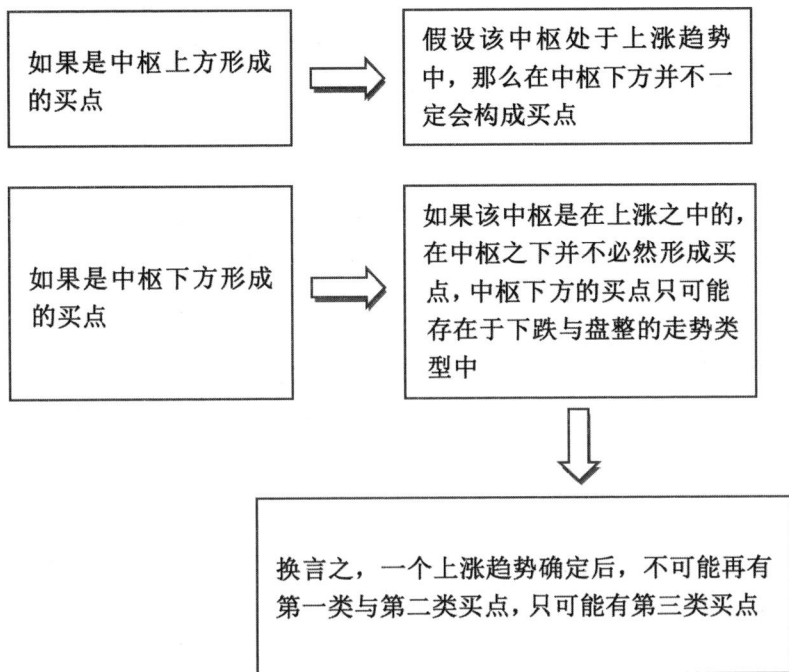

图4-21 中枢上方和中枢下方不同买点的形成

第二类买点是和第一类买点紧密相连的，第二类买点具有安全性与盈利性，其安全性如图 4-22 所示。

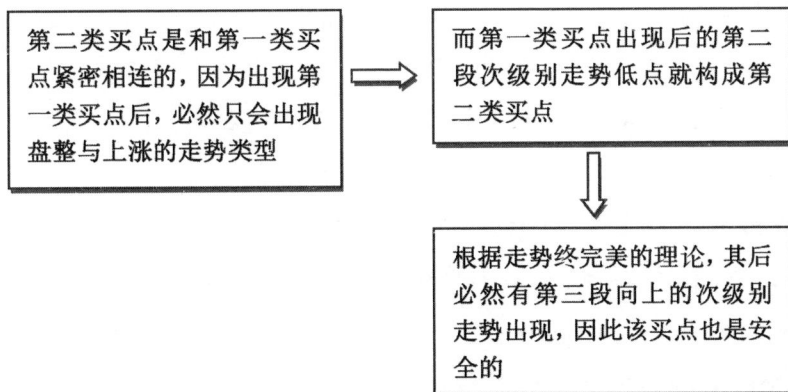

第二类买点是和第一类买点紧密相连的，因为出现第一类买点后，必然只会出现盘整与上涨的走势类型	而第一类买点出现后的第二段次级别走势低点就构成第二类买点

根据走势终完美的理论，其后必然有第三段向上的次级别走势出现，因此该买点也是安全的

图4-22 第二类买点的安全性

第二类买点的盈利性如图 4-23 所示。

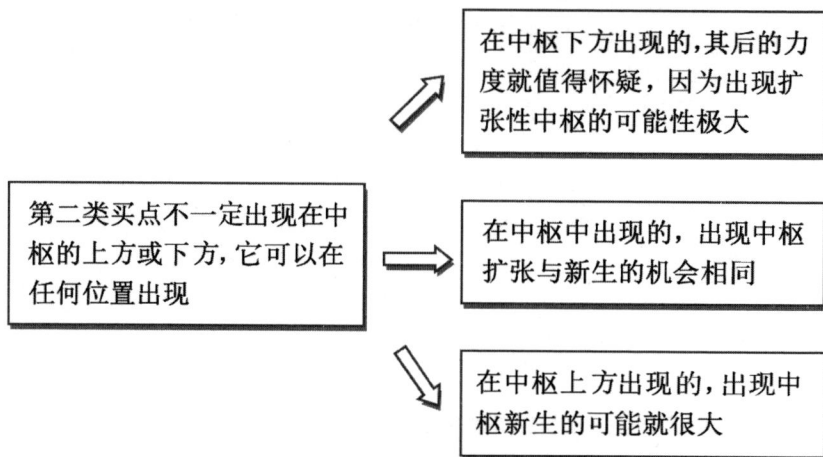

图4-23 第二类买点的盈利性

第一类买点与第二类买点是前后出现的，不可能产生重合。而第一类与第三类买点一个在中枢之下，一个在中枢之上，也不可能产生重合。因此，只有第二类买点与第三类买点是可能产生重合的，这种情况就是：当第一类买点出现后，一个次级别的走势凌厉地直接上破前面下跌的最后一个中枢，然后在其上产生一个次级别的回落但不触及该中枢。这时候就会出现第二类买点与第三类买点重合的情况，也只有这种情况才会出现两者的重合。当然，在理论上没有任何必然的理由确定第二类、第三类买点重合后一定不只构成一个更大级别的中枢扩张，但实际上，一旦出现这种情况，一个大级别的上涨往往就会出现。

操作提示 1 如图 4-24 的金诚信日 K 线图所示，大阳线脉冲放量后股价涨至高位，但随后下跌，步入调整中枢走势。走出调整中枢形态后，股价下跌，形成低点，最低价格为 16.49 元，是较为理想的建仓点。而后股价稳步上升，由 16.49 元一路上涨至 21.62 元，涨幅达 31%。由此可见，如果投资者能抓住中枢下方的底部买点，就能在后续行情中获利。

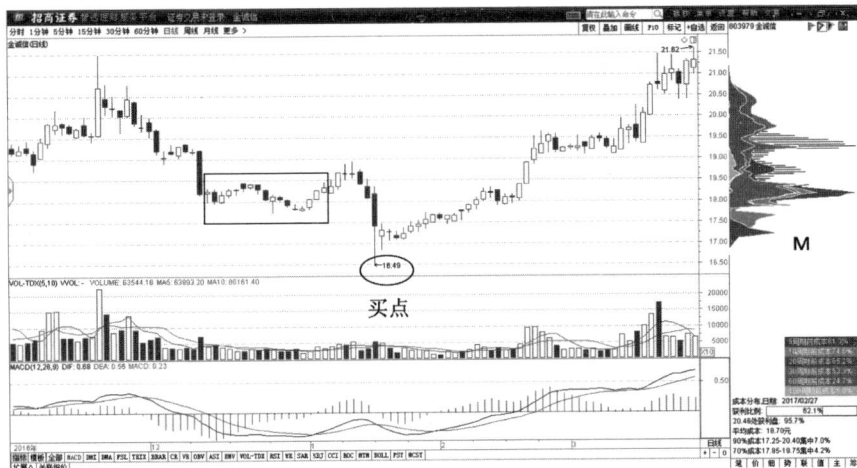

图4-24 金诚信日K线图

操作提示2 从筹码分布来看，该筹码呈三峰形态，但是在股价创新低时筹码量很小，而且筹码是在更高位才形成的峰顶。如果投资者能抓住走势中枢的底部买点，那么该位置处（如图中M）筹码处不会如此弱。

操作总结 当买点出现在走势中枢下方时，则构成了底部买点。但是投资者要明确该底部买点的有效性，以免股价再次下跌，从而导致损失惨重。而底部买点有效性的确定也跟中枢后的走势形态有关，这一点投资者要密切观察。

4.2.2 走势中枢与高位卖点

当股价呈上升走势时，我们发现该期间股价多数时间都是上涨的，走势较为强劲，价格不断创新高。由于投资者多有"追涨杀跌"的心理，因此买在高位的现象屡屡出现，如果能提前发现高位卖点，投资者就能避免这一状况。上升走势中出现调整中枢为投资者提供了很多低位建仓的机会，后续上涨能量充足能大幅提升投资者的盈利空间。

走势中枢与高位卖点也是投资者要掌握的技术分析之一，投资者应在股价涨幅较大时进行减仓,此时多为缠论的调整中枢形态构成的起始点。也就是说,如果调整中枢形态成立,那么股价大幅上涨后必然会出现技术性回落,而后再反弹并回落。在上升趋势中,调整中枢是较为理想的操作机会,股价波动较强,投资者可低位建仓。

形态解析

(1)上升趋势。从图4-25中可看出,该股价格由低位28.50元涨至高位39.30元,涨幅远高于30%,可以明确为上升趋势。而在上升趋势中,由于多空双方的较量,能够影响到双方对股价行情的看法的因素很多,因此更易出现调整中枢,这就为投资者提供了很多有价值的信息,也提供了交易机会。

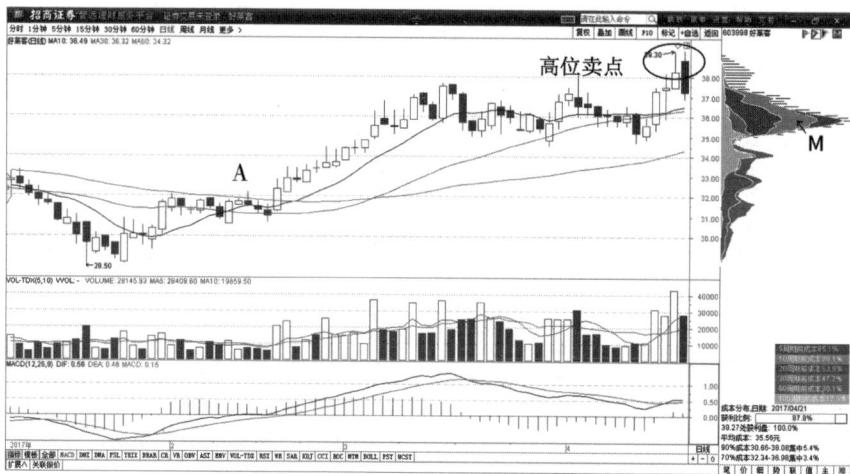

图4-25 好莱客日K线图

(2)均线支撑。在上升趋势中,即使股价出现回落也会遇到均线的支撑作用,股价会平稳上涨。也就是说,股价通常很难跌破均线的支撑线。调整中枢中,股价回落通常会触底反弹,而这底通常就是均线支撑点。因此在实际操作中,投资者可密切关注支撑线和股价,根据两者距离的远近做出相应的操作。

(3)股价回调。调整中枢形态出现,意味着股价可能回调,如果其完成二次回调,基本上就能确认调整中枢的有效。在上升趋势中,调整中枢通常被认为是多方在试探时机，一旦资金充足，就会迎来大幅上涨。当然，如果股价仍回调，则说明调整中枢形态尚未结束，投资者要耐心等待。

（4）量能分析。当处于调整中枢形态时，交易通常并不活跃，因而量能也呈现萎缩状态，但由于对后续行情看好，多数投资者都会持有股票以观后续行情。此时抛售者较少，使得成交量萎缩。在走出中枢形态，股价再次回归上升趋势后，量能也会放大。

操作提示 1　如图 4-25 的好莱客日 K 线图所示，股价在 28.50 元处触底后很快反弹。从图中可看到，在上升趋势中阳线居多，出现了多根连续上涨的 K 线，而后股价步入了调整中枢形态。该形态历时一个多月，其间出现多次反弹回落走势，中枢形态得以确认。

操作提示 2　从均线来分析，在股价上升期间，3 根均线也呈整体上涨走势。在图 4-25 中的 A 处，MA10、MA30 线很快向上突破 MA60 线，表明近期量能较为强劲，股价上涨动力充足，后续行情看好。

操作提示 3　从成交量来看，脉冲放量后股价逐渐上涨，而后步入调整中枢，其间的多次反弹成交量状态也与之对应，反弹时脉冲放量，回落时量能萎缩，这符合调整中枢的基本特征。量能萎缩表示成交不活跃，也表示投资者对后续行情看好，因而持股以待。

操作提示 4　从筹码形态来看，在调整中枢期间筹码较多，如图 M 处所示，即多数筹码出现在调整中枢区间。但是在形成高峰后，筹码明显萎缩，表明上涨动能不足，也就是说股价将迎来反转，步入下跌行情，因此图中所示的高位卖点是投资者能抓住的最佳减仓或空仓的机会。

操作总结　上升趋势中虽然较易出现调整中枢形态，但对股价整体上升趋势并不会有影响，而该中枢的作用多半是为主力整理提供机会，或者是多方趁机多吸筹，以便在后续推高股价中获利。而后续的高位，往往就是理想的卖点。因此，投资者应明确走势中枢与高位卖点的形态，从中发现盈利的机会。

本/章/导/读

在缠论中，除了形态学、动力学等重要内容外，也就是除了分型、笔、线段、走势中枢、背驰、级别等重要概念外，还有很多非常实用的交易技术。这些技术是缠师在多年炒股经验中总结出来的，实战效果甚佳。因此，这一章为缠论交易术的补充精解，重点讲述缠论所提及的其他炒股技术，将这些技术与缠论相结合，能发挥更大的作用。

5.1 / 学好防狼术

在没彻底学会下面所说的防狼术之前，最好先别研究中枢和级别，因为有了这防狼术，投资者至少不会被大盘严重影响操作，也不会在大盘大跌时感到失落。

防狼术的主要含义如图 5-1 所示。

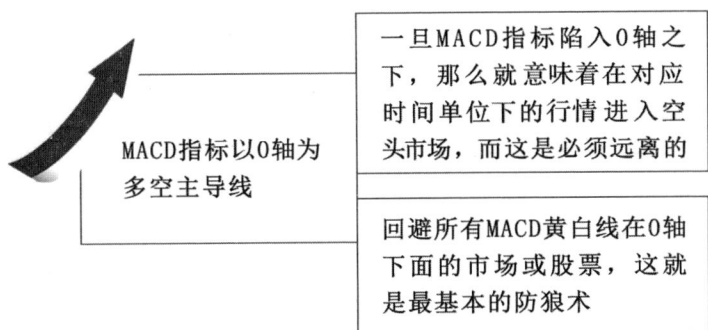

一旦MACD指标陷入0轴之下，那么就意味着在对应时间单位下的行情进入空头市场，而这是必须远离的

MACD指标以0轴为多空主导线

回避所有MACD黄白线在0轴下面的市场或股票，这就是最基本的防狼术

图5-1 MACD指标的防狼术

当然，这涉及时间周期，操作方法如图 5-2 所示。

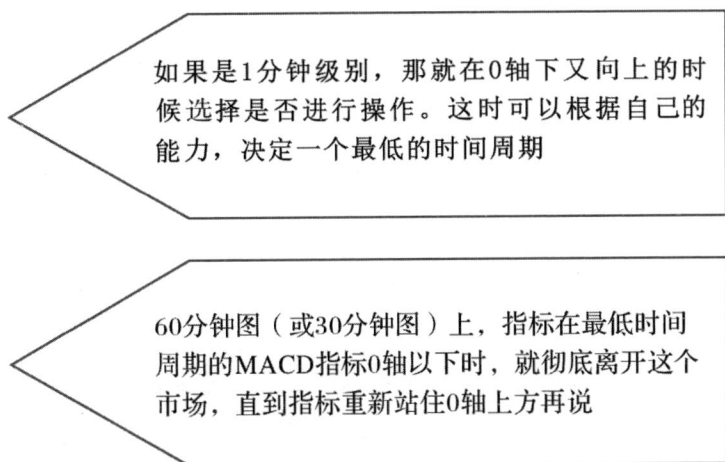

如果是1分钟级别，那就在0轴下又向上的时候选择是否进行操作。这时可以根据自己的能力，决定一个最低的时间周期

60分钟图（或30分钟图）上，指标在最低时间周期的MACD指标0轴以下时，就彻底离开这个市场，直到指标重新站住0轴上方再说

图5-2 制订1分钟和60分钟（或30分钟）的时间周期

当然，如果投资者技术较强，则完全可以在背驰的情况下"介入"，但若技术不是很好，投资者就应先学习 MACD 指标知识，等熟练时再进行操作。

5.1.1 防狼术要点

缠师在"教你炒股票 103 课"中提到了防狼术，将这一技法与缠论理论相结合，能更大程度地发挥缠论的威力。借此，投资者可以避免买在高位或者是卖出时机不合适等情况，而且防狼术的操作方法很简单，就是以 MACD 指标为参考。MACD 指标是技术指标中较为实用的一项指标，在缠论中也多处可见。

防狼术的要点就是以 0 轴为多空主导线，一旦 MACD 双曲线（即 DEA、DIF 曲线）出现在 0 轴下方，则表明空方力量要远远大于多方力量，空方将占据主导地位。遇到这种图形，投资者必须远离，以免被走势下跌伤害。

操作提示 1 如图 5-3 的平安银行日 K 线图所示，在股价震荡上涨期间，阳线放量居多，股价由低位很快上涨，以 9.62 元的价格创新高，为理想的卖点。随后股价出现技术性调整，但价格整体处于高位，也就是说该阶段仍有较多的卖出机会，投资者可密切关注。随后股价步入单边下跌趋势，并以 8.89 元的价格创新低。

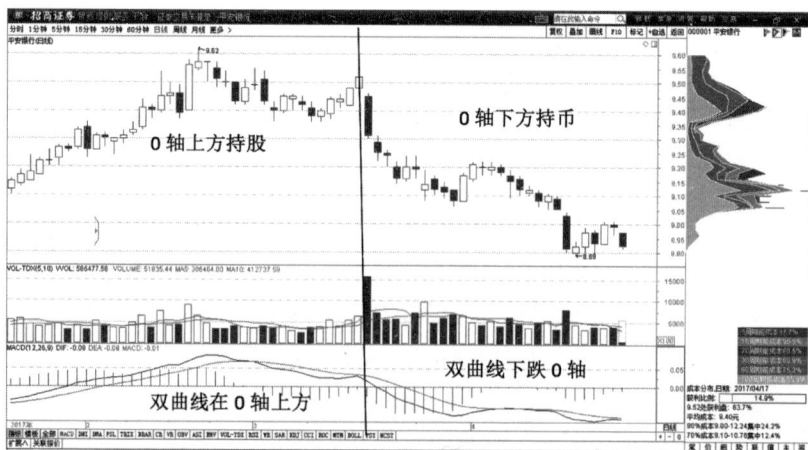

图5-3 平安银行日K线图

操作提示 2　从成交量来看，前半段股价震荡上涨期间阳线放量居多，进入技术性调整后，股价下跌时对应的成交量也呈萎缩状态。后半段股价呈单边下跌走势期间，成交量也在随股价下跌而萎缩，且阴线放量逐渐变多。

操作提示 3　从 MACD 指标来看，双曲线 DEA、DIF 在 0 轴上方时，对应的正好是股价震荡上涨走势。而随后双曲线跌下 0 轴，对应的是股价单边下跌走势，表明空头力量占据优势，已进入空头主导阶段，此时投资者应持币以待，不可盲目"介入"。

> **操作总结**　防狼术的操作要点并不难掌握，重点是要学会分析 MACD 指标，了解行情，尤其是 0 轴作为多空主导分界线的作用。在实战中，一旦发现 MACD 指标在 0 轴下方，则表明将开启一波下跌行情，此时空方力量占据主导，投资者应远离。因此，掌握防狼术的要点就在于熟练使用 MACD 指标。

5.1.2　防狼术实战

防狼术能有效地避免投资者在操作时受大盘变动的影响，尤其是剧烈的变动，更不会因大盘大跌而导致损失惨重。在选股上，防狼术也能为投资者提供有价值的信息。从这点上来说，防狼术非常重要，投资者应在掌握的基础上灵活运用。

在实战中，防狼术操作应注意两点，如图 5-4 所示。

当然，防狼术的操作效果还会受到级别的影响，5 分钟级别下，防狼术的操作效果要差很多。如果级别高些，如 30 分钟级别、60 分钟级别等，则操作效果会更佳。

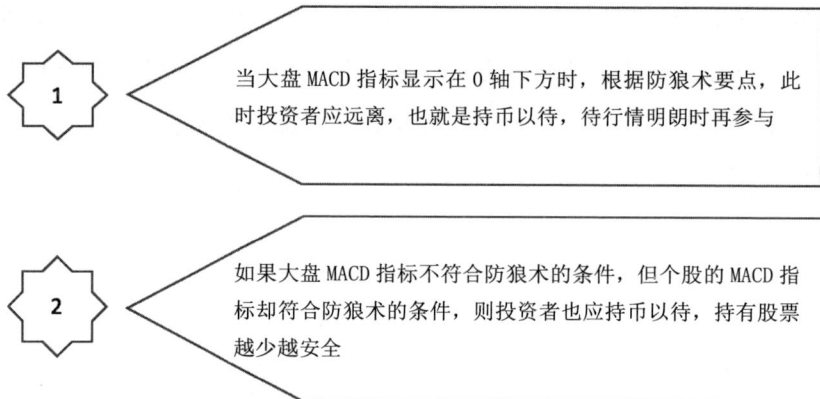

图5-4 防狼术操作应注意的两点

操作提示1 如图 5-5 的康达尔日 K 线图所示，股价以 39.37 元创新高，随后进入下跌走势，形成一个调整中枢形态，且持续时间长达一个多月。而后股价加速回落，跌至 27.66 元，价格创新低。

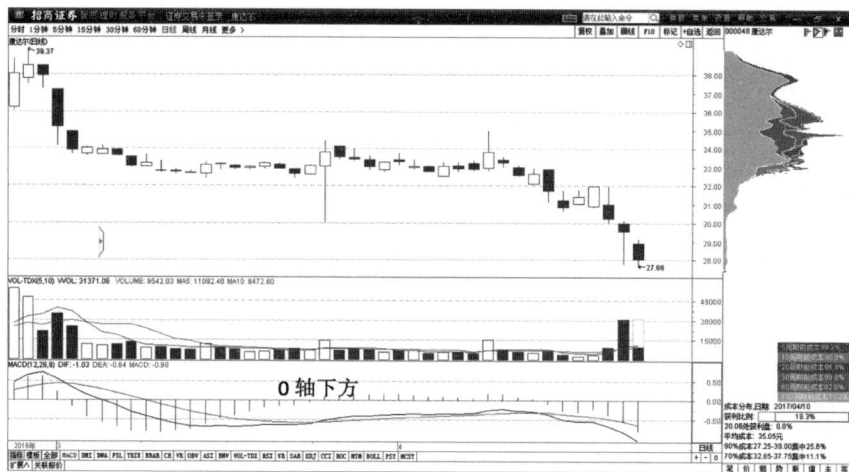

图5-5 康达尔日K线图

操作提示2 从成交量来分析，两根大阳线放量后股价涨至高位，随后量能萎缩，调整中枢期间量能表现也很低迷，成交不活跃。一个大阴线放量后，股价跌至低位。

操作提示 3　从 MACD 指标来看，双曲线 DEA、DIF 出现在 0 轴下方时，对应的是股价从呈单边下跌走势到进入调整中枢形态再到进入下跌走势的过程，表明空方力量彻底占据了优势。空方主导使股价迎来大幅下跌，根据防狼术的要点，此时投资者应远离。

操作总结　在实战中运用防狼术，重点是要观察MACD指标，看双曲线与 0 轴的相对位置。如果在 0 轴下方，则要远离；如果在 0 轴上方，也要密切观察，警惕行情发生转折。当然，在判断时还可配合使用其他指标，如成交量、RSI、ROC、KDJ 等指标，以确认股票行情。

操作提示 1　如图 5-6 的口子窖日 K 线图所示，前半段股价呈震荡走势，双向波动幅度很大，价格差额也很大。随着多根上涨 K 线形态出现，股价一路上涨，最高价格达 37.60 元。而后股价进入调整中枢状态，波动较为频繁，但波动幅度较小，无短线操作价值。

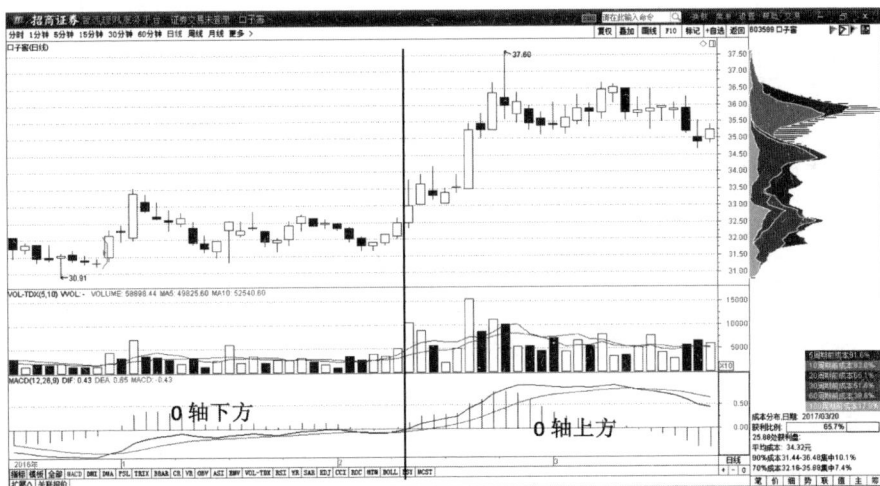

图5-6　口子窖日K线图

操作提示 2　从成交量来分析，前半段成交不活跃，成交量呈萎缩状态；而后半段中首先是成交量放大，出现很多大阳线放量，对应的股价也出现多根上涨 K 线形态，推动股价一路上涨至高位。后续的成交量状态也体现了调整中枢的基本特征。

操作提示 3　从 MACD 指标来看，前半段中双曲线 DEA、DIF 出现在 0 轴下方时，正对应缠论中的"走势下跌"，此时应提防，也就是应远离。而后半段中，双曲线向上突破 0 轴且不断向上延伸，双曲线的最高点也对应着股价的高点，符合防狼术的要点。

> 操作总结　在操作级别上（最好是 30 分钟以上的级别），如果发现 MACD 双曲线向上突破了 0 轴且回抽 0 轴的结束点，通常就是最佳买点。不过该买点的准确性与级别有关，操作级别越大，则准确度越高。

5.2 / 中阴阶段操作

如果说前一个走势类型的背驰或者盘整背驰宣告了前一个走势类型的终结，那么到新的走势类型确立时，会有一个模糊的如同中阴般的阶段。无论何种级别，在一个顶点形成后，都有对应级别长度的中阴阶段。

要把握这阶段的走势，必须把前一段的走势结合起来分析。

而中阴阶段对操作节奏的影响很大，是维持操作节奏的重要阶段，如果想保持操作节奏不紊乱，就要掌握中阴阶的段操作方法，这就是本节重点介绍的内容。

5.2.1　中阴阶段概念

一种走势类型完成后将进入新的走势类型，但常有段时间我们无法明确后续会转向何种走势类型，不知道是反转出现新的走势类型，还是延续原来的走势类型，这个阶段就是中阴阶段。中阴形态在股价上的表现就是非涨非盘或者是非跌非盘的状态。

中阴阶段的处理很重要，如图 5-7 所示。

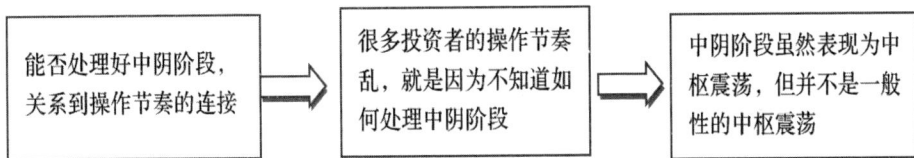

| 能否处理好中阴阶段，关系到操作节奏的连接 | → | 很多投资者的操作节奏乱，就是因为不知道如何处理中阴阶段 | → | 中阴阶段虽然表现为中枢震荡，但并不是一般性的中枢震荡 |

图5-7 中阴阶段的处理

另外，特别要注意的是市场的走势，因为走势表现了市场的本质。

就如同欧氏平面几何说两点之间只能有一条直线，这个公理正好反映了欧氏平面几何的本质特征。同样，市场不是上就是下或者就是盘，这一点刚好反映了现在所存在的股市的特征。

但更重要的一点是，只知道了公理，其实什么都不知道，这其实也是很多人思维里的一个弱点。很多人喜欢大而化之地讨论问题，结果最终讨论的都是无用的所谓的公理。

但对于具体操作来说，这些大而化之的东西没有任何意义。例如，市场上的操作是一就是一，多一分不行，少一分也不行，也就是说操作要严谨，不能马虎。所以，投资者必须要有严密的甚至是精确的逻辑思维习惯。

我们从公理出发，并不意味着我们就停留在公理的水平上，否则欧氏平面几何就是干瘪的 5 条公理。同样，讨论市场如果不是上就是下或者是盘，那就什么都不必研究讨论了，抛硬币就行。

中阴阶段的存在，就在于市场发展具体形式在级别上的各种可能性。这些可能性的最终选择并不是预先被设定好的，而是市场合力的结果，这里有着不同的可能性。而这些可能性在操作上并不构成大的影响，因为都可以统一为中阴过程的处理。以 1 分钟级别为例，如图 5-8 所示。

例如，这次开始的 1 分钟级别下跌走势结束后，就进入中阴阶段

首先，根据走势分解的基本定理可以知道，其后的行情发展，一定是一个超 1 分钟级别的走势

但超 1 分钟级别的走势存在很多可能

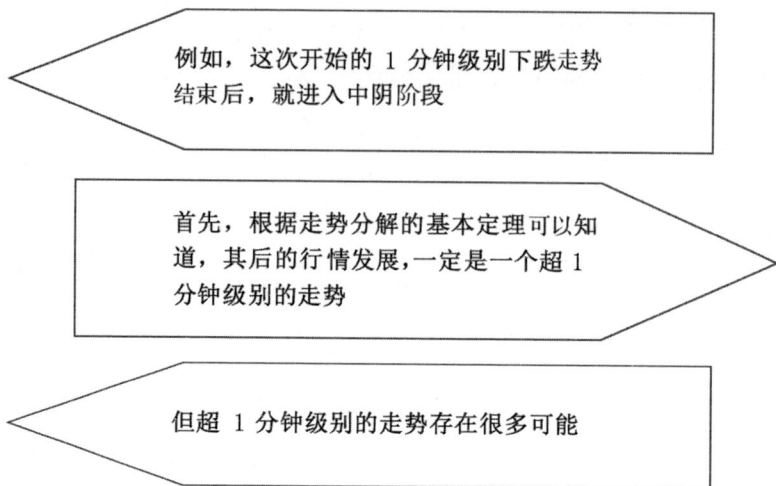

图5-8 1分钟级别走势的后续

首先，一个最基本的原则是，必须先出现一个 5 分钟中枢，因为无论后面是什么级别的走势，只要是超 1 分钟级别的，就一定先有一个 5 分钟中枢出现，这没有任何特例，是肯定的。而这个肯定成立的结论，就构成操作 100% 准确的基本依据。

1 分钟级别的走势后，无论是上涨、下跌还是盘整，都有可能出现，但最终必须先有一个 5 分钟中枢出现。

当然，如果投资者是按 5 分钟以上级别操作的，那么这个 5 分钟中枢的中阴过程可以说是不存在的，可以不管。

而这个 5 分钟中枢成立后，就必然面临一个破坏的问题，也就是一个延伸或者第三类买卖点的问题。

当然，如果这个中枢不断延伸，形成 30 分钟中枢了，那就按 30 分钟中枢的第三类买卖点来处理，以此类推，但走势最终总要以某一个级别的第三类买卖点的出现来结束这个中枢震荡。

一般性的，我们以 5 分钟中枢后就出现第三类买卖点为例子，那么这个 1 分钟的走势就演化为 5 分钟的走势类型，至于是只有一个中枢的盘整还是两个

中枢的趋势，用背驰的力度来判断就可以把握。

如果已经形成的 5 分钟中枢出现第三类卖点，那么投资者就可以把握住，卖出股票。

缠论是把一个看似复杂、没有方向的中枢问题，以准确的逻辑链连接成可以具有较高操作度的简单操作程序，而这不过是缠论理论的最基本的作用而已。

但要注意图 5-9 中的问题，也就是区分中枢和盘整的概念。

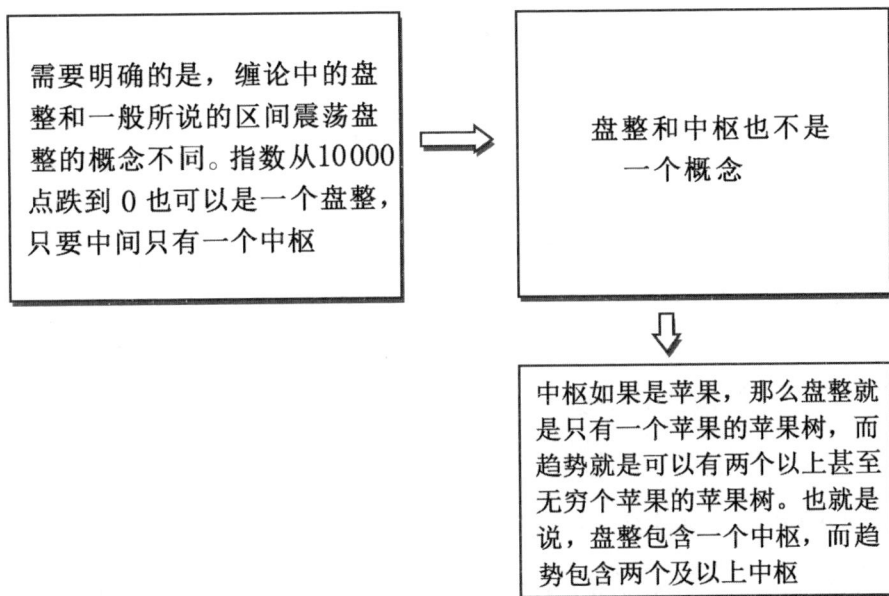

需要明确的是，缠论中的盘整和一般所说的区间震荡盘整的概念不同。指数从10000点跌到 0 也可以是一个盘整，只要中间只有一个中枢

⟹ 盘整和中枢也不是
一个概念

⟱

中枢如果是苹果，那么盘整就是只有一个苹果的苹果树，而趋势就是可以有两个以上甚至无穷个苹果的苹果树。也就是说，盘整包含一个中枢，而趋势包含两个及以上中枢

图5-9 盘整与区间震荡、中枢的关系

以图 5-10 为例进行一个比喻，即只有一个苹果的苹果树，难道一定比有100 个苹果的苹果矮吗？显然不是的。也就是说，盘整的力度不一定比趋势弱。

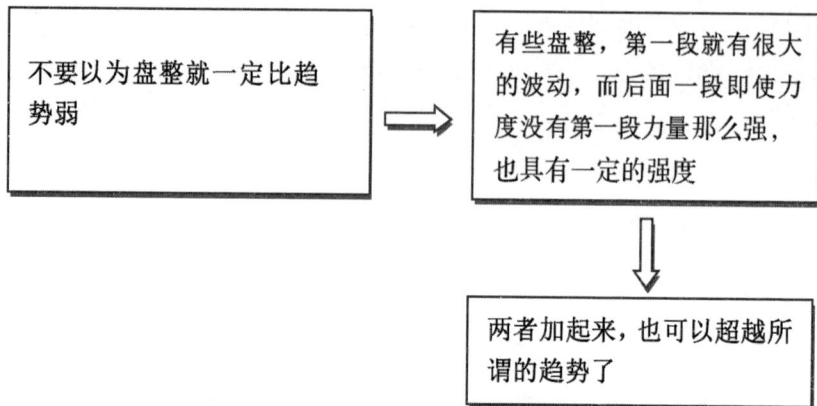

图5-10 盘整与趋势的强弱关系

宏观上讲，在走势的各个级别当中必然存在"中阴"的现象，有中枢就必然出现"中阴"的现象。因此投资者必须重视中阴阶段的操作技巧，而且要将其与盘整区别开来。

5.2.2 中阴阶段操作要点

简单来说，如果在 a+b+c 中，c 与 a 构成盘整背驰，且 c 处的高点要大于 a 处的高点，则表明进入了中阴阶段。从形态来说，如果仔细观察，中阴阶段的外在表现均为不同级别的盘整。

其表现形式虽然为盘整，但却与操作节奏的连接密切相关。而且从其表现来看，为走势中枢震荡，但又与普通的走势中枢震荡有所不同。当处于中阴阶段时，股价双向波动、振幅较大，价格差额也较大，很容易扰乱投资者的思路，打乱投资者的操作节奏。

在实战中，投资者很难看出中阴阶段与普通中枢震荡的区别。要记住，中阴是第一类买卖点到第三类买卖点形成的中枢震荡，中阴在走势上可以划分出第一类买卖点，就是有 a+b+c 或者 a+A+b 背驰出现。有新高背驰的就是中阴阶段，没有的就不是。以上涨趋势中中阴阶段为例，分析中阴阶段的操作，如图 5-11 所示。

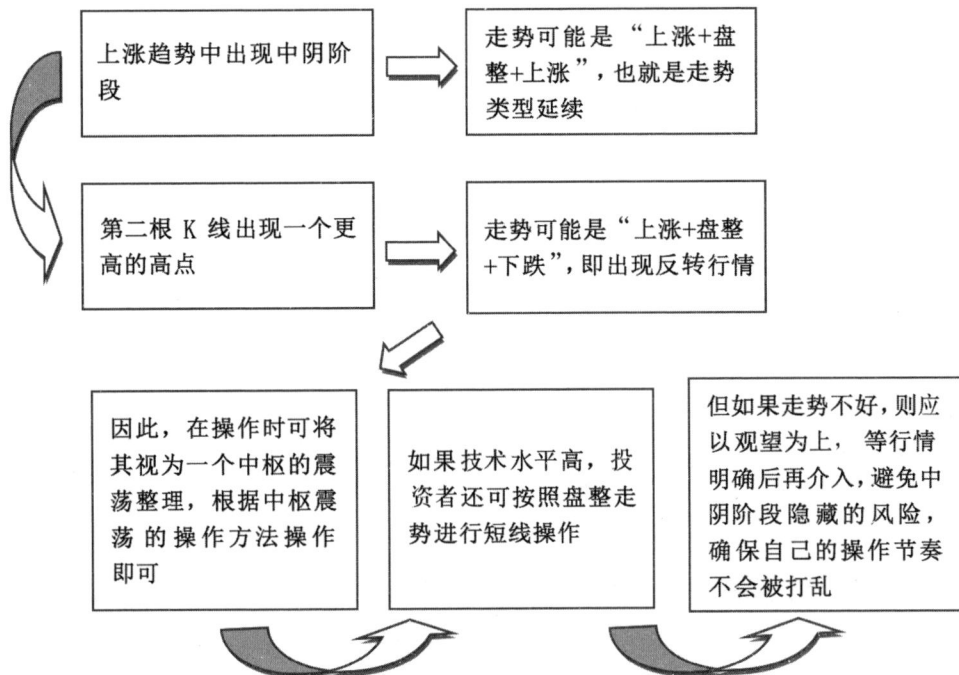

图5-11 上涨趋势中中阴阶段的操作

上涨趋势中出现中阴阶段 → 走势可能是"上涨+盘整+上涨",也就是走势类型延续

第二根 K 线出现一个更高的高点 → 走势可能是"上涨+盘整+下跌",即出现反转行情

因此,在操作时可将其视为一个中枢的震荡整理,根据中枢震荡的操作方法操作即可

如果技术水平高,投资者还可按照盘整走势进行短线操作

但如果走势不好,则应以观望为上,等行情明确后再介入,避免中阴阶段隐藏的风险,确保自己的操作节奏不会被打乱

❯❯ 形态解析

观察图 5-12,可以看出股价跌至 28.50 元后开始企稳上涨,可以确认其行情为上涨走势,也就是走势类型是成立的。但我们无法确定其后续行情是延续原上涨行情,还是出现反转转为下跌行情。这其中无法确定走势的,即为中阴阶段。

操作提示1 如图 5-12 的好莱客日 K 线图所示,股价下跌企稳后稳步上涨,可以确认其上涨趋势有效,但对于其后续走势却无法明确判断。如实线框中所示,无法明确其后续是会延续原上涨趋势,还是开启一波反转行情的这种不确定的阶段,为中阴阶段。

操作提示2 从成交量来分析,股价呈上涨趋势时对应的成交量放量显著,其间出现了多根大阳线放量。但步入中阴阶段后,成交量呈现出了明显的中阴阶段的特征。就该阶段的成交量而言，我们无法推断出其后续走势，因为成交量的放大或萎缩状态不是很明显。

图5-12 好莱客日K线图

操作提示3 BOLL指标是辅助判断中阴阶段的有效指标。通常而言，股价步入中阴阶段后，上轨与下轨会有滞后反应，即第一次回跌或者回跌后向上或向下时，上、下轨才会转向，此时上、下轨会成为阻力线或支撑线，促使第二类买卖点出现。

操作总结 通常而言，当布林通道的上轨下跌回其下方或者是下轨上涨回其上方时，表明走势由超强区域转向一般性区域；如果再次反弹或者回跌创新高或者是创新低，但无法回到原超强区域时，则意味着股价步入中阴阶段。通常此时第一类买卖点就出现了，这为投资者提供了理想的交易机会。

5.3 / 中小资金高效买入法

通常而言，股票市场上更多的是个人投资者，其资金多为中小资金，也就是有些资金，但整体数量不会太大。这些资金即使进入股市，也不会带来什么影响，不像大资金那样，甚至有可能影响个股的走势。针对中小资金，缠师提供了一种中小资金高效买入法。

任何品种、任何周期下的走势图，都可以分解成上涨、下跌、盘整3种基本情况的组合，其中上涨、下跌构成趋势。如何判断趋势与盘整，是判断走势的核心问题。一个最基本的问题就是，走势是分级别的。在30分钟时的上涨，可能在日线图上只是盘整的一段甚至是下跌中的反弹，所以抛开级别前提谈论趋势与盘整是毫无意义的，这点必须准确把握。注意，下面以及前面的讨论，如没有特别声明，都是在同级别的层面上展开的，只有把同级别的各种情况弄明白了，才能够把不同级别的走势组合在一起研究。

上涨、下跌、盘整3种基本走势，有6种组合，可能代表着3类不同的走势，如图5-13所示。

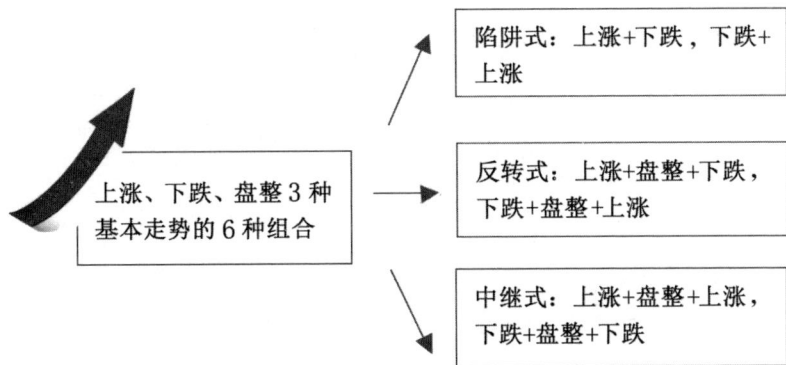

图5-13 上涨、下跌、盘整3种基本走势的6种组合

市场的走势都可以先分解为这3种基本走势，然后进行研究、分析行情，从而确定后续的操作策略。

（1）陷阱式：上涨＋下跌，下跌＋上涨，如图5-14所示。

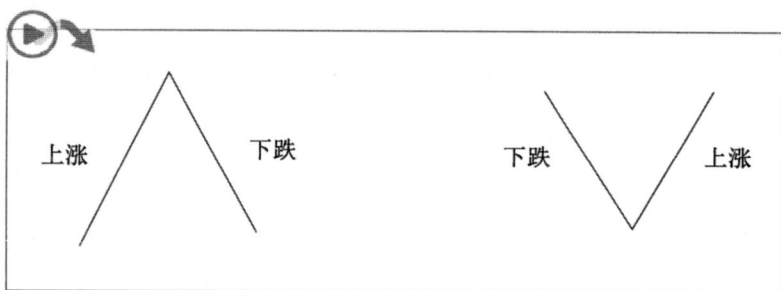

图5-14 陷阱式

（2）反转式：上涨＋盘整＋下跌，下跌＋盘整＋上涨，如图5-15所示。

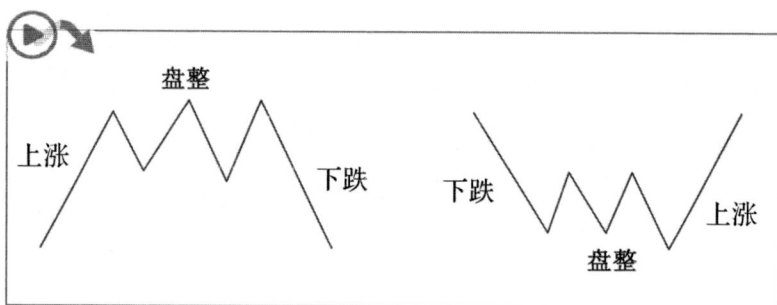

图5-15 反转式

（3）中继式：上涨＋盘整＋上涨，下跌＋盘整＋下跌，如图5-16所示。

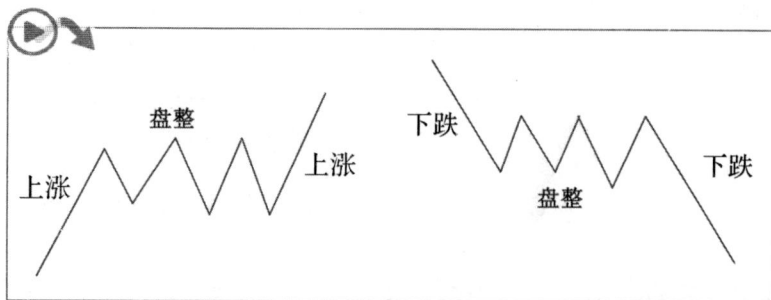

图5-16 中继式

本节将详细阐述这 6 种基本走势，为中小资金操作提供依据，从而分辨哪些是有买入价值的基本走势，哪些是无买入价值的基本走势。

5.3.1 有买入价值的基本走势

当处于多头行情时，投资者首先要考虑买点，在上面所阐述的 6 种基本走势中，有买入价值的为 "下跌 + 上涨""下跌 + 盘整 + 上涨""上涨 + 盘整 + 上涨"。

在下跌时买入虽然获利的概率很高，但也要规避两个风险，如图5-17所示。

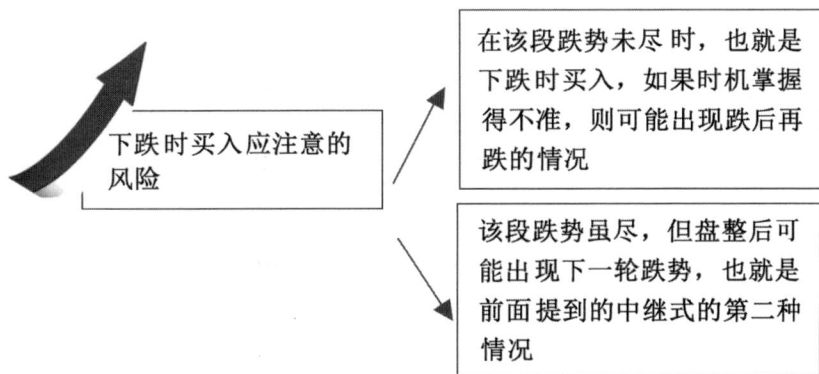

图5-17 下跌时买入应注意的风险

在下跌走势中用背驰来找第一类买点，就是要避开上面的第一个风险。而买入后，投资者将面对第二个风险，该如何避开？就是其后一旦出现盘整走势，必须先减仓退出。之所以不全部退出，是因为盘整后会出现的结果有两种——上涨、下跌。一旦出现下跌就意味着亏损，而且盘整也会耗费时间，对于中小资金来说完全没有必要。

根据上面的分析，可以设计出一种行之有效的买卖方法：在第一类买点买入后，一旦出现盘整走势，无论后面如何都马上退出。这种买卖方法的实质，就是在 6 种基本的走势中只参与唯一的一种，"下跌 + 上涨"。对于中小资金，这是最有效的一种买卖方法。

对于"下跌＋上涨"走势来说，连接下跌前面的可能走势只会有两种——上涨和盘整。

注意，不考虑并不意味着这种情况没有盈利可能，而只是这种情况可以归到盘整类型的操作中，但"下跌＋上涨"买卖方法是拒绝参与盘整的。如此一来，按该种方法可选择的走势又少了，只剩下这样一种情况，就是"盘整＋下跌＋上涨"。

但要是面对"上涨＋下跌＋上涨"的情况，投资者要如何操作呢？如图5-18所示。

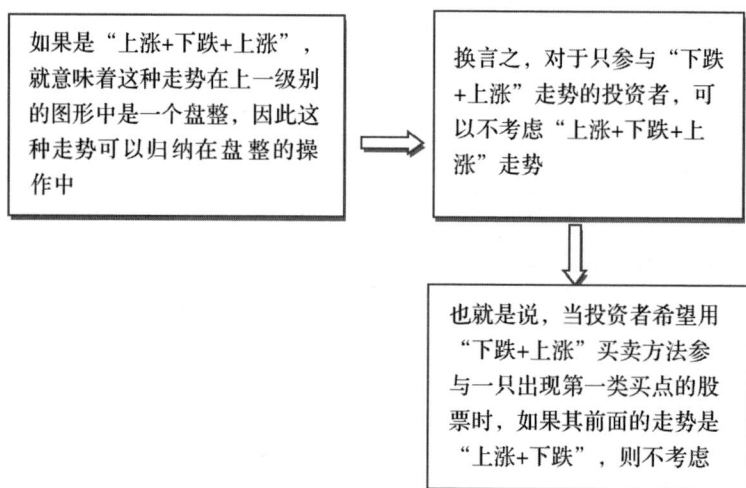

如果是"上涨+下跌+上涨"，就意味着这种走势在上一级别的图形中是一个盘整，因此这种走势可以归纳在盘整的操作中

换言之，对于只参与"下跌+上涨"走势的投资者，可以不考虑"上涨+下跌+上涨"走势

也就是说，当投资者希望用"下跌+上涨"买卖方法参与一只出现第一类买点的股票时，如果其前面的走势是"上涨+下跌"，则不考虑

图5-18 "下跌+上涨"前连接的走势详解

从上面的分析可以很清楚地看到，对于"下跌＋上涨"买卖方法来说，必须是这样一种情况：一个前面是"盘整＋下跌"型的走势后出现第一类买点。显然，这个下跌是跌破前面的盘整的，否则就不会构成"盘整＋下跌"型，只会仍是盘整。那么，在该盘整前的走势也只有两种：上涨、下跌。"上涨＋盘整＋下跌"走势，实质上也构成高一级别的盘整，因此"下跌＋上涨"买卖方法也不能参与这种情况，也就只剩下这样一种情况，"下跌＋盘整＋下跌"。

综上所述，对于"下跌＋上涨"买卖方法来说，对股票的选择就只有一种情况，就是出现第一类买点且之前走势是"下跌＋盘整＋下跌"类型。

因此，这里就得到了用"下跌＋上涨"买卖方法选择买入品种的标准程序，如图 5-19 所示。

出现盘整走势之所以要退出，是因为它不符合"下跌＋上涨"买卖不参与盘整的标准。盘整的坏处是浪费时间，而且盘整后存在一半的可能是下跌，对于中小资金来说，根本没有必要参与。一定要记住，操作一定要按标准来，这样才是最有效率的。如果买入后不出现盘整，则股票至少会回升到"下跌＋盘整＋下跌"的区域，如果在日线或周线上出现这种走势，则发展成为大黑马的可能是相当大的。

① 首先只选择出现"下跌＋盘整＋下跌"走势的股票

② 在该走势的第二段下跌出现第一类买点时参与

③ 参与后，一旦出现盘整走势就坚决退出

图5-19 用"下跌＋上涨"买卖方法选择买入品种的标准程序

在图 5-20 的好莱客日 K 线图中，该股票为"下跌＋上涨"走势，是有买入价值的基本走势。从图中可以看到，最理想的买点出现在 A 处，最佳买点价格为 28.50 元。而卖点可能出现在 N 处。

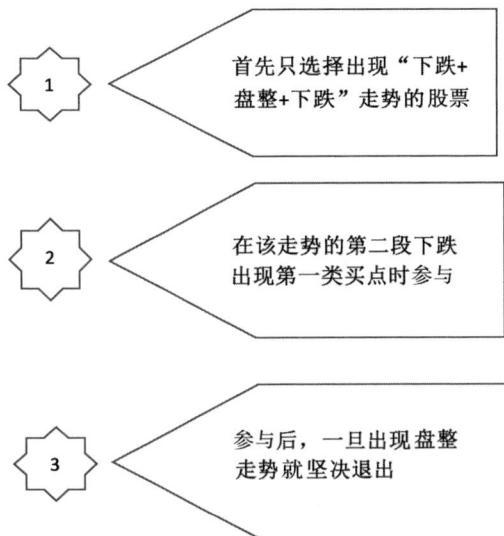

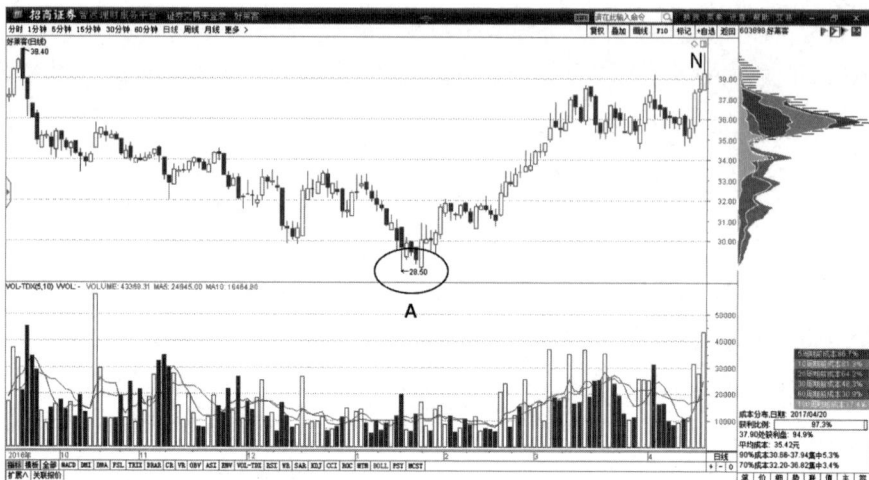

图5-20　好莱客日K线图

在图5-21的艾华集团日K线图中，该股票为"下跌＋盘整＋上涨"走势，是有买入价值的基本走势。从图5-21中可以看到，最理想的买点出现盘整走势阶段，最佳买点价格为31.33元。而卖点无疑出现在后续上涨走势中，其高点就是减仓点，而且该处成交量脉冲放量，如M点所示。大阳线脉冲放量是很难持续的，因而此处为较为理想的卖点。

图5-21　艾华集团日K线图

在图 5-22 的莱克电气日 K 线图中,该股票为"上涨 + 盘整 + 上涨"走势,是有买入价值的基本走势。该段走势中,最理想的买点无疑出现在走势的初始阶段,最佳买入价格为 36.49 元;最佳卖点则出现在走势的尾端,最佳卖出价格为 57.28 元。而中间的盘整状态只是主力整理的结果,在整理过后仍会延续原上涨趋势,也就是说盘整不会影响股价整体的运行趋势。

图5-22 莱克电气日K线图

5.3.2 无买入价值的基本走势

没有买入价值的基本走势有"上涨 + 下跌""上涨 + 盘整 + 下跌""下跌 + 盘整 + 下跌"。由此不难发现,如果在一个下跌走势中买入,其后只会遇到一种没有买入价值的走势,就是"下跌 + 盘整 + 下跌",这比在上涨时买入要少一种情况。

掌握了这 3 种无买入价值的基本走势,在实战中投资者就可以有效地避免错误买入,这对投资者分析行情、提高盈利空间和盈利水平帮助极大。

在图 5-23 的依顿电子日 K 线图中,该股票为"上涨 + 下跌"走势,是无买入价值的基本走势。卖点无疑出现在行情转折点处,最理想的卖点价格为

36.95元。从成交量可以看出，当股价走势由上涨转为下跌时，成交量也急速
萎缩，促使股价不断创新低。

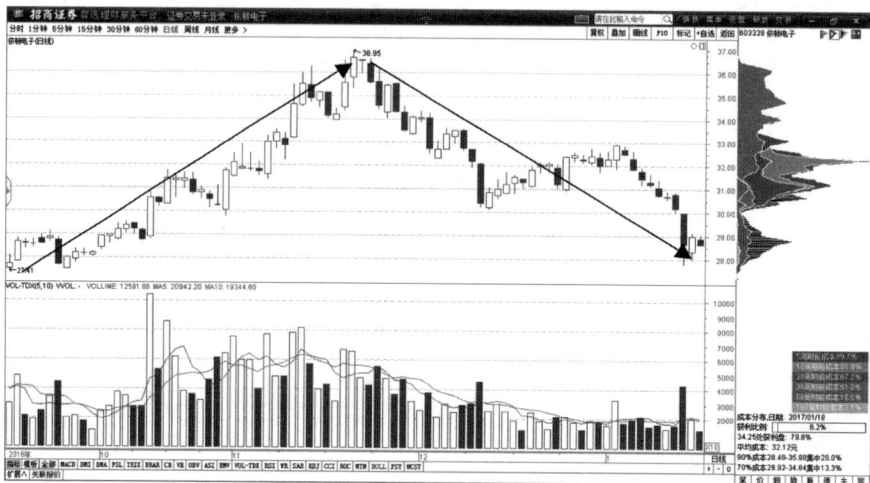

图5-23 依顿电子日K线图

在图 5-24 的杭叉集团日 K 线图中，该股票为"上涨＋盘整＋下跌"走
势，是无买入价值的基本走势。从图中可以看到，较为理想的卖点出现在盘整
阶段，该期间股价双向波动的高点即为理想的卖点。从 M 点处也可以看出，
当价格处于低位时，筹码量较大。

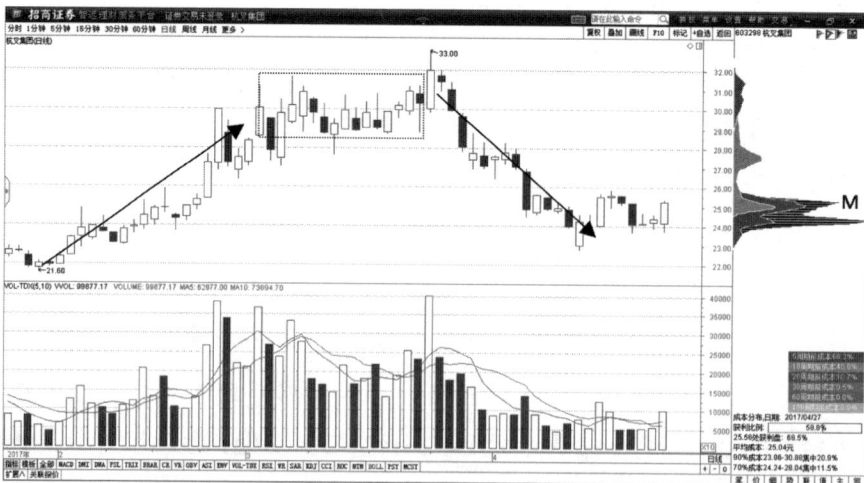

图5-24 杭叉集团日K线图

在图 5-25 的网达软件日 K 线图中,该股票为"下跌 + 盘整 + 下跌"走势,
是无买入价值的基本走势。该段走势中，最理想的卖点无疑出现在走势的初始
阶段，最佳卖出价格为 48.32 元。中间则为盘整状态，股价双向波动较为频繁，
但差额较小，短线操作价值不高。从成交量可以看出，盘整阶段成交量较为稳
定，其后出现的反弹也是因为脉冲放量引起的，但量能无法持续，因而股价下
跌趋势无法改变。

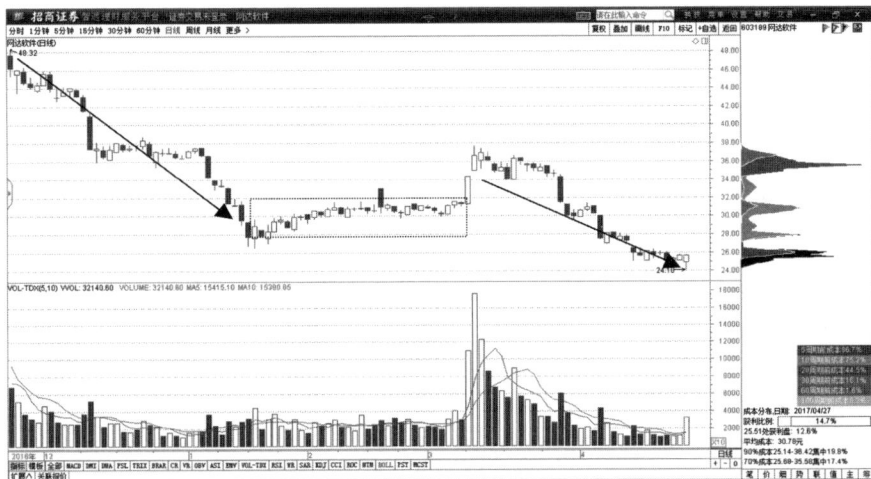

图5-25 网达软件日K线图

5.4 / 轮动操作法

所谓轮动，是指板块强弱指标的不断此消彼长，从而反映了市场的变动。
股票强弱指标，是指将当前股票的价格在均线系统中进行分类归置，其出现位
置就反映了股票的强弱。而板块强弱指标则指该板块中股票的平均强弱。

影响板块轮动的因素很多，如图 5-26 所示。

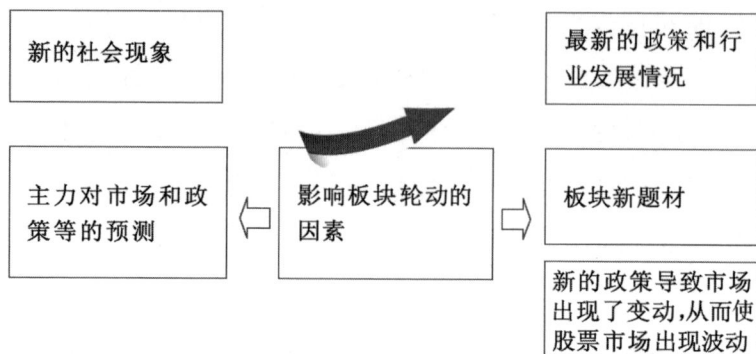

图5-26 影响板块轮动的因素

这里以反弹为例子来说明轮动操作法，如图 5-27 所示。

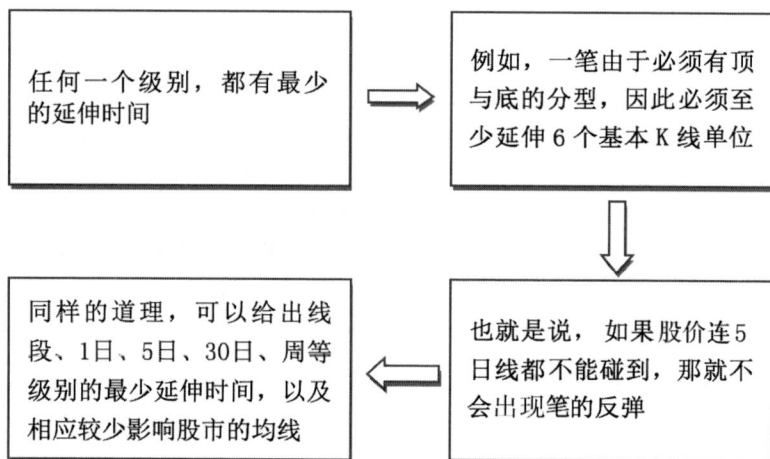

图5-27 反弹的轮动操作法

由此可见，走势级别与均线虽然没有必然的关系，但还是有一个大致的对应区间。根据经验，一个趋势中 *n* 个中枢对应的压制均线大致都是相同的，例如，第一中枢被 89 日均线压制了，那后面同样趋势中出现的后继中枢，很有可能就会被同样的均线压制。如果有一个反弹只能达到 34 日均线，那后面的中枢，能同样被压制前面中枢的均线所压制的可能性很小。

除了最简单的笔，任何走势都是大级别套小级别的，因此单纯一条均线的意义不大，均线系统才有较大的意义。

这里需要注意，一定要根据实际的走势来设置均线系统，也就是设置的均线系统一定要和实际已有的走势相吻合。

用均线系统可以判别走势的强弱与先后，但一定要与走势相结合进行判断。

同样，用均线系统还可以用完全分类的方法对股票进行分类，也就是用当前的股票价格在均线系统中进行分类。

分类的原则是本次反弹目前为止未曾攻克的最小周期均线。因此，8 条均线就可以分成 9 类，最差的一类均线完全在所有均线之下。注意，最厉害的一类均线不一定完全在所有均线之上。

此外，由于每类股票一旦在 n 类调整，要到 $n+1$ 类，至少有很长一段时间的震荡，这就给了一个轮动的最好选择。一旦一个趋势级别的走势在 n 类上出现顶背驰，投资者就可以先把股票卖出，空出的时间去寻找别的已经调整、可以再启动的股票或者补涨的股票。

还有一种更重要的方法就是根据板块来选股。要判别某一板块的强弱很简单，就是把类别数平均一下，越大则越强。而这个平均类别数，可以称为板块强弱指标。

最强的板块属于领涨板块，该板块的动态十分关键。此外，把所有板块的板块强弱指标列在一个图上，其轮动的次序与节奏就一目了然，同时配合具体股票的走势进行分析，轮动操作就极为简单了。

5.5 / 短线反弹与回调

观察价格运行趋势，有时我们会发现一些走势较为明显，比如单边回落或者单边下跌走势。

在短线操作中，尤其是采用 T+0 交易法时，更要明确反弹或者回调行情的有效，如此才能不至于买在高位。在判断上，投资者可借助技术指标的帮助，如 MACD、RSI、ROC 指标等。

图 5-28 列举了小级别中价格运行趋势的操作方法。

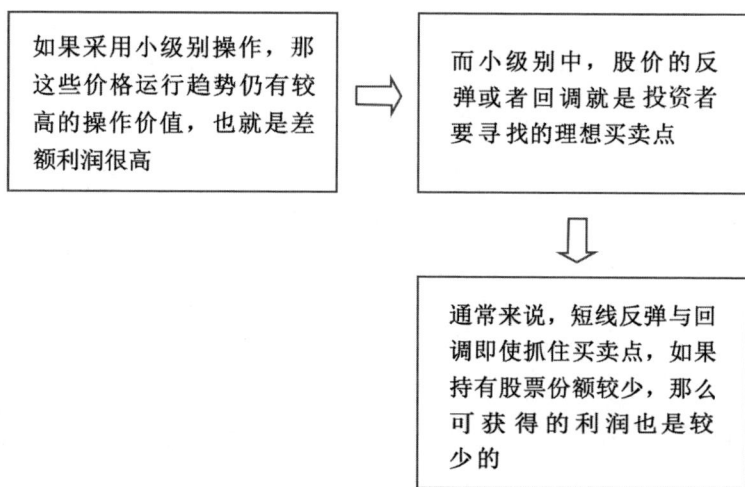

如果采用小级别操作，那这些价格运行趋势仍有较高的操作价值，也就是差额利润很高 ⇒ 而小级别中，股价的反弹或者回调就是投资者要寻找的理想买卖点

⇓

通常来说，短线反弹与回调即使抓住买卖点，如果持有股票份额较少，那么可获得的利润也是较少的

图5-28 小级别中价格运行趋势的操作方法

反弹与回调中也要注意 K 线图的级别，如图 5-29 所示。

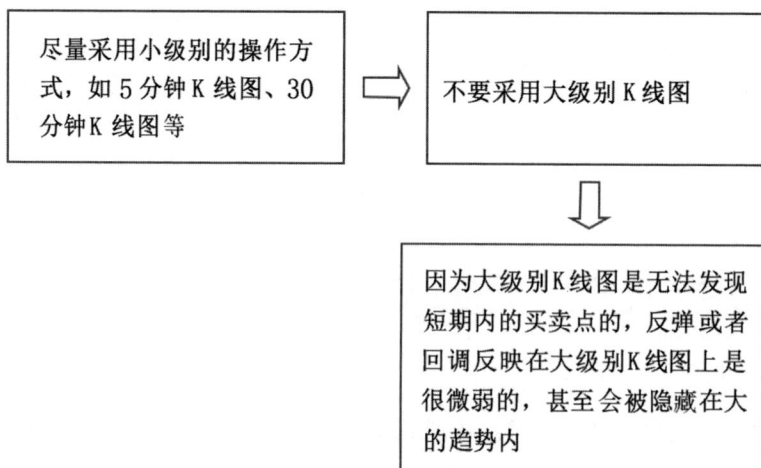

尽量采用小级别的操作方式，如 5 分钟 K 线图、30 分钟 K 线图等 ⇒ 不要采用大级别 K 线图

⇓

因为大级别 K 线图是无法发现短期内的买卖点的，反弹或者回调反映在大级别 K 线图上是很微弱的，甚至会被隐藏在大的趋势内

图5-29 小级别与大级别的操作方式

如果能提前预测短线反弹的有效性，则可在低位买入，在反弹至高点时卖出；如果能预测短线回调的有效性，则可高位时卖出，在回落至低点时买入。善用短线反弹与回调，投资者也可以在短线行情中获得可观的收益。

5.5.1 短线反弹实战

例如，一个最实际的问题，股价至少有一个 30 分钟级别的反弹，那么如果按照理论，具体的操作应该怎么安排？如图 5-30 所示。

图中是构成操作绝对性的坚实的基础。显然，没有任何绝对性可以保障"上涨 + 下跌 + 上涨"趋势中，最后一个上涨中一定有比第一个上涨中更高的高点，特别是那种所谓奔走型（即 3 段走势中，第一段走势由低点向上达到高点，第二段走势向下到第一段走势的低点以下，然后第三段走势向上到第一段走势的低点位置）的反弹，后一段向上走势的高点可能只刚好触及前一段向上走势的低点。因此，如果投资者一定要等"上涨 + 下跌 + 上涨"走势都完成后才抛出，那很可

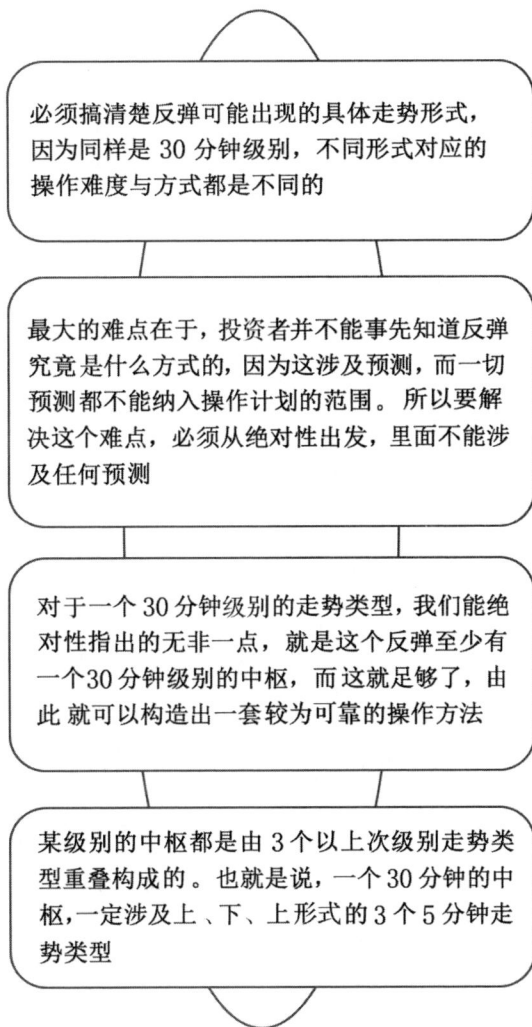

必须搞清楚反弹可能出现的具体走势形式，因为同样是 30 分钟级别，不同形式对应的操作难度与方式都是不同的

最大的难点在于，投资者并不能事先知道反弹究竟是什么方式的，因为这涉及预测，而一切预测都不能纳入操作计划的范围。所以要解决这个难点，必须从绝对性出发，里面不能涉及任何预测

对于一个 30 分钟级别的走势类型，我们能绝对性指出的无非一点，就是这个反弹至少有一个30分钟级别的中枢，而这就足够了，由此 就可以构造出一套较为可靠的操作方法

某级别的中枢都是由 3 个以上次级别走势类型重叠构成的。也就是说，一个 30 分钟的中枢，一定涉及上、下、上形式的 3 个 5 分钟走势类型

图5-30 30分钟级别反弹的操作

163

能面对这样的尴尬，就是在第一个上涨走势的最低点买入，在"上涨＋下跌＋上涨"走势过后，只有一个可能连手续费都不够的稍纵即逝的卖点。因此，这种操作注定只有相对理论上的绝对安全性，而没有具体操作上的绝对安全性。要解决这个问题，只能从第一段上涨走势就开始分解操作，也就是没必要等待第二段上涨的走势了，既然每次上涨走势之后都必然有一个同级别的下跌走势，而这下跌走势的幅度又是不可能绝对控制的，那还不如就把操作分段，通过分段提供一定的安全性。

因此，具体的反弹操作一定是按照同次级别分解的方式进行的。也就是说，30分钟级别的反弹，是按5分钟的节奏去处理的，即放大反弹，将反弹分解到每一个上涨、每一个下跌的具体走势去分析。

首先，要注意反弹短线操作的处理过程，如图5-31所示。

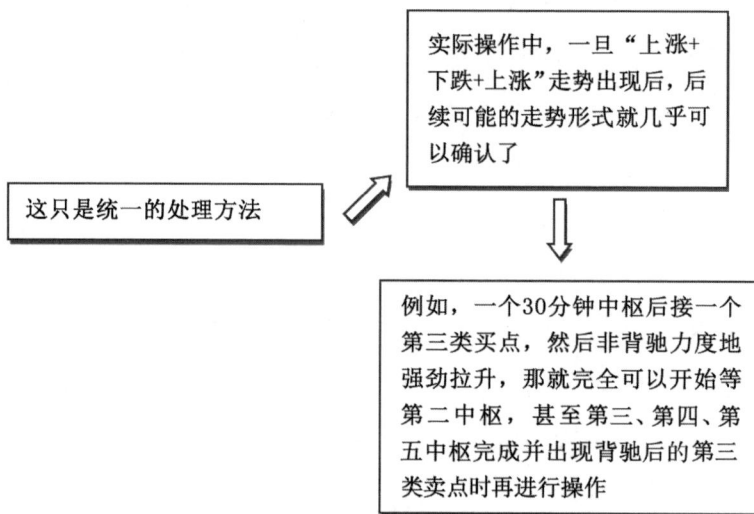

实际操作中，一旦"上涨+下跌+上涨"走势出现后，后续可能的走势形式就几乎可以确认了

这只是统一的处理方法

例如，一个30分钟中枢后接一个第三类买点，然后非背驰力度地强劲拉升，那就完全可以开始等第二中枢，甚至第三、第四、第五中枢完成并出现背驰后的第三类卖点时再进行操作

图5-31　反弹短线的具体操作方式1

其次，更要注意还有一种反弹短线的操作方式，如图5-32所示。

最高的是保持部分仓位，用
余下仓位进行换股轮动操作

这种绝对性的具体操作还
不是平均效率最高的

对于资金少的投资者，更可以
用全部仓位进行操作，不过此操
作技术要求更高，就不再多说了

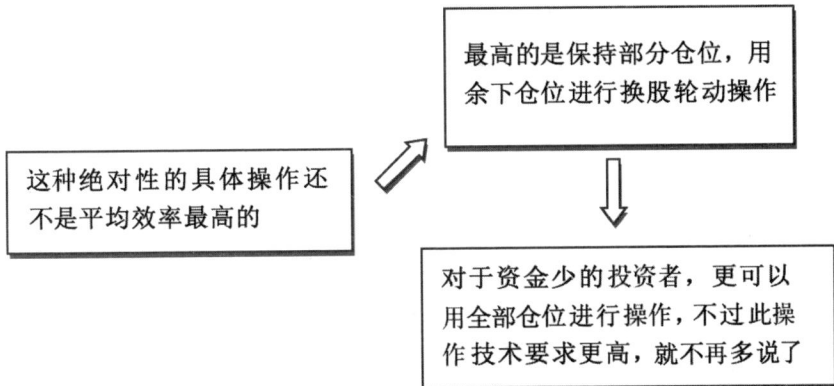

图5-32 反弹短线的具体操作方式2

最后要注意反弹的力度，如图 5-33 所示。

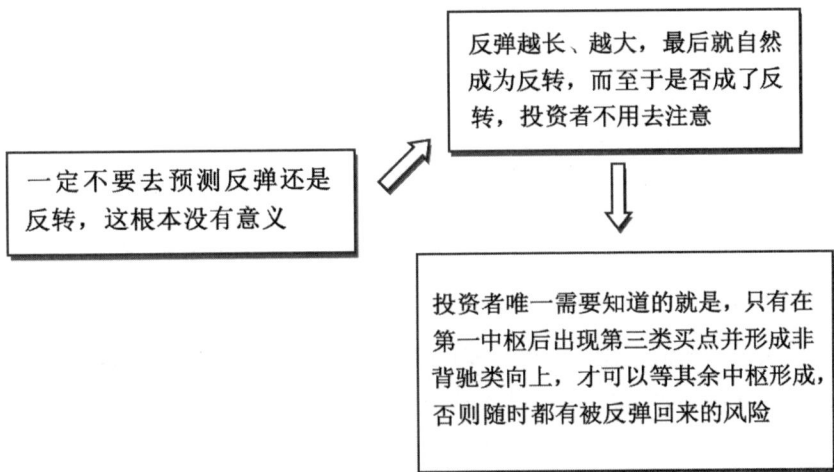

反弹越长、越大，最后就自然
成为反转，而至于是否成了反
转，投资者不用去注意

一定不要去预测反弹还是
反转，这根本没有意义

投资者唯一需要知道的就是，只有在
第一中枢后出现第三类买点并形成非
背驰类向上，才可以等其余中枢形成，
否则随时都有被反弹回来的风险

图5-33 反弹短线的具体操作方式3

这里其实也给出了上升趋势形成的最精确定义，就是在第一中枢后出现第
三类买点并形成非背驰类向上。趋势形成后，只要趋势没有扭转的信号，投资
者就不用过度关注走势。

操作提示 1 如图 5-34 的美丽生态 5 分钟 K 线图所示，左侧股价呈单边
下跌走势，跌幅很大，很快促成了价格低点的出现，6.03 元为理想的买点。随

后股价企稳上涨，多根 K 线呈上涨形态，股价呈单边上涨走势，最高点价位
为 6.29 元。也就是如果投资者抓住买卖点机会，每股可盈利 0.26 元，持有
1 000 股则可盈利 260 元。

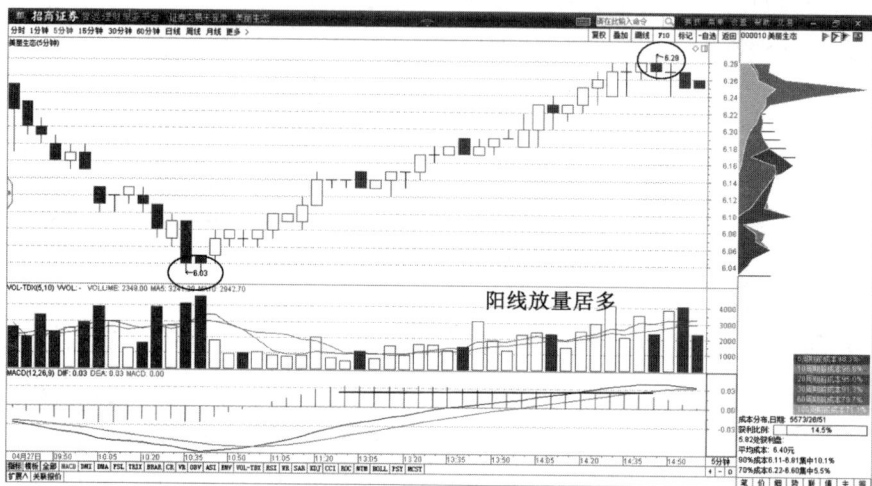

图5-34　美丽生态5分钟K线图

操作提示 2　从成交量来分析，股价创新低时阴线放量，而在股价单边上
涨走势中，可以看到阳线放量居多，表明上涨能量充足，因此股价不断创新高。

操作提示 3　MACD 指标是我们较为熟悉和运用较多的技术指标，在股价
单边上涨不断创新高时，MACD 指标图中红色柱子的面积却几乎没什么变化，
与价格走势形成背离形态。因此，此时可推测股价上涨已到尾端，投资者可高
位卖出。

操作总结　短线反弹实战中，最重要的是要找到合理的操作级别。短线反
弹不可能采用大的操作级别，比如日线、周线类的，应尽量采用 5 分钟
线、30 分钟线、60 分钟线等小级别操作。唯有在小级别中，短线操作才
具有意义，所提供的买卖点才是有效的，而在大级别上，则无法短线操作。
在判断短线反弹时，要将其他技术指标作为辅助，确保能够准确地分析
行情。

5.5.2　短线回调实战

　　与短线反弹一样，短线回落也是短线操作中极具价值的一种操作模式。这种操作可抓住短线主力操作的关键问题，即拉升股价的过程中必须要满足换手率这一个要求，由此来捕捉强势个股短线参与的时机。这种方法极为有效，是短线操作技巧中最广为使用的技巧，也是短线投资者理应掌握的技能。

　　强势缩量回调买入法适用于短线操作，以短期内股价买入与卖出为前提，此时应选择较为强势的个股为操作目标。如果投资者不小心错过了第一波最佳买入的机会，则可密切关注该股价的运行趋势，其在后续走势中不可能一直呈上涨走势，总有出现回调的时候，一旦缩量企稳，此时投资者可抓住机会，用较低的价位吸收更多筹码，以便在后一波行情中获利。

　　列举股市中短线回调的出现过程，如图5-35所示。

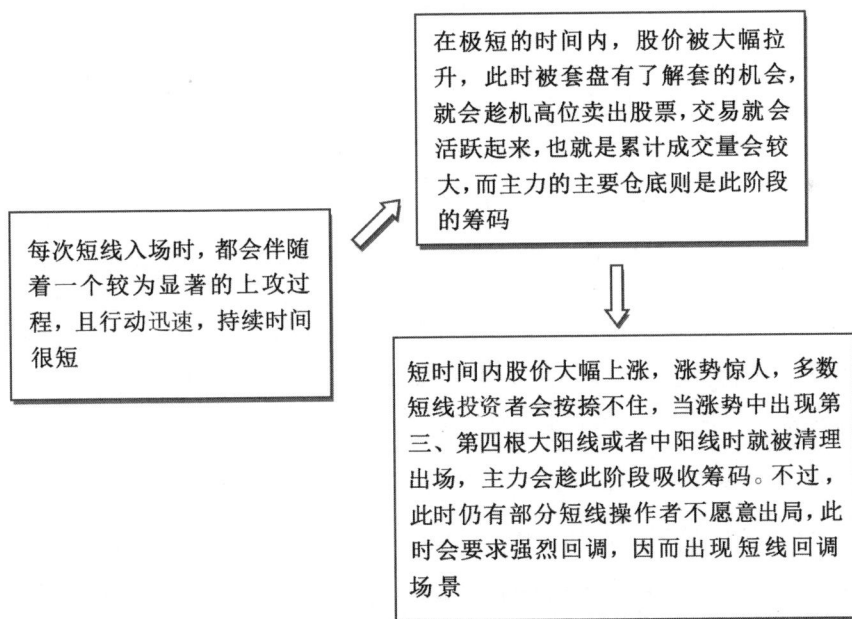

每次短线入场时，都会伴随着一个较为显著的上攻过程，且行动迅速，持续时间很短

在极短的时间内，股价被大幅拉升，此时被套盘有了解套的机会，就会趁机高位卖出股票，交易就会活跃起来，也就是累计成交量会较大，而主力的主要仓底则是此阶段的筹码

短时间内股价大幅上涨，涨势惊人，多数短线投资者会按捺不住，当涨势中出现第三、第四根大阳线或者中阳线时就被清理出场，主力会趁此阶段吸收筹码。不过，此时仍有部分短线操作者不愿意出局，此时会要求强烈回调，因而出现短线回调场景

图5-35　回调场景出现过程

此时回调的目标通常可从整体上划分为3种。

第一种：加大整理获利盘的力度，避免获利盘筹码过多，在整体筹码中占比较高，从而影响到后期的拉升，毕竟获利盘越多，后续拉升越不容易。

第二种：制造机会，让场外观望资金入场，增加市场的活跃程度以便能够缓解后市上升压力，如图5-36所示。

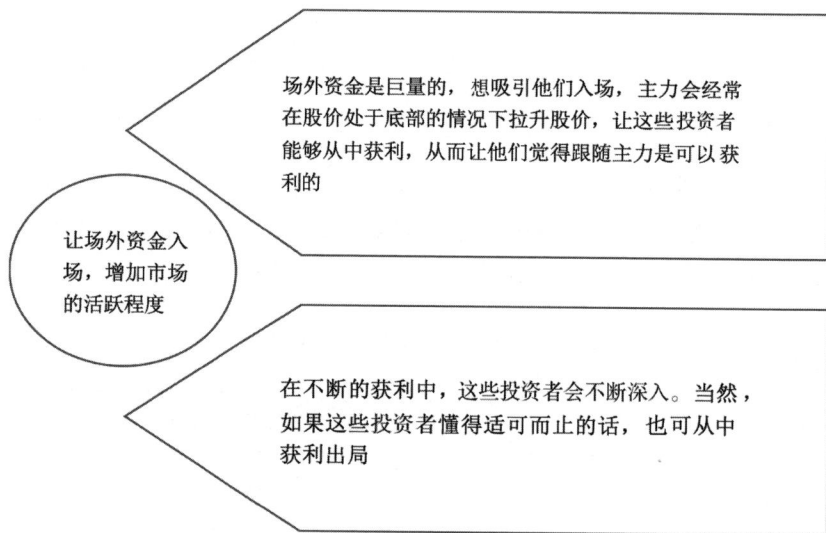

让场外资金入场，增加市场的活跃程度

场外资金是巨量的，想吸引他们入场，主力会经常在股价处于底部的情况下拉升股价，让这些投资者能够从中获利，从而让他们觉得跟随主力是可以获利的

在不断的获利中，这些投资者会不断深入。当然，如果这些投资者懂得适可而止的话，也可从中获利出局

图5-36 场外资金入场可增加市场的活跃程度

第三种：充分利用市场行情，包括利用盘中或者是某个极为有利的市场消息，从而大幅降低操作力度并趁机测试市场的自由抛盘，了解在场投资者的情况和市场对其的关注程度，了解这些情况后，就可有针对性地进行后市的操作。

操作提示1 如图5-37的 *ST新梅30分钟K线图所示，股价呈单边上涨走势，出现了多根K线上涨形态，股价不断创新高，涨幅喜人，很快促成了价格高点的出现。8.15元为理想的卖点。从该图可以看出，该股在上涨过程中出现了短线回调，如图中A处所示，短线回调为我们提供了理想的参与机会。

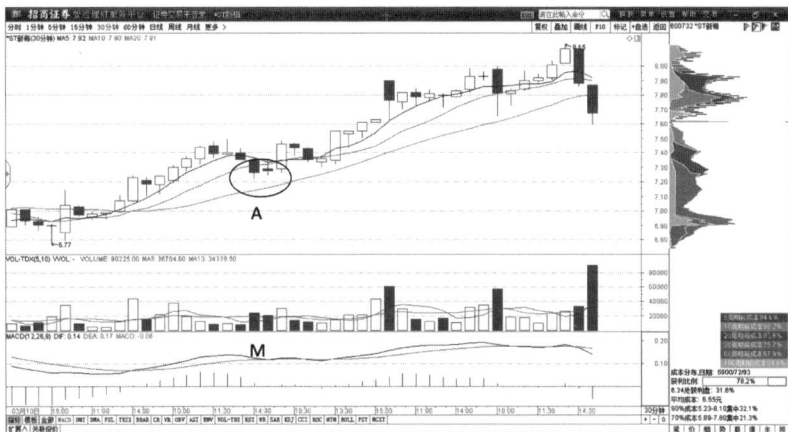

图5-37 *ST新梅30分钟K线图

操作提示2 从成交量来分析，前段股价在上涨时阳线放量居多，随后出现了连续3次阴线放量，如M处所示，对应的股票图中也出现了短线回调走势。之后的成交量以阳线放量居多，验证了股价单边上涨走势，价格不断创新高也就在情理之中了。

操作提示3 投资者最熟悉的指标中一定有MACD指标，该指标简单好用，在图形中一目了然，可快速为操作提供辅助依据。如图5-37所示，当MACD双曲线DEA与DIF出现在0轴上方时，DIF曲线自上而下跌破DEA曲线，表明此时仅为一次短暂的回落走势，并不能确定为趋势转折。确认为短线回落后，投资者就可在低位买入，待股价反弹后卖出，以获取差额利润。

操作总结 短线回调实战中，与短线反弹一样，找到合理的操作级别非常重要，如果采用大级别操作则无法发现短期内的股价波动，因而会与买卖点擦肩而过。短线回调可通过成交量状况及技术指标的形态来确认，各种技术指标都可作为辅助依据。当然也要明确上涨行情的有效，如果上涨能量不足，则可能会出现趋势转折，此时就不存在短线回调。学会分析短线行情是极为必要的，尤其是当投资者不希望放过短期内的盈利机会，而希望通过短线操作（如T+0波段）获利时。

第6章
实战交易理念与策略

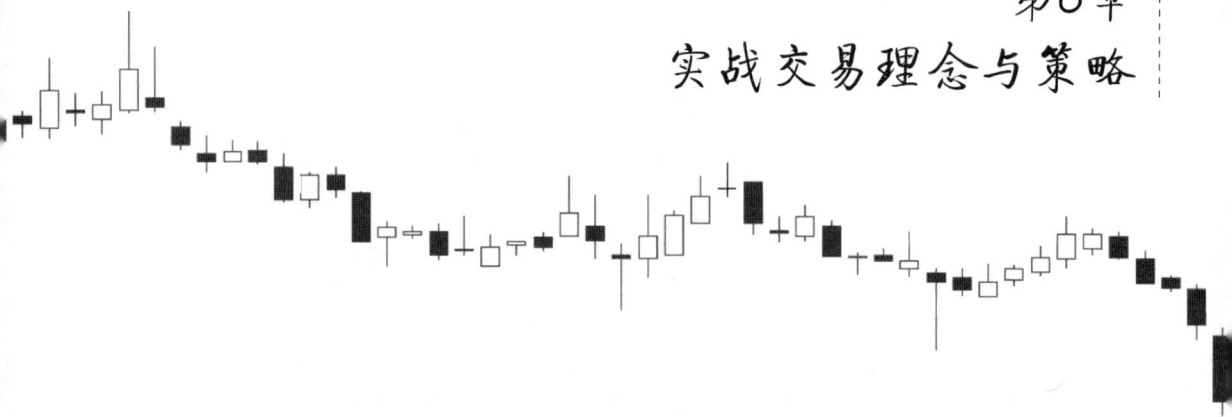

本/章/导/读

　　学习缠论，如果只学习技术，比如背驰、级别、买卖点等，而忽略了其本质所在，也就是交易理念和策略等缠论思想，则无法习得缠论的精髓。打个比方，如果学习武术过于重视对招式的学习，而忽略了对内功的学习，那么再华丽的招式只要缺乏内功的基础，也无法充分发挥其威力。

　　缠论也是如此，学习缠论应首先学习其思想精髓，而后配合技术的使用，如此才能充分发挥缠论的威力。若是只学到了缠论的技术，而忽视了更为重要的思想精髓，那么投资者就可能会出现损失。

6.1 / 平衡理论

我们知道，缠论的交易方法可以划分为 4 大类：大盘跟踪、精选个股、操作级别、买卖节奏。而这正是缠论交易理念的体现，如图 6-1 所示。

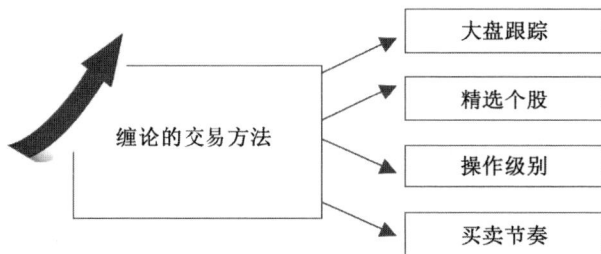

图6-1 缠论的交易方法

交易应遵循的顺序如图 6-2 所示。

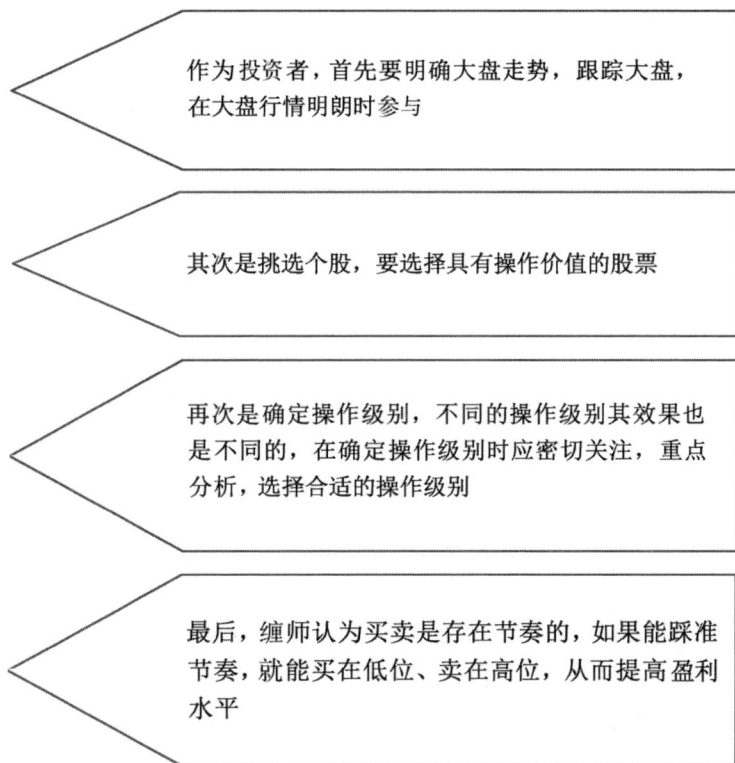

作为投资者，首先要明确大盘走势，跟踪大盘，在大盘行情明朗时参与

其次是挑选个股，要选择具有操作价值的股票

再次是确定操作级别，不同的操作级别其效果也是不同的，在确定操作级别时应密切关注，重点分析，选择合适的操作级别

最后，缠师认为买卖是存在节奏的，如果能踩准节奏，就能买在低位、卖在高位，从而提高盈利水平

图6-2 交易的顺序

交易方法的背后正是缠论理念。缠论不仅是门股票操作技术，更是一种深邃的哲学思想。

而其中的平衡理论、自相似理论、混沌理论都是其交易理念中的重要组成部分，也是投资者应当学习和掌握的。

先来看看缠论中的平衡理论。

缠论中没有重点讲解平衡理论，但是缠论中的很多技术分析却显示出了平衡理论的特点，所以这里介绍一下缠论中的平衡理论。

缠论立足于结构，而其着眼点却在于平衡。平衡理论在缠论技术分析中的适用范围较为宽广，如图 6-3 所示。

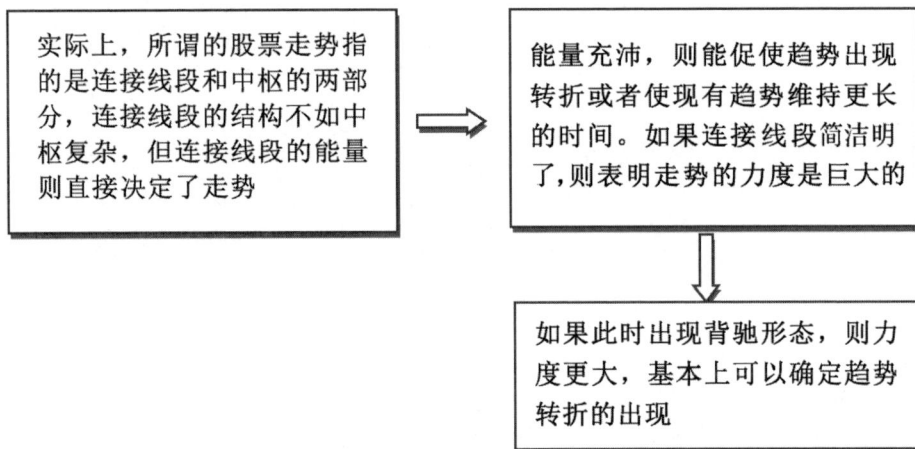

实际上，所谓的股票走势指的是连接线段和中枢的两部分，连接线段的结构不如中枢复杂，但连接线段的能量则直接决定了走势

能量充沛，则能促使趋势出现转折或者使现有趋势维持更长的时间。如果连接线段简洁明了，则表明走势的力度是巨大的

如果此时出现背驰形态，则力度更大，基本上可以确定趋势转折的出现

图6-3 连接线段的能量

通常而言，中枢级别越大，则走势越弱。

综上所述，平衡理论的构建是以平衡法则为根基的，结构技术则为其导向，因此而形成的具有价值的技术分析体系和操作决策体系，是一种全新的技术分析方法。该理论与成交量和各种技术指标分析等无关，甚至分析买卖点时也无须考量成交量与指标，它们之间的关系是相对独立的。

如图 6-4 所示，平衡理论将传统技术分析理论简单化，由传统的复杂、烦琐转变为现在的简单、一目了然，同时也无须预测股票市场，只要根据市场的实际情况做到顺势而为就可以了。因此，该理论既能避免投资者主观判断可能带来的判断失误，也能改善传统技术分析的一些缺陷，将其运用在实战中，通常能获得更为理想的效果。

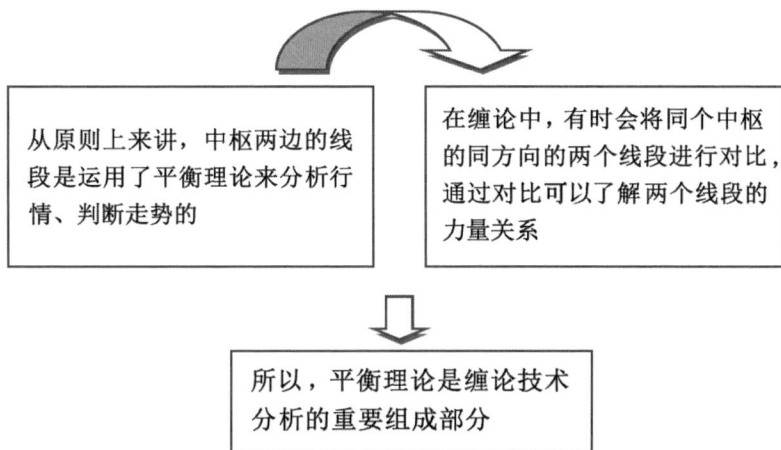

从原则上来讲，中枢两边的线段是运用了平衡理论来分析行情、判断走势的

在缠论中，有时会将同个中枢的同方向的两个线段进行对比，通过对比可以了解两个线段的力量关系

所以，平衡理论是缠论技术分析的重要组成部分

图6-4　利用平衡理论分析线段

世间唯一的不变就是变，万事万物总是处于变化中，绝对静止的物体是不存在的。而变化中的物体总是处于平衡或者不平衡中，如果平衡被打破，就会陷入不平衡，而时间一久，不平衡就会衍变为新的平衡，也就是不存在永恒的平衡。在某个时间段内，物体能保持原有的特性则可视为平衡；反之，则为不平衡。

这样解读的话，市场就如同现实中的四季一样，也是循环往复的。

如同世间万物都处于变化中一样，市场也是时刻处于变化中的，该变化构成了市场运行的内容。变化会构成趋势，而每种趋势都会延续一段时间，而趋势的延续其实就与平衡理论吻合，即一种动态的平衡。不过该平衡并非永恒的，当受到外界环境变化或者市场的反作用力影响时，原市场行情就会被打断，平衡就被破坏。当然，新的平衡会很快出现。

图6-5列举了缠师关于市场循环的3个观点。

盘整状态意味着涨跌各占一半

下跌趋势意味着跌多涨少

缠师关于市场循环的观点

市场趋势的类型与自然界的规律是相同的，上涨趋势意味着涨多跌少

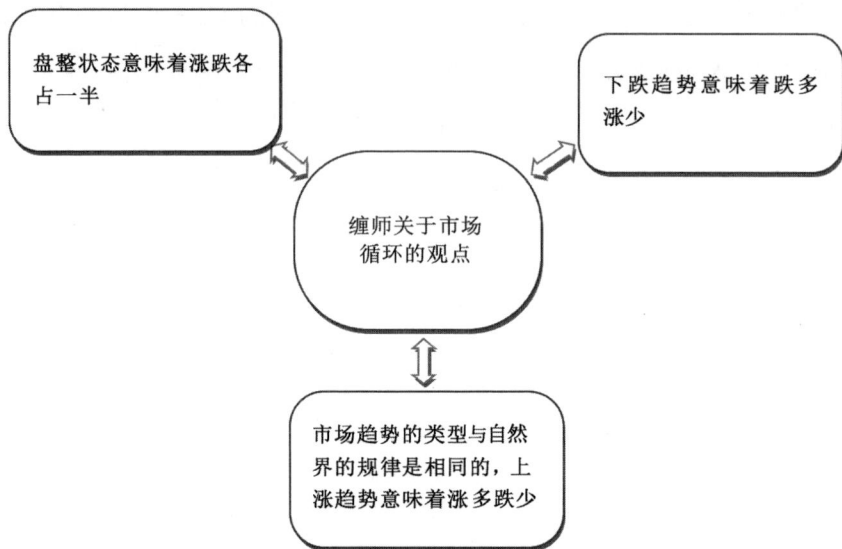

图6-5 缠师关于市场循环的观点

因此，不难发现市场的真实状态就是在不断循环的过程中运行，如图 6-6 所示。

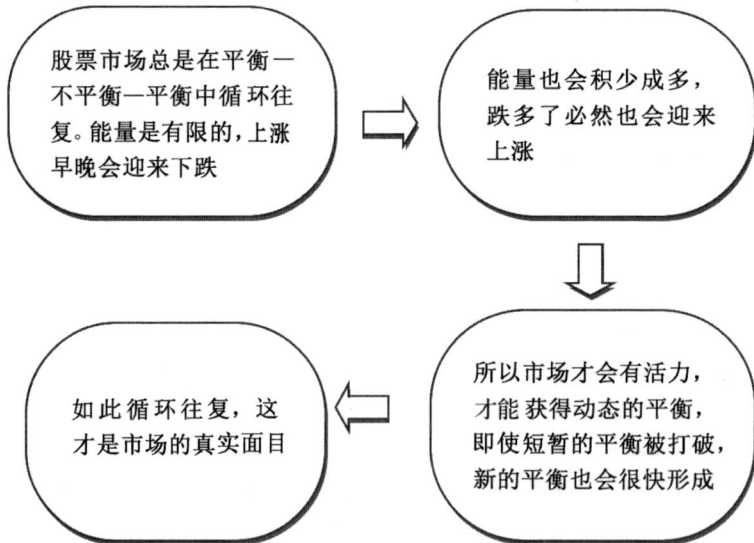

股票市场总是在平衡一不平衡—平衡中循环往复。能量是有限的，上涨早晚会迎来下跌

能量也会积少成多，跌多了必然也会迎来上涨

如此循环往复，这才是市场的真实面目

所以市场才会有活力，才能获得动态的平衡，即使短暂的平衡被打破，新的平衡也会很快形成

图6-6 股票市场中的循环往复

我们知道，市场的运行是有节奏的，而根据趋势运行，可将其分为均衡趋势运行、非均衡趋势运行。均衡趋势运行指在同一个趋势（如上涨、下跌或盘整）内，在同样时间内的涨跌幅度是相同的，至少是相似的。

而非均衡趋势运行则是指在同一个趋势方向上，在同样时间内的涨跌幅度是不一样的。不过不管价格怎样变化，创新低或者是创新高，趋势都会保持在一个相对稳定的平衡状态。如果各种因素影响到平衡的转折点，市场就会发生转折，平衡就会被打破。而转折点是判断多空行情、股价顶部和底部的重要标准，将会对未来的市场运行趋势产生很大的影响。

新的平衡状态形成后，就会出现新的转折点，这一点在实战中要注意，投资者要密切注意新平衡状态的转折点的出现，分析其对股价的支撑与阻力作用，这样才能真正运用好平衡理论。

6.2 / 自相似性理论

缠论中关于自相似性的论述很多。

"分型、走势类型的本质就是自相似性，同样，走势终完美的本质也就是自相似性。分型，在1分钟级别是这样的结构，在年线上也是这样的结构，在不同的级别上，级别虽然不同，但结构是一样的，这就是自相似性。同样，走势类型也一样。

"正因为走势具有自相似性，所以走势才是可以理解的，也是可以把握的；如果没有自相似性，那么走势必然不可理解，也无法把握。要把握走势，本质上就是把握其自相似性。

"自相似性还有一个重要的特点，就是自相似性可以自组出级别来。上面的话中先提到级别，这在严格意义上是不对的。级别是自相似性自组出来的，或者说是生长出来的。自相似性就如同基因，按照这个基因、图谱，走势就如同有生命般自动生长出不同的级别来,不论构成走势的人如何改变,只要其贪、嗔、痴、疑、慢不改变,只要都是人,那么自相似性就存在,级别的自组性就肯定存在。

"本人理论的哲学本质,就在于人的贪、嗔、痴、疑、慢所引发的自相似性以及由此引发走势级别的自组性这种生命的现象。走势是有生命的,看行情的走势就如同欣赏一朵花的开放,嗅一朵花的芬芳,看一朵花的美丽,一切都自当下灿烂,这绝对不是矫情的比喻,而是严谨的说明,因为走势确实有着花一般的生命特征,确实存在着自相似性,也在自组性中发芽、生长、绽放和凋败。

"因此,本人的理论是一种可发展的理论,可以提供给无数的人去不断研究。研究的方向是什么?就是走势的自相似性、自组性。这里可以结合现代科学的各门学科进行分析,有着广阔的前景以及可开发性。"

如图 6-7 所示,缠师归纳出走势类型的本质为自相似性。

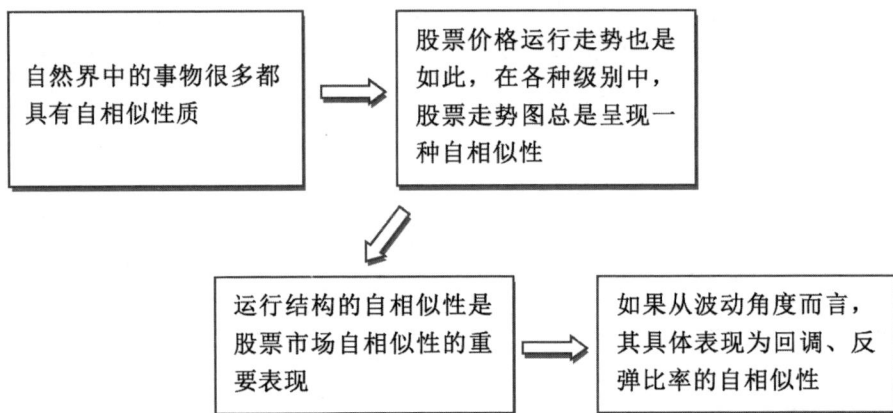

图6-7 股票市场的自相似性

市场的预测者、观察者、参与者,恰好又是市场走势的构成者,这就是市场预测的基本起点。因此,市场的走势模式,归根结底就是市场预测者、观察者、参与者行为模式的重构。这意味着,唯一并绝对可以预测的,就是市场走势的基本形态。但市场走势并非是简单的重复,实际上,市场是不可重复的。

市场走势是参与者心理的反映，参与者心理是怎样的，市场就会呈现怎样的走势，而自相似性结构就可以用来窥测市场心理。

市场，归根结底是投资者的市场。如图 6-8 所示，所有的市场都必然只能是投资者当下观察、操作中的市场，离开投资者当下的观察、操作，市场对于投资者来说就并不存在，或者说毫无意义。而投资者的观察、操作，必须有一个"毋庸置疑"的前提，这就是投资者的操作级别。

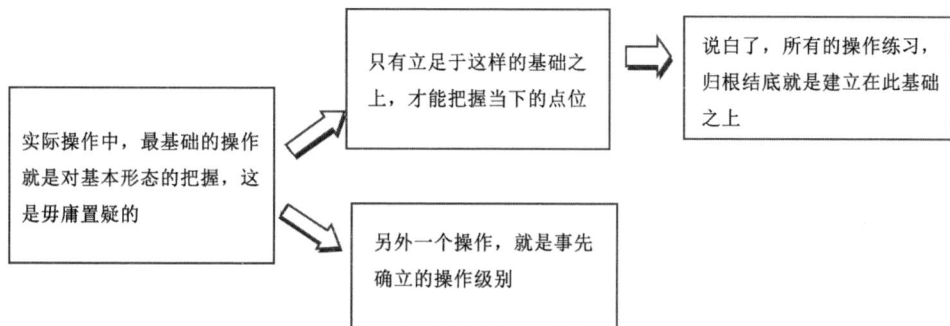

图6-8 操作中的"毋庸置疑"

不同级别之间的基本模式是相似的，这就是市场的一个基本特征。这个特征之所以存在，就是因为市场参与者有着基本相同的结构。

因此，掌握自相似性理论，就可从不重复的重复行情中进行准确分析，精准发现买卖点，从而提高投资者的盈利水平和空间。

如何利用自相似性理论结合市场进行预测？如图 6-9 所示。

最基础的方法，就是反复介绍的以中枢、级别为基础的趋势与盘整。而背驰的级别一定不小于转折的级别，这是市场预测的基础手段

例如，你是一个30分钟级别的投资者，那么任何30分钟级别以上的下跌及30分钟级别以上的盘整，你都没有必要参与

这就是很有用的预测，或者说这是被市场参与者的贪、嗔、痴、疑、慢所保证的走势

因此，当一个30分钟级别的顶背驰出现后，你当然要退出

因为这个退出是在一个绝对的预测基础上的，就是后面必然是一个30分钟级别下跌或扩展成30分钟级别以上的盘整

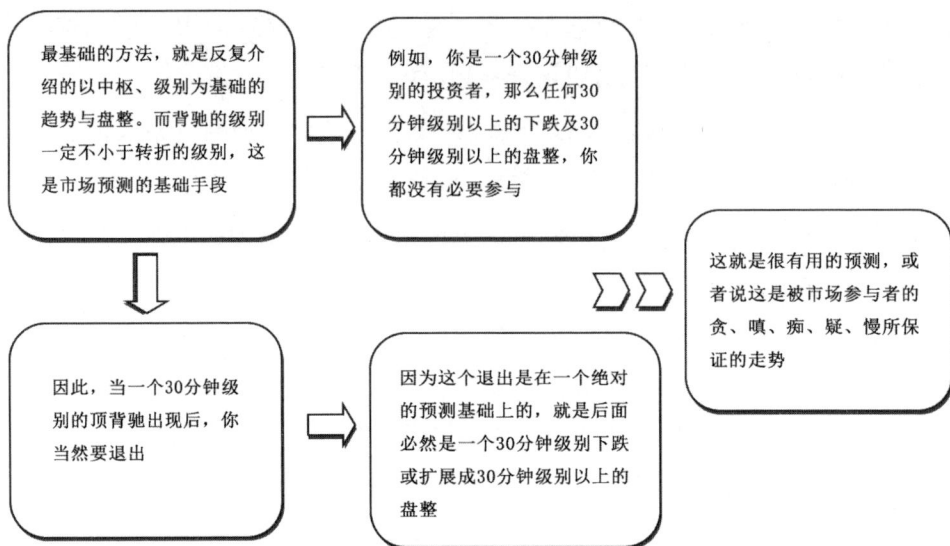

图6-9　市场中的预测

6.3 / 混沌理论与缠论

混沌理论虽然不是缠论中涉及的理论，但是对于理解缠论有非常重要的作用，因此有必要在这里重点讲述。"混沌"的解释如图6-10所示。

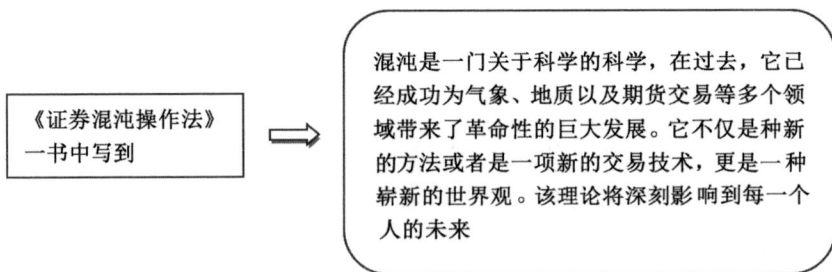

《证券混沌操作法》一书中写到

混沌是一门关于科学的科学，在过去，它已经成功为气象、地质以及期货交易等多个领域带来了革命性的巨大发展。它不仅是种新的方法或者是一项新的交易技术，更是一种崭新的世界观。该理论将深刻影响到每一个人的未来

图6-10　《证券混沌操作法》中混沌理论的定义

混沌理论是比较好懂的，虽然其不完善、不精确，但却是分类操作思想的正确体现。混沌理论与混沌科学毫无关联，从本质而言，混沌理论的侧重点和关键点在于用技术指标划分走势类型。

该理论主要运用 3 个指标，如图 6-11 所示。

而对混沌理论中的 3 个指标的作用，如图 6-12 所示。

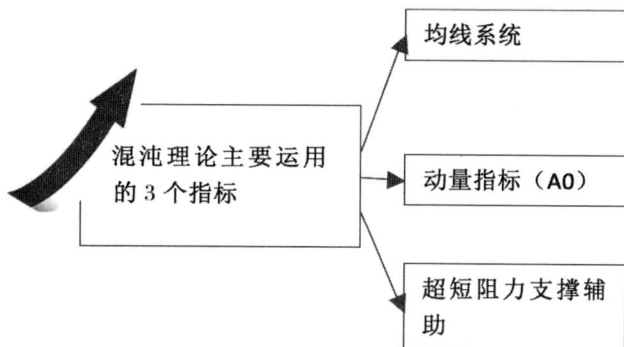

图6-11 混沌理论主要运用的3个指标

均线系统指标是投资者较为熟悉的，掌握动量指标也不难。而对于超短阻力支撑辅助，支撑位与阻力位也是较好理解的。支撑位指价格下跌时可能遇到的支撑，从而止跌回稳的价位；而阻力位则是指股价上涨时可能遇到的压力，从而反转下跌的价位。当然支撑位与阻力位是可以互换的，当重要阻力位被有效突破时，阻力位就会转换为支撑位；反之，若重要支撑位被有效击穿，则支撑位就会转换为阻力位。

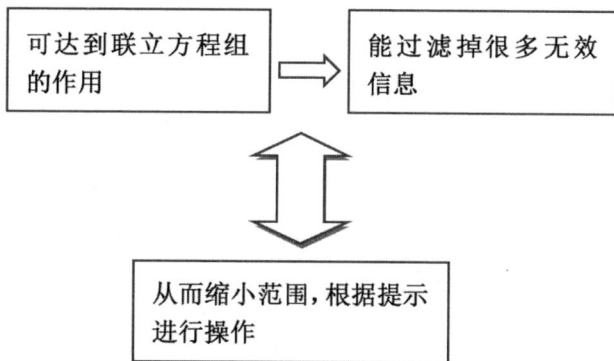

图6-12 3个指标结合灵活使用的作用

由此可以看出，混沌理论仍在玩概率游戏。如果机械地进行操作也可做到慢慢积累盈利，而缠论则是更为严谨的数学分析，从中获得最优选择。图 6-13 介绍了这两种理论的非线性问题。当然，这两种理论都是以分类操作为指导的，不过缠论是完全分类，通过各种级别的划分精准分析市场中的买卖点；而混沌是优秀的交易方法，简单易上手，比缠论要简单得多。

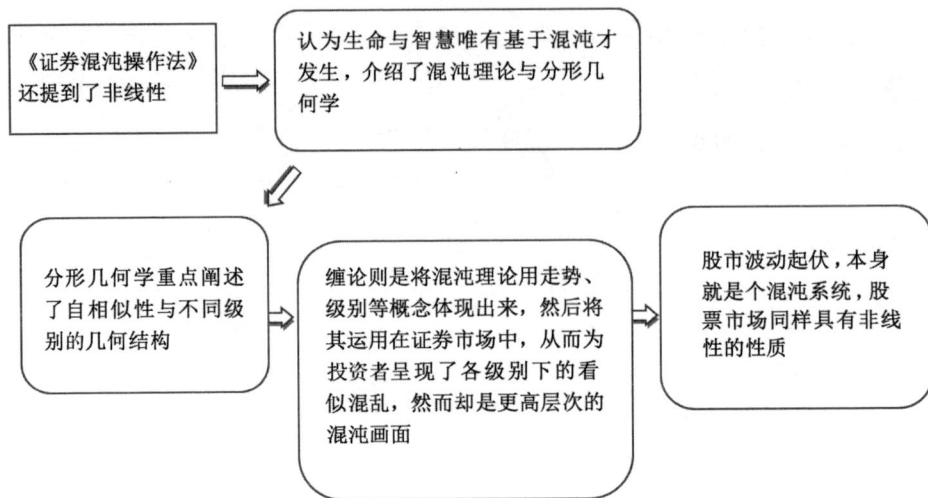

图6-13 《证券混沌操作法》与缠论中的非线性

　　根据混沌理论,混沌系统是无法被长期预测的,投资者应尽量避免混沌的非线性。相反,投资者应该去寻找那些线性趋势,这类趋势是明确的,可据此分析行情与后续走势。简而言之,就是观察大趋势是处于上涨周期还是下跌周期,或者是出于盘整周期中。

　　许多投资者都深入研究混沌理论,且将其运用于分析股市运行,操作效果不错。混沌理论是不提倡预测的,很多投资者受此影响,让市场去做决策,而不做基本分析和技术分析,只是随着市场的波动而波动。

　　学懂混沌理论后,再去学习缠论,投资者会有全新的认识与更深刻的感悟,更易了解背驰、走势中枢、笔等内容的内涵。当然,投资者也更能深刻地理解缠论,明白仿效自然是一种更高层次的操作方法。

6.4/ 交易策略

在多年的炒股生涯中，缠师摸索总结出了一套行之有效的交易策略、原则和技巧，并将其补充在缠论中，丰富和完善了缠论，使缠论成为一个有效的体系。缠师认为任何股市交易都是有规则的，有其步骤、原则和技巧，而投资者要做的就是掌握这些技巧，遵守规则和原则，严格按照其步骤去炒股，以此提高盈利水平。

为了规避炒股的风险，缠论中提出应设置一个操作系统，将无位次、"不患"的风险在该系统中转为有位次、"患"的系统。也就是说将风险以某种可操作的方式进行操作，让投资者可根据不同的风险来采取不同的措施，以最大化地规避风险或降低风险所带来的损失。

6.4.1 学习缠论技术分析的关键

"教你炒股票108课"是缠论理论，但该理论过于晦涩难懂，更何况缠师在阐述缠论时完全是心随意起，想到哪就写到哪，想到什么知识点就写什么知识点，因此108课显得无章法，这也是导致学缠人出现"千人千缠"局面的根本原因。但缠论自有其严谨的体系，整体有一套运行规则，唯有从整体上熟悉缠论后，才能了解缠论的本质，从整体上掌握缠论精华。同时投资者可以将看似杂乱的108课统一起来，然后灵活运用，在股市中发现精准的买卖点，从而大幅提高盈利能力和盈利空间。

不过，真正能从整体上掌握缠论的人很少，真能看明白的也没有多少人。

为什么？其原因如图6-14所示。

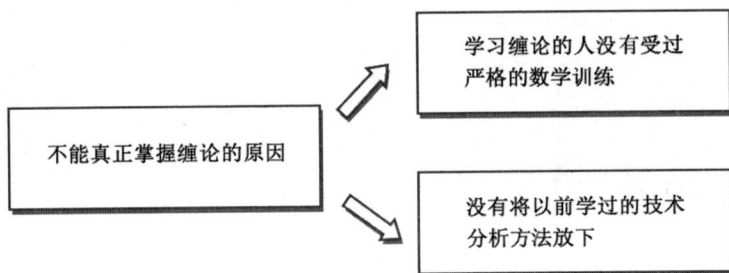

图6-14 不能真正掌握缠论的原因

如图6-14所分析的，大多学习缠论的投资者都没受过严格的数学训练。如果受过严格的数学训练，就能看出缠论的整个推导过程和几何很相似。所以要看明白缠论，最好先把自己的数学神经活动起来。

其次，请把以前学过的技术分析方法先放下，因为缠论理论和其他的技术分析方法的根本思路不同。具体有什么不同，如图6-15所示。

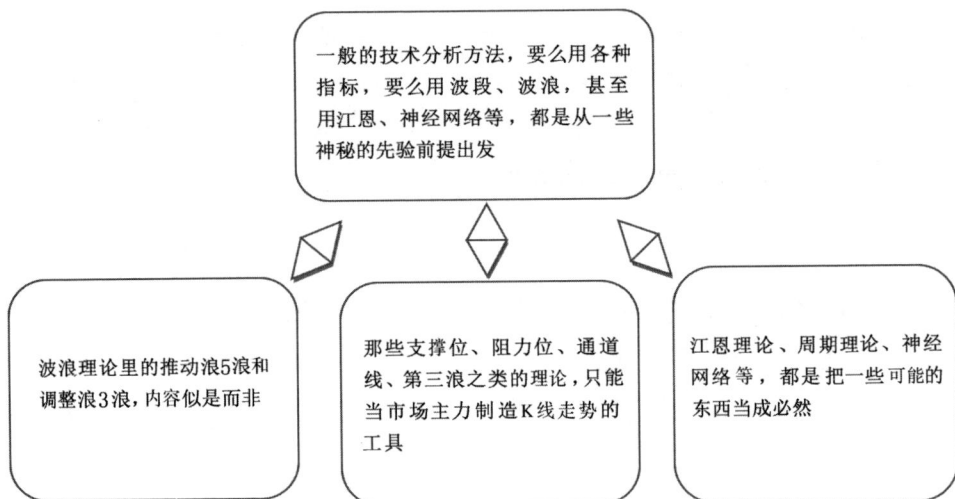

图6-15 其他分析方法的弊端

如果真正掌握了缠论，就会发现其他技术分析中所说的现象，都能在缠论中得到一一验证，也能获得合理的解释，而且还可以给出其成立的相应解释。例如，一只新股票上市后，走势直接向下5浪后又反转向上5浪，形成V自行，按波浪理论无法得到解释，用缠论走势中枢的定理，就很容易解决该问题。

对于市场主力来说，他们对一般投资者所认识的技术分析理论研究得更加精通。但任何市场主力，唯一逃不掉的就是缠论分析中所说的那些最基本的东西，因为这些东西本质上对于市场是"毋庸置疑"的，只要是市场中的，必然在其中，市场主力也不例外。

这里必须要强调技术分析系统在缠论中的地位，如图6-16所示。

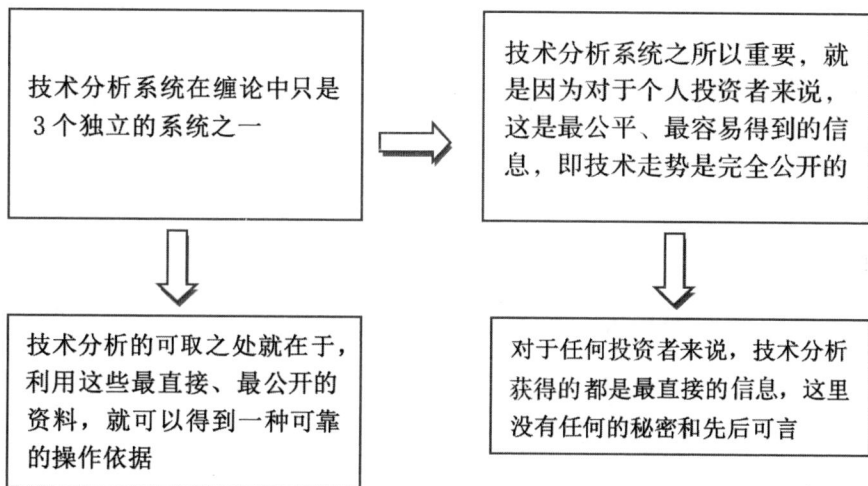

技术分析系统在缠论中只是3个独立的系统之一	技术分析系统之所以重要，就是因为对于个人投资者来说，这是最公平、最容易得到的信息，即技术走势是完全公开的
技术分析的可取之处就在于，利用这些最直接、最公开的资料，就可以得到一种可靠的操作依据	对于任何投资者来说，技术分析获得的都是最直接的信息，这里没有任何的秘密和先后可言

图6-16 技术分析的公平性与实用性

单凭对技术分析的精通与对资金管理的合理应用，投资者就完全可以长期有效地战胜市场。对于一般投资者来说，如果希望参与市场，技术分析是一个最稳妥的基础，但对市场分析要有一个正确的认识，如图 6-17 所示。

如果投资者只是希望从股市中赚些收益,那就没必要学什么技术分析,在牛市行情中可通过购买基金实现盈利,尤其是购买和指数相关的基金,这样至少可以跟上指数的涨幅

战胜市场其实就是战胜自己,缠论只是把市场"剥光"给投资者看,而剥光并不意味着征服

但市场不单单是为挣钱而存在的,市场是一个最好的锻炼自己的地方,在市场中锻炼自己,这才是投资者获得的最大的益处

不投资市场就不可能征服市场。对于市场来说,投资就是一切。技术分析的最终意义不是去预测市场要干什么,而是了解市场正在干什么,是一种当下的直观。在市场上,所有的错误都是离开了当下的直观、用想象和情绪代替当下直观而造成的

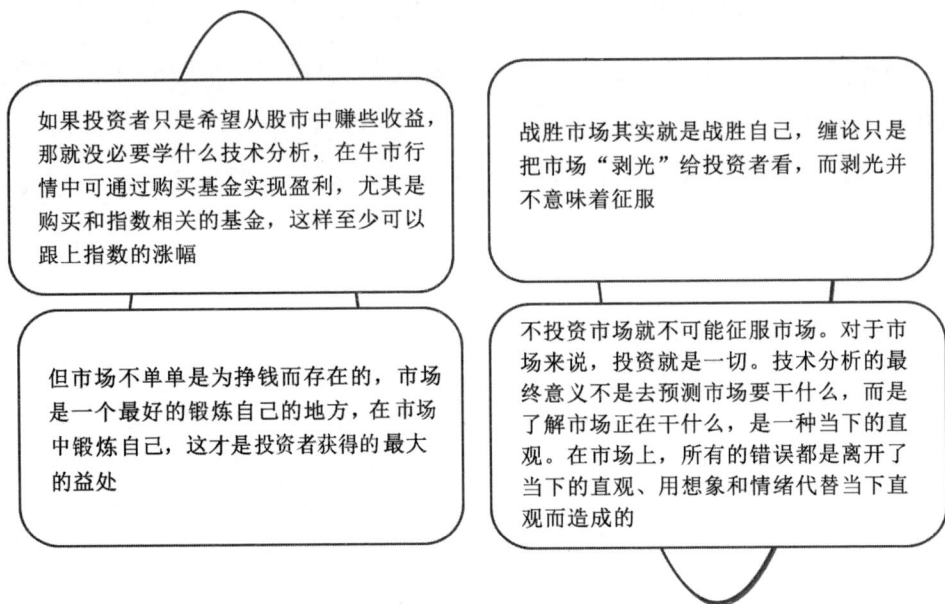

图6-17 缠师对于市场态度的解析

市场是规律性的,有经验的投资者或多或少地能够发现其中的规律,而缠师透彻地分析了市场中的规律。

市场的规律并不是显而易见的,需要经过严格的分析才能得到,市场的规律是动态的,是在不同级别合力作用下显示出来的,如果企图用些单纯的指标、波段、波浪、分型、周期等来预测和把握,则可能错漏百出,但只要把这动态的规律在当下的直观中把握好并应用纯熟,想要踏准市场的节奏并不是不可能的。

6.4.2 分段操作

股市从 10 000 点跌到 6 000 点再反弹到 8 000 点,然后又跌到 2 000 点再反弹到 4 000 点,相对 6 000 点到 8 000 点,2 000 点到 4 000 点也是大幅上涨。然而,如果不懂得分段操作,投资者就无法享受上涨带来的收益增长的

好处。股票是分段操作的，就算下一段的行情很好，也和当下这一段毫无关系，能在股市中获利的才是操作的高手。

市场中的所有走势都是由当下的合力构成的，当合力的基础变了，走势也会随之发生变化，因而投资者需要通过分段操作来规避股市中的风险。

以一个 30 分钟的走势类型为例，当出现反弹时，该反弹至少存在一个 30 分钟级别的中枢。基于此，投资者就能构造一个绝对性的操作方法，如图 6-20 所示。

为了解决这一难题，就要从第一个上涨开始进行分段操作，而没必要等"上涨 + 下跌 + 上涨"的走势结束。既然每次上涨之后必然会出现同级别的下跌，而下跌的幅度是无法控制的，那不如分段操作，以此规避风险。

不过这只是统一的处理方法，在实战中，一旦第一段的上涨和下跌出现后，就可以对其后续的走势进行推断。

任意级别的中枢都是由 3 个以上的次级别走势类型重叠而成的，即一个 30 分钟级别的中枢，必然由 6 个上、下、上的 5 分钟走势类型构成，这是操作的基础，在上、下、上走势中，无法保证最后一个上的高点一定比第一个上的高点要高，甚至会出现后一个上的高点刚好达到前一个上的低点的情况，因此，如果投资者在第一个上的高点买入，那么在上、下、上走势结束后，则可能会遭受损失。

缠论中有一套分段原则，可以跟随市场的变化随时给出分段的信号。

缠中说禅的理论，有较好的一套分段原则，这一套原则可以随着市场的情况变化，随时给出分段的信号。按照该理论，在任何级别其实都有一个永远的分段：χ=买点，买入；χ=卖点，卖出；χ属于买卖点之间，持有。而持有的种类如果前面买点、卖点没出现，那就是股票，反之就是钱。按照分段函数的方法，该理论就有这样一个分段操作的最基本原则。

——缠中说禅教你炒股票68课

由此可见,分段操作是简单可行的,且任何级别都存在分段,这就使得分段操作有了坚实的基础。另外,分段操作也是规避风险的重要措施,不过在操作中,投资者应选择自己的操作级别,否则本来是大级别操作的,看到小级别变动也随着变动起来,那就得不偿失了。

6.4.3 交易法则

股票市场风云变幻,刚才还是上涨行情,转眼间可能就是下跌行情;刚才还是盈利的,转眼间可能就被套牢。但交易中并非是无规则可循的,缠师将多年炒股摸索出来的法则记录在缠论中,使缠论学习者能直接学习和掌握,从而提高操作水平,规避风险。

图 6-18 是缠论中提出的交易法则。

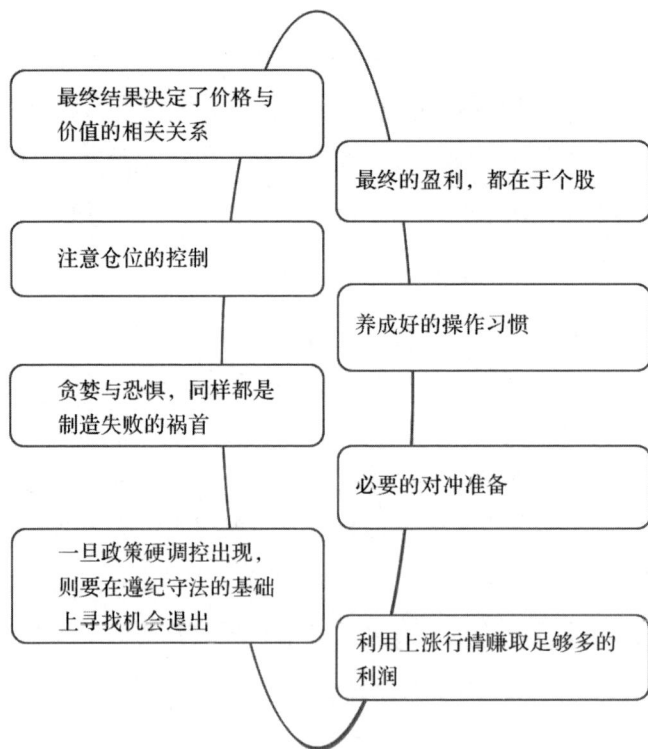

图6-18 缠论中提出的交易法则

（1）最终结果决定了价格与价值的相关关系。原因如图 6-19 所示。

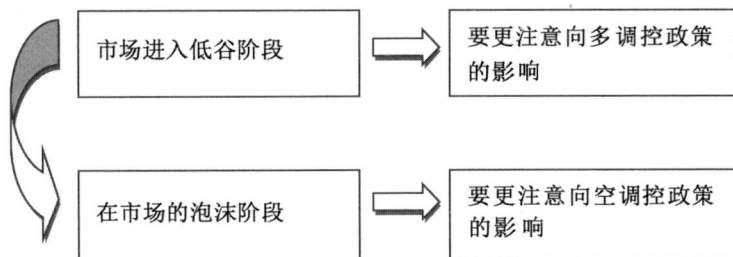

图6-19 市场低谷与泡沫出现时的对策

（2）最终的盈利，都在于个股。一个具有长线价值的个股，是抵御一切中短分力的最终基础。因此，个股对应企业的好坏与成长性等，是一个基本的底线，只要底线不被破坏，那么一切都不过是过眼云烟，而且中短期的波动反而提供了长期参与的买点。

（3）注意仓位的控制。永远不要借钱炒股，这是绝对不建议的，缠师曾多次明确这个观点。

如果将资本市场当作赌场，则永远无法进入资本市场，市场进入泡沫化阶段后，应该坚持只战备性持有，不再战略性买入的根本原则。

这样，任何的中短期波动，投资者都有足够的余地做出反应。

（4）养成好的操作习惯。很多投资者炒股失败都与自身的操作习惯有关，所以要保持警惕、降低成本。缠论提出，只有成本为零才是彻底规避市场风险的唯一办法。

（5）贪婪与恐惧，同样都是制造失败的祸首。炒股需要良好的心理素质。投资股票时，拥有良好的心理素质是很重要的，它能够帮助投资者远离股价波动带来的心理波动。如果有充足的应对资金保持相对稳定的仓位，并且尽可能地降低了持股成本，那就顺应市场节奏起舞吧。

（6）必要的对冲准备。

（7）一旦政策硬调控出现，则要在遵纪守法的基础上寻找机会退出。根据以往经验，在政策硬调控出现后，即使后面调整空间不大，所耗费的时间也不会少。

（8）最重要的还是利用上涨行情赚取足够多的利润。如果投资者已经赚取足够多的利润了，那么即使部分收益在非系统风险中损失了，也是可以接受的事情。更何况成为市场的最终赢家，和是否提前一天退出毫无关系，资本市场，不是光靠这种奇点游戏就能成功的。心态放平稳些，市场考验的是投资者的反应能力，而不是不稳定的预测。

附　录
缠论原文

缠论基础概念

1. 顶分型（简称顶）：第二根 K 线的高点是相邻 3 根 K 线高点中最高的，而低点也是相邻 3 根 K 线低点中最高的，即为顶分型。

2. 底分型（简称底）：第二根 K 线的低点是相邻 3 根 K 线低点中最低的，而高点也是相邻 3 根 K 线高点中最低的，即为底分型。

3. 笔：顶、底分型之间的连线。

4. 线段：3 根个连续并有重叠部分的笔就可构成最简单的线段形态，但在实战中线段是可以由多笔构成的。

5. 图形分解:最小的单位为 K 线,K 线构成笔,笔构成线段,线段构成走势,而走势又分为盘整与趋势,趋势又分为上涨与下跌。

6. 走势：打开走势图看到的就是走势，走势分不同级别。

7. 走势类型：上涨、下跌、盘整。

8. 走势中枢：某级别的走势类型中，至少 3 个连续次级别走势类型所重叠的部分，称为走势中枢。

9. 盘整：在任何级别的任何走势中，某完成的走势类型只包含一个走势中枢，就称为该级别的盘整。

10. 趋势：在任何级别的任何走势中，某完成的走势类型至少包含两个及以上依次同向的走势中枢，就称为该级别的趋势。该方向向上就称为上涨，向下就称为下跌。注意，趋势中的走势中枢之间必须不存在重叠，包括任何围绕走势中枢产生的任何瞬间波动之间的重叠。

11. 背驰：在某运行趋势中，如果股价呈上涨或者下跌走势，而技术指标MACD指标出现相反的表现，则通常意味着有背驰出现。

12. 盘整背驰：在某运行趋势中，如果股价呈上涨或者下跌走势，但走势未能持续下去，反而出现停滞的现象，此时盘整背驰就出现了。

13. 级别：走势按照某种特定规律、规则运行。投资者可根据级别观察走势，甚至更深入或者更细化地分析走势，从而正确分析股票当下的行情，采取正确的交易策略，获得丰富的收益。

14. 第一类买点：在某级别下跌趋势中，一个次级别走势类型向下跌破最后一个中枢后形成的背驰点。

15. 第一类卖点：在某级别上涨趋势中，一个次级别走势类型向上突破最后一个中枢后形成的背驰点。

16. 第二类买点：任何级别的第二类买点都由次级别相应走势的第一类买点构成。

17. 第二类卖点：任何级别的第二类卖点都由次级别相应走势的第一类卖点构成。

18. 第三类买点：一个次级别走势类型向上离开走势中枢，然后以一个次级别走势类型回试，其低点不跌破 ZG，则构成第三类买点。

19. 第三类卖点：一个次级别走势类型向下离开走势中枢，然后以一个次级别走势类型回抽，其高点不升破 ZD，则构成第三类卖点。

20. 中阴阶段：一种走势类型完成后即将步入新的走势类型，但这通常有段时间，其间无法明确后续会转向何种走势类型，不确定是反转出现新的走势类型还是延续原来的走势类型的阶段。

21. 轮动：指板块强弱指标的不断此消彼长，反映了市场的变化。

缠中说禅重要定理

1.上涨：最近一个高点比前一高点高，且最近一个低点比前一低点高。

2.下跌：最近一个高点比前一高点低，且最近一个低点比前一低点低。

3.盘整：最近一个高点比前一高点高，且最近一个低点比前一个低点低；或者最近一个高点比前一高点低，且最近一个低点比前一高点高。

4.走势中枢：某级别的走势类型中，至少3个连续次级别走势类型所重叠的部分，称为缠中说禅走势中枢；对于不能分解的级别，缠中说禅走势中枢就不能用"至少3个连续次级别走势类型所重叠"定义，而定义为至少3个该级别单位K线重叠的部分。

5.盘整：在任何级别的任何走势中，某完成的走势类型只包含一个缠中说禅走势中枢，就称为该级别的缠中说禅盘整。

6.趋势：在任何级别的任何走势中，某完成的走势类型至少包含两个及以上依次同向的缠中说禅走势中枢，就称为该级别的缠中说禅趋势。该方向向上就称为上涨，向下就称为下跌。注意，趋势中的缠中说禅走势中枢之间必须不存在重叠，包括任何围绕走势中枢产生的任何瞬间波动之间的重叠。

7.走势分解定理一:任何级别的任何走势,都可以分解成同级别"盘整""下跌""上涨"3种走势类型的连接。

8.走势分解定理二：任何级别的任何走势类型，都至少由3段以上次级别走势类型构成。

9.线段分解定理：线段被破坏，当且仅当至少被有重叠部分的连续3笔的其中一笔破坏，而只要构成有重叠部分的前3笔，那么必然会形成线段。换言之，线段被破坏的充要条件，就是被另一个线段破坏。

10.笔定理：在任何时间周期的K线图中，走势必然落在一确定的具有明确方向的笔当中(向上笔或向下笔)，而在笔当中的位置,必然只有两种情况——在分型构造中和分型构造确认后延伸为笔的过程中。

11.走势中枢定理一：在趋势中，形成连接两个同级别"走势中枢"的必然是次级别以下级别的走势类型。

12. 走势中枢定理二：在盘整中，无论是离开还是返回"走势中枢"的走势类型，必然是次级别以下的。

13. 走势中枢定理三：某级别的"走势中枢的破坏"，意味着当且仅当一个次级别走势离开该走势中枢，其后的次级别回抽走势不会重新回到该走势中枢内。

14. 走势中枢中心定理一：走势中枢的延伸等价于任意区间 [dn,gn] 与 [ZD,ZG] 有重叠。换言之，若有 Zn，使得 dn>ZG 或 gn<ZD，则必然产生高级别的走势中枢或趋势及延续。

15. 走势中枢中心定理二：前后同级别的两个缠中说禅走势中枢，后 GG < 前 DD 等价于下跌及其延续，后 DD> 前 GG 等价于上涨及其延续；后 ZG< 前 ZD 且后 GG≥前 DD，或后 ZD> 前 ZG 且后 DD≤前 GG，则等价于形成高级别的走势中枢。

16. 走势级别延续定理一：在更大级别的走势中枢产生前，该级别的走势类型将延续，也就是说，只能是只具有该级别走势中枢的盘整或趋势的延续。

17. 走势级别延续定理二：更大级别走势中枢的产生，当且仅当围绕连续两个同级别走势中枢产生的波动区间产生重叠。

18. 买卖点定律一：任何级别的第二类买卖点都由次级别相应走势的第一类买卖点构成。

19. 买卖点的完备性定理：市场中必然产生盈利的买卖点，且只有第一类、第二类、第三类。

20. 买卖点级别定理：大级别的买卖点必然是次级别以下某一级别的买卖点。

21. 背驰—买卖点定理：任一背驰都必然制造某级别的买卖点，任一级别的买卖点都必然源自某级别走势的背驰。

22. 趋势转折定律：任何级别的上涨转折都是由某级别的第一类卖点构成

的；任何级别的下跌转折都是由某级别的第一类买点构成的。

23. 背驰—转折定理：某级别的趋势的背驰将导致该趋势最后一个中枢的级别扩展、该级别更大级别的盘整或该级别以上级别的反趋势。

24. 小背驰—大转折定理：小级别背驰引发大级别向下的必要条件，是该级别走势的最后一个次级别中枢出现第三类卖点；小级别背驰引发大级别向上的必要条件，是该级别走势的最后一个次级别中枢出现第三类买点。

25. 转折性趋势定律：任何非盘整性的转折性上涨，都是在某一级别的"下跌 + 盘整 + 下跌"后形成的，下跌则反之。

26. MACD 定律：第一类买点都是在 0 轴之下背驰形成的，第二类买点都是第一次上 0 轴后回抽确认形成的，卖点的情况就反过来。

27. 趋势形成定义：向上趋势形成，就是在第一中枢后出现第三类买点并形成非背驰向上，下跌则反之。

缠论重要理论：关于"背驰"的论述

没有趋势，没有背驰

如何判断背驰？首先定义一个概念，称为缠中说禅趋势力度：前一次"短期均线与长期均线相交"结束，与后一次"短期均线与长期均线相交"开始，即短期均线与长期均线相交所形成的面积。在前后两个同向趋势中，当缠中说禅趋势力度比上一次缠中说禅趋势力度要弱时，就形成"背驰"。按这个定义判断背驰是最稳妥的办法，但唯一的缺点是必须等短期均线与长期均线再次相交后才能判断，这时候走势离真正的转折点已经有一段距离了。解决这个问题有两种方法，第一种方法是看低一级别的图，从中找出相应的转折点，这样和真正的低点基本没有太大的距离。

第二种方法所需技巧比较高，首先再定义一个概念，即缠中说禅趋势平均力度：当下与前一"短期均线与长期均线相交"结束时，短期均线与长期均线形成的面积除以时间。因为这个概念是即时的，所以马上就可以判断当下的缠中说禅趋势平均力度与前一次缠中说禅趋势平均力度的强弱。一旦这次比上次弱，就可以判断"背驰"即将形成，然后再根据短期均线与长期均线的距离进行判断，一旦延伸长度缩短，就意味着真正的底部马上形成。按照这种方法，真正的转折点基本就可以完全同时抓住。但这个方法有一个缺陷，就是风险稍大，且需要的技巧更高，投资者对市场的感觉要好。

盘整背驰与历史性底部

趋势，一定有至少两个同级别中枢。对于背驰来说，其肯定不会发生在第一个中枢之后，至少要在第二个中枢之后。对于那种延伸的趋势来说，很有可能在发生第 100 个中枢以后才有背驰。当然，这种情况一般来说一百年也见不到几次。第二个中枢后产生背驰的情况占了绝大多数，特别在日线以上的级别，这种情况几乎达到 90%。因此，如果出现一个日线以上级别的第二个中枢，投资者就要密切注意背驰的出现。而在小级别中，例如 1 分钟级别的情况下，这种比例要小一点，但也是占大多数。一般而言，四五个中枢以后才出现背驰的都相当罕见了。

如果在第一个中枢就出现背驰，那不会是真正意义上的背驰，只能算是盘整背驰，其真正的技术含义，就是一个企图脱离中枢的运动，由于力度有限被阻止而回到中枢里。一般来说，小级别的盘整背驰意义都不太大，而且必须结合其位置进行分析，如果是高位，那风险就更大了。但如果是低位，那意义就不同了，因为多数的第二类、第三类买点其实都是由盘整背驰构成的，而第一类买点多数由趋势的背驰构成。一般来说，第二类、第三类买点都有一个 3 段的走势，第三段往往都突破第一段的极限位置，从而形成盘整背驰。注意，这里是把第一段、第三段看成两个走势类型之间的比较，这和趋势背驰里的情况有点不同，这两个走势类型是否一定是趋势问题都不大，因为两个盘整在盘整背驰中也是可以比较力度的。这里先补充一个定义，就是在某级别中的某走势类型，如果构成背驰或盘整背驰，那就把这段走势类型称为某级别的背驰段。

盘整背驰最大的用处是用在大级别上，特别是周线级别以上，这种盘整背驰所发现的往往是历史性的大底部。配合 MACD 指标，这种背驰是很容易判断的。

实际操作中，光看季度线是不可能找到精确的买点的，但对于大资金来说，这已经足够了，因为大资金的建仓本来就是可以越跌越买，只要知道其后是一个季度级别的行情就可以了。而对于小资金来说，这太浪费时间，因此精确的买点可以继续从月线、周线、日线、甚至 30 分钟线一直找下去。

学过数学分析的人都应该对区间套定理有印象，这种从大级别往下精确找买点的方法和区间套是一个道理。当然，这只是最理想的情况，因为这些级别不是无限细分下去的，因此理论上并不能证明会有一个如极限一样的点出现，但用这种方法去确认一个十分精确的历史底部区间是不难的。

推而广之，则可以证明缠中说禅精确大转折点寻找程序定理：某大级别的转折点，可以通过不同级别背驰段的逐级收缩而确定。换言之，要确定某大级别的转折点，可以先找到其背驰段，然后在次级别图里找出相应背驰段在次级别里的背驰段，将该过程反复进行下去，直到最低级别，相应的转折点就在该级别背驰段确定的范围内。如果这个最低级别可以达到每笔成交，理论上，大级别的转折点就可以精确到笔的背驰上，甚至就是唯一的一笔。

上面说的是背驰构成的买点，注意，第一类买点肯定是趋势背驰构成的，而盘整背驰构成的买点在小级别中意义不大，所以以前也没专门将其当成一种买点。但在大级别里，这也构成一种类似第一类买点的买点，因为在超大级别里往往不会形成一个明显的趋势，这也就是以前曾说过的，站在最大的级别看，所有股票都只有一个中枢。因此，站在大级别里，绝大多数股票其实都是一个盘整，这时候就要用到盘整背驰形成的类第一类买点进行交易。这个大级别至少应该是周线以上。

类似地，在大级别里如果不出现新低，但可以构成类似第二类买点的买点，则在 MACD 指标上会显示出类似背驰时的表现，即双曲线回拉 0 轴上下，而后一柱子的面积小于前一柱子。

这一课把找大牛市底部的一个方法说了，这个方法足以让投资者终身受用。随着以后股票越来越多，老股票越来越多，这种方法将在下一轮大牛市中大放异彩。这个大牛市搞不好是 30 年以后的事情了，30 年以后，希望你还能记得这一课。当然，如果按照周线级别，那就不用等 30 年了。不过，周线找出来的不一定是历史性大底，可能就是一个比较长线的底部。把这种方法用在日线上也是可以的，但相应的可靠性就不是那么绝对了。

背驰的再分辨

背驰问题说过多次，但还是有很多误解，不如以最典型的 a+A+b+B+c 为例子，对一些经常被混淆的细节进行说明。

没有趋势，就没有背驰，不是任何 a+A+b+B+c 形式都有背驰的。当说 a+A+b+B+c 中有背驰时，首先要 a+A+b+B+c 是一个趋势。而一个趋势，就意味着 A、B 是同级别的中枢，否则就只能看成是其中较大中枢的一个震荡。例如，如果 A 的级别比 B 大，就有 a+A+b+B+c=a+A+（b+B+c），a 与（b+B+c）就是围绕中枢 A 的一些小级别波动。这样是不存在背驰的，最多就是盘整背驰。当然，对于最后一个中枢 B，背驰与盘整背驰有很多类似的地方，用多义性可以把 b、c 当成 B 的次级波动。但多义性只是多角度，不能有了把 b、c 当成 B 的次级波动这一个角度，就忘了 a+A+b+B+c 是趋势且 A、B 级别相同的角度。多义性不是含糊性，不是怎么干、怎么分都可以，这是必须反复强调的。

其次，c 必然是次级别的，也就是说，c 至少包含对 B 的一个第三类买卖点，否则就可以看成是 B 中枢的小级别波动，完全可以用盘整背驰来处理。而 b 是有可能小于次级别的，力度最大的就是连续的缺口，也就是说，b 在级别上是不能大于 c 的。例如，如果 b 是次级别，而 c 出现连续缺口，即使 c 没完成，最终也延续成次级别，但 c 是背驰的可能性就很小了，就算是，最终也要特别留意，因为出现最弱走势的可能性极大。

最后，如果 a+A+b+B+c 是上涨，c 一定要创出新高；如果 a+A+b+B+c 是下跌，c 一定要创出新低。否则，就算 c 包含 B 的第三类买卖点，也可以对围绕 B 的次级别震荡用盘整背驰的方式进行判断。对 c 的内部进行分析，由于 c 包含 B 的第三类买卖点，则 c 至少包含两个次级别中枢，否则就满足不了次级别离开后次级别回拉不重回中枢的条件。这两个中枢构成次级别趋势的关系，是最标准、最常见的情况，在这种情况下，就可以继续套用 a+A+b+B+c 的形式进行次级别分析，从而确定 c 中内部结构里次级别趋势的背驰问题，形成类似区间套的状态，这样对其后的背驰就可以更精确地进行定位了。

缠论重要理论：关于"级别"的论述

1. 这里有一个很重要的技巧，就是如何精确地把握第二类买点，由于周线短期均线在长期均线之上，两条均线相交时形态的调整不构成明显的下跌走势，因此对于第一类买点的背驰走法就无法出现。这时候就要降低 K 线级别，从日线图上寻找最佳买点。这里给出一个缠中说禅买点定律：大级别的第二类买点由次一级别相应走势的第一类买点构成。

2. 缠中说禅短差程序就是：大级别买点"介入"的，在次级别第一类卖点出现时，可以先减仓，其后在次级别第一类买点出现时回补。例如，对于周线买点"介入"的，就应该利用日线的第一类卖点减仓，其后在第一类买点回补。

3. 如果一个走势连短期均线都不能突破，那么其间出现的高、低点，肯定只是低级别图表上的，在本级别图表上没有意义。

4. 上涨、下跌构成趋势，而如何判断趋势与盘整，是判断走势的核心问题。一个最基本的问题就是，走势是分级别的，在 30 分钟线上的上涨，可能在日线图上只是盘整的一段甚至是下跌中的反弹，所以抛开级别前提谈论趋势与盘整是毫无意义的，这点必须准确把握。注意，下面以及前面的讨论，如果没有特别声明，就都是在同级别的层面上展开的，只有把同级别的事情弄明白了，才可以把不同级别的走势组合在一起研究，但这是后面的事情了。

5. 市场是有规律的，但市场的规律并不是显而易见的，需要严格地分析才能得到。更重要的是，市场的规律是一种动态的，在不同级别合力作用下显示出来的规律，如果企图用些单纯的指标、波段、波浪、分型、周期等预测和把握，只可能错漏百出。但只要把这动态的规律在当下的直观中把握好并应用纯熟，想要踏准市场的节奏并不是不可能的。

6. 所有买卖点都必然对应着与该级别最靠近的一个中枢的关系。对于买点来说，该中枢下产生的必然对应着转折，中枢上产生的必然对应着延续。而中枢有3种情况，即延续、扩展与新生。如果是中枢延续，那么在中枢上是不可能有买点的，因为中枢延续必然要求所有中枢上的走势都转折向下，在这时候只可能有卖点。而中枢扩展或新生，在中枢之上都会存在买点，这类买点就是第三类买点。也就是说，第三类买点是中枢扩展或新生产生的。中枢扩展会导致一个更大级别的中枢，而中枢新生就形成一个上涨的趋势，这就是第三类买点后必然出现的两种情况。

7. 级别的意义，其实只有一个——基本只和买卖量有关。

8. 级别越大，企图控制、干扰所需要的能量就越大，对于周线级别以后，基本就没人能完全控制了。

9. 不同级别的图，其实就是反映真实走势的不同精度的一种模板。例如，一个年线图当然没有一个分笔图的精确度高，很多重要的细节都不可能在大级别的图里看到。而所谓走势的级别，从最严格的意义上说，可以从每笔成交构成的最低级别图形不断按照中枢延伸、扩展等的定义精确地确认出来，这是最精确的，不涉及什么5分钟、30分钟、日线等。但这样会相当地累，也没这个必要。用1分钟、5分钟、30分钟、日线、周线、月线、季线、年线等的级别安排，只是一个简略的方式，最主要的是现在可以查到的走势图都是这样安排的。当然，有些系统可以按不同的分钟数显示图形，例如，完全可以弄一个 7 分钟的走势图。这样，你完全可以按照某个等比数列来弄一个级别序列。不过，可以是可以，但没必要，因为图的精确程度并没有太大的实质意义，真实的走势并不需要如此精确的观察。当然，一些简单的变动也是可以接受的，例如去掉 30 分钟，换成 15 分钟和 60 分钟，从而形成 1 分钟、5 分钟、15 分钟、60 分钟、日线、周线、月线、季线、年线的级别安排，这也是可以的。

10. 没有必要精确地从最低级别的图表逐步分析。

11. 整个走势可以简化为两个孤零零的中枢。把这种看法推广到所有的走势中，那么任何的走势图，其实就是一些级别大小不同的中枢。

12. 走势是千变万化且有级别性的，任何的当下，也就是任何股市现在的形态，并不意味着下 1 秒的变化，而是根据投资者的资金以及所能承受的操作级别来决定的。一直说的操作级别，就是针对此而言的。

13. 依照在最低级别上的分类方法，同样在高级别上可以把走势进行完全的分类，而这个过程可以逐级上推，然后就可以严格定义各级别的中枢与走势类型而不涉及任何循环定义的问题。但如果按严格定义操作，必须从最低级别开始逐步确认其级别，这样太麻烦也没多大意义，所以才有了后面 1 分钟、5 分钟、15 分钟、30 分钟、60 分钟、日、周、月、季、年的级别分类。在这种情况下，就可以不大严格地说，3 个连续 1 分钟走势类型的重叠构成 5 分钟的中枢，3 个连续 5 分钟走势类型的重叠构成 15 分钟或 30 分钟的中枢等。在实际操作上，这种不大严格的说法不会产生任何原则性的问题，而且很方便，所以就使用了，对此不必再次强调。

14. 站在任意一个固定级别里，走势类型都是可以被严格划分的。例如，一个 5 分钟的走势类型，显然不可能包含一个 30 分钟的中枢。因为按定义，一个单独的 5 分钟走势类型无论如何延续，也不可能出现一个 30 分钟的中枢。要形成一个 30 分钟的中枢，显然只能是 3 个以上 5 分钟走势类型的重叠才有可能。走势类型与走势类型的连接，这两个概念不可能有任何含糊的地方。5 分钟走势类型必须包含也最多包含 5 分钟级别中枢，至于是 1 个还是 5 个，都不影响 5 分钟走势类型，只不过是可被分成 5 分钟级别的盘整类型还是被分成趋势类型而已。

15. 注意，走势是客观的，而用什么级别去分析这走势却是主观的。根据缠中说禅走势分解定理一，任何级别的任何走势，都可以分解成同级别"盘整""下跌""上涨"3 种走势类型的连接。这样就意味着，按某种级别去操作，就等于永远只处理 3 种同一级别的走势类型及其连接。以 a+B+b 为例子，站在 5 分钟级别的角度，这里有 3 个走势类型的连接；站在 30 分钟级别的角度，就只有一个走势类型。那么，前面反复说的确定自己操作的级别，其实就是确定自己究竟是按什么级别来分析、操作。例如，5 分钟级别的上、下、上 3 段，意味着在 5 分钟级别上有 2 个底背驰、2 个顶背驰，按买点买、卖点卖的原则，就有 2 次完整的操作；而从 30 分钟级别看，这里就没有买卖点，所以就无须操作。

16. 从纯理论的角度而言，操作的级别越低，相应的效率就越高，但实际操作中级别是不可能随意降低的，而究竟按什么级别来分析、操作，和投资者的资金等具体条件相关。

17. 根据不同的情况，投资者就可定好自己的操作级别，从而按照相应的级别进行分析和操作。即一旦该级别出现买卖点，投资者必须进入或退出。换言之，在确定的操作级别上，投资者是不参与任何调整或下跌走势类型的。制订了相应级别后，是否按照次级别以下进行部分操作，那是操作风格问题，而实际上是应该安排这种操作的，特别当进入一个操作级别的次级别盘整或下跌时，这是投资者可以忍受的最大级别非上涨走势，当然需要进行操作来降低自己的成本。如果操作级别很大，那么其次级别的次级别也可以用来进行部分操作的。这样，整个操作就有一定的立体性，从而更能降低其风险，也就是能进行把成本降低这唯一能降低风险的活动，只有当成本为 0 时，才算时真正脱离了风险。

18. 一个最简单的释义角度，就是级别。任何一段走势，都可以根据不同的级别进行分解，用 An-m 的形式表示根据 n 级别对 A 段进行分解的第 m

段，就有 A=A1-1+A1-2+A1-3+…+A1-m1=A5-1+A5-2+A5-3+…+A5-m5=A30-1+A30-2+A30-3+…+A30-m30=A 日 -1+A 日 -2+A 日 -3+…+A 日 -m 日等，显然这些分解都符合缠中说禅的理论。而根据某级别进行操作，站在纯理论的角度，无非等价于选择该等式列中某个元素进行操作。

19. 不应该对走势进行任何的预测，但所有已走出来的走势，却可以根据级别与结合律等随意组合。无论怎样组合，在该组合下都必然符合缠中说禅的理论，而任何最终的走势，都在所有组合中完全符合缠中说禅的理论，这也是缠中说禅理论的神奇之处，即无论你怎么组合，都不会出现违反缠中说禅理论的情况。

20. 所谓同级别分解，就是把所有走势按一固定级别的走势类型进行分解。根据缠中说禅走势分解定理，同级别分解具有唯一性，不存在任何含糊混乱的可能。

21. 同级别分解的应用，前面已论述较多，例如以 30 分钟级别为操作标准的，就可用 30 分钟级别的分解进行操作，对任何图形都可分解成一段段 30 分钟走势类型的连接，操作中只选择其中的上涨和盘整类型，而避开所有下跌类型。对于这种同级别分解视角下的操作，永远只针对一个正在完成着的同级别中枢，一旦该中枢完成，就继续关注下一个同级别中枢。注意，在这种同级别的分解中，是不需要中枢延伸或扩展的概念的。对于 30 分钟级别来说，只要 5 分钟级别的 3 段上、下、上或下、上、下走势类型有价格区间的重合就构成中枢。如果这 5 分钟次级别延伸出 6 段，那么就当成两个 30 分钟盘整类型的连接，在这种分解中是允许"盘整＋盘整"情况的。注意，以前说不允许"盘整＋盘整"是在非同级别分解方式下。

22. 同级别分解规则，用结合律很容易证明，同级别分解的情况下，其分解也是唯一的，这种分解对于一种机械化的操作十分有利。这里无所谓牛市、熊市，例如，如果分解的级别是 30 分钟，那么只要 30 分钟上涨就是牛市，否则就是熊市，完全可以不管市场的实际走势如何。在这种分解的视角下，市场被有效地分解成一段段 30 分钟走势类型的连接。

23. 投资时往往会碰到这样两难的事情，即一个小级别的进入，结果却出现大级别的上涨，这时候怎么办？有两个选择：一是继续按小级别操作，这样的代价是相当累，而且小级别操作的问题是对精确度的要求比大级别高，而且资金容纳程度低；二是在升级为大级别操作基础上部分保持小级别操作。对于资金量比较大的投资，后者是比较实用的。

24. 在同级别分解的多重赋格操作（多层次操作）中，投资者可以在任何级别上进行操作，而且都遵守该级别的分解节奏与波动，只是在不同级别中投入的筹码与资金不同而已。对于大资金所具有的整体筹码与资金来说，其永远在进行一种有活动的多重赋格（多层次）、实际的市场操作，这就成了一首美妙的乐曲演奏，能应和上的知音，就能得到最大的利益与享受。而每一层次的操作都既独立又在一个整体的操作中，对这种操作如果没有什么直观感觉，那就去听听巴赫的音乐，对股票的操作同样有益。

25. 买卖点是有级别的，大级别能量没耗尽时，一个小级别的买卖点引发大级别走势的延续，那是最正常不过的。但如果一个小级别的买卖点和大级别的走势方向相反，而该大级别走势没有任何衰竭，这时候参与小级别买卖点，就意味着要冒着大级别走势延续的风险。在市场中，投资者不需要频繁买卖，因为战胜市场需要的是准确率，而不是买卖频率。

26. 没有必要参与操作级别及以上级别的下跌与超过操作级别的盘整，这种习惯投资者必须养成。

27. 如果从最严格的机械化操作的意义上说，只有围绕操作级别中枢震荡的差价才是最安全的，因为肯定能进行买与卖，而且绝对不会丢失筹码。这与成本为 0 后的挣筹码操作的道理是一样的。也就是说，在确定了买卖级别后，那种中枢完成后的向上移动时的差价是不能卖与买的，中枢向上移动时就应该满仓，这才是最正确的仓位。而在围绕中枢差价时，在中枢上方仓位减少，在中枢下方仓位增加。注意，前提是中枢震荡依旧，一旦出现第三类卖点就不能回补了，用中枢震荡力度判断的方法，完全可以避开其后可能出现第三类卖点的震荡。

28. 实际操作中，最基础的就是对基本形态的把握，这是毋庸置疑的，只有立足于此，才有对点位的"需要质疑"当下的把握。说白了，所有的操作练习，归根结底就是在此之上。所以，缠中说禅只是一个训练者、引导者，因为当下只能是投资者的当下，离开操作当下是不可能进行交易的。由此，不难理解另外一个操作上的"毋庸置疑"，就是投资者事先确立的操作级别。市场，归根结底只是投资者的市场。

29. 所有的市场，都必然只能是投资者当下观察、操作中的市场，离开当下的观察、操作，市场对于投资者来说并不存在，或者说毫无意义。而投资者的观察、操作，必须有一个"不患"的前提，那就是操作级别。

30. 关于级别的问题，如果想不明白，可以当成用不同倍数的显微镜去看一滴水，由此当然会看出不同的细节，级别与走势也一样。举一个最简单的例子，3 个 5 分钟级别的走势重叠构成一个 30 分钟中枢，站在 30 分钟级别的角度，5 分钟的走势都可以看成是一个线段，没有内部结构，这线段的高低点就是对应 5 分钟走势的高低点；而站在 5 分钟的次级别上看 1 分钟，每段 5 分钟的高低点都不绝对是在 5 分钟走势的结束或开始位置。当然，按 1 分钟的级别用结合律重新组合，总能让高低点分别在开始或结束的位置，但站在分笔的级别上，这又不行了。为什么？因为当我们用 1 分钟的级别重新组合时，其实就先把分笔上的级别都看成没有结构的线段了。这是十分自然的，就像我们研究猴子的行为时，如果还考虑其中的每个细胞里包含的分子里的原子里的电子的走势问题，那猴子就不是猴子了。所以，这个原则是必须明确的，决定用 30 分钟来操作和观察时，其实就已经先假定把所有完成的 5 分钟走势都看成线段了。

31. 对着图，首先要确定最小分析级别，也就是说，在这级别以下的都可以看成是线段，而站在最小分析级别的角度看，每一线段就是其次级别走势类型，3个线段重合部分就构成最小分析级别的中枢。

32. 站在投资者观察的级别上来说，所谓的走势，首先是投资者观察的走势，其次是这个走势是真实存在的、有市场含义的。

33. 级别只是用来区分可操作空间的，为什么按级别表区分？因为级别越大，操作空间通常就越大。

34. 实际上，一般能得到的图，最多也就是1分钟级别的，因此可以从这个图入手。当然，也可以从5分钟，甚至是更高级别入手，但这就等于把显微镜倍数弄小了，看到的东西自然没有1分钟的多且清楚。再次强调，什么级别的图和什么级别的中枢没有任何必然关系，走势类型以及中枢就如同显微镜下的观察物，是客观存在的，其存在性由上面所说最原始的递归定义保证，而不同级别的图，就如同用显微镜不同倍数看客观的图看到的不同细节，如此而已。所以，我们不能把显微镜和显微镜观察的东西混在一起。

35. 如果我们首先确立了显微镜的倍数，也就是说，例如我们把1分钟图作为最基本的图，那么就可以开始定义分型、笔、线段等。有了线段，就可以定义1分钟的中枢，再就是1分钟的走势类型，然后按照递归的方法，可以逐步定义5分钟、30分钟、日、周、月、季、年的中枢和走势类型。而有的人总是不明白，例如总是在问5分钟图怎么看，30分钟图怎么看。其实，如果你选择5分钟或30分钟为最基本的图，也和1分钟的看法一样，只不过所用的显微镜倍数比较小，看起来比较粗糙而已。而如果你已经选择1分钟作为最基本的图，也就是选定了1分钟这个倍数的显微镜，那么看1分钟图就可以了。

36. 说点更实际的问题，一般人面对一只股票，不可能先看1分钟图，大多都是先从日线，甚至周线、月线、季线、年线入手，这样等于先用倍数小的显微镜，甚至是肉眼先看一下，然后再转用倍数大的显微镜进行精细的观察。因此，对于大级别的图，分型、笔、线段等同样有用。不过，一般这个观察都是快速、不精细的，所以大致精确就可以，而且看图看多了，根本就不需要一步步按定义来。例如，熟练之后打开日线图，如果1秒钟还看不明白一只股票大的走势，那就是慢的了。

37. 股票也一样，如果没有这超强的直觉，还是老老实实地去分析。在利用大级别图粗略地选定攻击目标后，就要选好显微镜，进行精细的跟踪分析，然后定位好符合自己操作级别的买点建仓，按照相应的操作级别进行操作，直到把这股票玩烂、厌倦或者又发现新的更好的股票为止。而站在纯理论的角度，没有任何股票是特别有操作价值的，中枢震荡的股票不一定比相应级别单边上涨的股票产生的利润少。

38. 任何时候投资者都应自然给出当下操作的分段函数，而且这种给出都是按级别来的，所以缠中说禅反复强调应先选择好自己的操作级别，否则本来是大级别操作的，看到小级别的晃动也随之晃动起来，那是不对的。

39. 有人可能要问，看 30 分钟图，可能 K 线一直犬牙交错，找不到分型。这有什么奇怪的，因为在年线图里找到分型的机会更小，十几年找不到一个也很正常，这还是显微镜倍数的问题。确定显微镜的倍数后，就按照看到的 K 线对比进行严格的定义，没有符合定义的，则就是没有，就这么简单。如果希望能分析得更精确，那就用小级别的图，例如，不要用 30 分钟图而用 1 分钟图，这样自然能分辨得更清楚。再次强调，用什么图与以什么级别操作没任何必然的关系，用 1 分钟图也可以找出年线级别的背驰，然后进行相应级别的操作。因此，看 1 分钟图，并不意味着一定要玩超短线。

40. 如何才能完美，在理论的框架下只有极小的可能，而这些可能就成为综合判断的关键条件。然后根据各级别图形的未完成性质，就可以使得走势的边界条件极端地明确与狭小，这对具体操作就是极为有利的。

41. 在投资者的操作级别下，中枢上移中是不存在任何理论上的短差机会的，除非这种上移结束进入新中枢的形成与震荡，而中枢震荡就是短差的理论天堂。只要在任何的中枢震荡向上的离开段卖点区域走掉，必然有机会在其后的中枢震荡中回补回来，唯一需要一定技术要求的，就是对第三类买点的判断。如果出现第三类买点却不回补，那么就有可能错过一次新的中枢上移。当然，还有相当多的可能是进入一个更大的中枢震荡，那样，投资者回补回来的机会还是绝对有的。以上，只是在某一级别上的应用。用同一级别的视角去看走势，就如同用一个横切面去考察，而当把不同的级别进行纵向的比较时，对走势就有了一个纵向的视野。

42. 没有顶分型，就没有顶；反之，没有底分型，就没有底。那么，在实际操作中，如果在你操作级别的K线图上没有顶分型，那投资者就可以持有，等顶分型出来再说。

43. 有了自相似性结构，那任何一个级别里的走势发展都是独立的。例如，30分钟的中枢震荡在5分钟是上涨走势，那么两个级别之间并不会互相打架，而是构成一个类似联立方程的东西，如果说单一个方程的解很多，那么联立起来，解就大幅度减少了。也就是级别的存在，使得对走势的判断可以联立了，也就是可以综合起来系统地看了，这样判断走势的边界条件就变得异常简单。所以，看走势不能光看一个级别，必须立体地看，否则就是浪费了自相似性结构给你的有利条件。

44. 级别本质上与时间无关，级别也不是什么时间结构。级别，只是按照缠中说禅的规则自生长出来的一种分类方法。而所谓的时间结构，本质上和计算机软件上的K线时间周期选择一样。一个最低级别的走势类型，可以不升级成更高级别的，级别与时间本质上没有太大的关系。级别的关键，就是缠中说禅设计的那套规则。级别，本质上不对任何时间结构有任何绝对的承诺，为什么？因为这里没有任何绝对的理论推导可以保证这一点，级别被破坏了，就是因为被破坏了，只此而已，并不是因为有什么时间的因素，结构就被破坏了。

45. 为了明确起见，我们还是将记号的级别进行分类，例如，用Xn代表线段的记号，Yn代表1分钟的级别，Wn代表5分钟的记号，Sn代表30分钟记号。日、周、月、季、年，也分别可以用Rn、Zn、Mn、Jn、Nn来表示。其中的n都是具体的数字，这样，所有的走势都可以被这个标号体系所标记清楚了。

46.级别的存在,可以比拟成一种疾病的级别,1分钟的可能是一个小感冒,而有时候一个5分钟的下跌就足以使一个小的感冒流行了。至于30分钟、日线的下跌,基本就对应着一些次中级或中级的调整,大概就相当于肺结核之类的疾病。而周线、月线之类的下跌,那就什么都不用说了。如果是季线、年线级别的下跌,则至少是"植物人"了。

47.任何走势,都可以在这些级别构成的分解中唯一地表达。但一般来说,对于一般的操作,没必要所有分解都搞到年、季、月这么大的级别,因为这些级别一般几年都不变一下。一般来说,1分钟、5分钟、30分钟3个级别的分解,就足以应付所有的走势了。当然,对于大一点的资金,是可以考虑加上日级别的。

也就是说,任何走势都可以唯一地表示为a1A1+a5A5+a30A30的形式。而级别的存在,一个必然的结论就是,任何高级别的改变都必须先从低级别开始。例如,绝对不可能出现5分钟从下跌转折为上涨,而1分钟还在下跌段中的情况。有了这样一个最良好的结构,那么关于走势操作的完全分类就成为可能。

48.注意,完全分类是级别性的,是有明确点位界限的。也就是说,缠中说禅的理论完全是数量化的,因而就是精确化的,里面不存在任何含糊的地方。